“全国地质资料目录服务中心建设”项目资助（项目编号：12120113025300）

全国地质资料目录服务中心系统建设研究与应用

连　健　王黔驹　颜世强
吴小平　许百泉　丁克永　等　著

科学出版社
北　京

内 容 简 介

本书在分析地质资料目录数据现状基础上，系统归纳总结了全国地质资料目录服务中心系统建设的标准规范、数据库构架、总体技术框架和开发路线，包括全国地质资料目录服务中心系统的数据模型和标准规范、集成建库过程和控制措施、系统的总体功能和开发路线、系统的部署与运维，并分析了全国地质资料目录数据分布情况，还简要介绍了系统在油气和武警黄金行业部门的推广建设和应用情况。

本书是地质资料目录数据集成管理和集群服务的系统研究成果，属于地质资料业务领域与网络分布式服务应用领域的交叉领域，可供从事地质资料管理与服务、分布式服务系统开发应用等方面的管理人员、技术开发与研究人员及其他从事相关领域研究的人员参阅。

图书在版编目(CIP)数据

全国地质资料目录服务中心系统建设研究与应用／连健等著．—北京：科学出版社，2017.1

ISBN 978-7-03-051400-4

Ⅰ.①全…　Ⅱ.①连…　Ⅲ.①地质-档案资料-信息服务业-研究-中国
Ⅳ.①G275.3

中国版本图书馆 CIP 数据核字（2016）第 317713 号

责任编辑：刘　超／责任校对：邹慧卿
责任印制：张　伟／封面设计：无极书装

科学出版社 出版
北京东黄城根北街 16 号
邮政编码：100717
http://www.sciencep.com

北京京华虎彩印刷有限公司 印刷
科学出版社发行　各地新华书店经销

*

2017 年 1 月第　一　版　　开本：787×1092　1/16
2017 年 1 月第一次印刷　　印张：16 3/4
字数：400 000

定价：108.00 元

（如有印装质量问题，我社负责调换）

《全国地质资料目录服务中心系统建设研究与应用》编写组

连　健　王黔驹　颜世强　吴小平

许百泉　丁克永　张　骞　胡小平

杜东阳　马飞飞　张慧军　王占昌

王江立　孔媛媛　武建佳　安　琼

吕　鹏　刘　晖　王小康　张　惠

前　言

地质资料是地质工作形成的重要基础信息资源，具有可被重复开发利用、能够长期提供服务的特点。新中国成立60多年来，我国形成了海量的地质资料信息资源，大部分保存在全国地质资料馆、各省级地质资料馆以及各行业地勘单位资料馆等地方。我国从20世纪80年代就开始研建地质资料目录数据库，到目前大部分地质资料馆藏机构都已经建立起了目录检索系统并对外提供服务，但仍存在目录资源分散、目录数据标准不统一、集群程度低、共享服务机制不健全等问题。

为了加强对海量地质资料的管理和利用，促进基础性信息资源更好地服务于国土资源调查、规划、管理、保护、合理利用和国家重大工程建设等国家经济建设和社会发展，进一步加强我国地质资料信息服务工作，2010年国土资源部出台《国土资源部关于印发〈推进地质资料信息服务集群化产业化工作方案〉的通知》（国土资发〔2010〕113号），同年与中国地质调查局共同组织开展《地质资料信息服务集群化产业化试点研究》计划项目；2013年为了进一步扩展两化试点研究领域、总结推广两化研究成果，国土资源部与中国地质调查局设立了《地质资料信息服务集群化推广及产业化研究》计划项目，设立全国地质资料目录服务中心建设项目，以全国地质资料目录数据为基础，以多源异构目录数据资源的整合集成和建立信息共享与服务系统为主线，以目录数据资源积累、标准体系建设、网络基础设施等为基础支撑，建立权威的地质资料目录中心。

本书是三年多来项目研究工作及成果的集成，以实现全国地质资料目录数据共享服务为目标，通过研发集中与分布相结合的全国地质资料目录服务中心系统，开展省馆、大区馆、受委托保管单位、行业馆等保管的成果、原始、实物三大类地质资料目录动态汇聚，以多元的服务方式及时发布信息，实现地质资料目录信息的动态更新和服务。取得了丰硕的成果和创新：一是提出并实现了以目录数据为核心的地质资料分布式集群服务，实现了覆盖部省两级地质资料馆藏机构、委托保管单位、地调资料管理部门和部分地勘单位的地质资料目录数据的服务逻辑集中统一，实现了地质资料目录数据“物理分散保管、服务逻辑集中统一”；二是创新采用云部署+本地部署混合架构，构建全国目录数据集群系统云架构雏形，为地质资料的广泛共享提供基础；三是研究提出“核心+扩展+补充”的目录数据存储模型、“成果+原始+实物”的“三合一”关联集成与展示服务模型，以及地质资料唯一标识符规范，指导目录数据规范化管理和服务的有机整合。

本书是在上述工作和系统开发、成果应用与项目成果报告基础上，由项目负责人及系统研发人员、科研人员分工综合归纳和编写，共分11章，由各编写人员按照分工执笔起草。具体分工如下：连健、王黔驹撰写第1章；王黔驹、连健撰写第2章；吴小平、连健撰写第3章；许百泉、武建佳撰写第4章；连健、杜东阳、安琼撰写第5章；张骞、丁克永、连健撰写第6章；王黔驹、颜世强撰写第7章；连健、吴小平、王江立撰写第8章；

胡小平、连健、王黔驹撰写第 9 章；孔媛媛、马飞飞、张惠撰写第 10 章；连健撰写第 11 章。全书由连健负责统稿，王黔驹负责审阅。

在项目工作及本书编写过程中，国土资源部矿产资源储量司刘斌高工，中国地质调查局陈辉研究员、刘宏高工，中国地质调查局发展研究中心谭永杰研究员、张新兴教授级高工，中国地质图书馆单昌昊研究员，国土资源实物地质资料中心刘凤民研究员、任香爱研究员，国土资源部咨询研究中心李裕伟研究员、姜作勤研究员等专家多次进行指导和帮助，在此特向他们表示衷心的感谢！

由于本书编写时间仓促，加之作者水平有限，文中错误和不足之处在所难免，请专家和读者不吝赐教。

作　者

2016 年 10 月

目　录

第1章　概　　述

1.1　研究背景

地质资料是地质工作形成的重要基础信息资源，是后人开展地质工作的重要基础，具有形成成本高、应用范围广、可重复利用等特点。实现地质资料共享利用可以避免重复工作和投资，提高工作效率，并创造更高的效益。

新中国成立60多年来，我国形成了海量的地质资料信息资源，大部分地质资料数据保存在全国地质资料馆、各省级地质资料馆、石油及海洋系统委托保管单位资料馆以及各行业地勘单位资料馆中，面临的问题是资料分散保管、目录标准不统一、服务利用难度大、集成共享滞后等问题。

为了充分发挥地质资料对经济社会发展的作用，提升地质资料服务能力，逐步形成地质资料信息服务的产业链，国土资源部提出开展地质资料集群化和产业化工作。2010年，国土资源部制定了《推进地质资料信息服务集群化产业化工作方案》（国土资发〔2010〕113号），提出“建立标准统一的共享服务平台和互联互通的网络服务体系，实现地质资料信息服务渠道和服务方式多元化；及时提供满足不同需求的地质资料信息服务产品，逐步推进社会发展地质资料信息服务产业”。以此为契机，国土资源部中国地质调查局设立全国地质资料目录服务中心建设项目，以实现全国地质资料目录数据共享服务为目标，在现有地质资料管理与服务体系架构基础上，全面了解现有地质资料目录管理与服务现状，研发集中与分布相结合的全国地质资料目录服务中心系统，动态汇聚省地质资料馆、大区地质资料馆、行业地质资料馆保管的成果、原始、实物三大类地质资料目录，以多元的服务方式向社会发布，并开展专题服务，从而实现了地质资料目录数据“物理分散保管、服务逻辑集中统一”的集群管理与服务模式。

1.2　研究对象

1.2.1　地质资料概念及分类

地质资料是指在地质工作中形成的，对国家和社会具有保存价值的，以文字、图表、声像、标本、样品、岩矿心等不同形式存在的地质、矿产信息和实物等资料。

根据我国现行的《地质资料管理条例》，地质资料包括在地质工作中形成的文字、图表、声像、电磁介质等形式的原始地质资料、成果地质资料和岩矿心、各类标本、光

（薄）片、样品等实物地质资料三类。

1）原始地质资料是在进行地质工作时直接形成或采集的、反映地质现象或地质体的、以各种载体类型存在的原始记录、数据及中间性解译资料、最终地质工作成果原稿等。根据原始地质资料的文件内容，以及形成规律、形式特征和内在联系等条件，原始地质资料被划分为“底、测、观、探、样、试、录、像、综、文”10个类别。

2）成果地质资料是指各类地质工作与科学研究项目完成时，按相应技术规范和原项目设计要求，以文字、图、表、多媒体、数据库和软件等形式提供的反映工作成果的一整套科技文件材料。根据内容和形式的不同，成果地质资料可分为正文类、审批类、附图类、附表类、附件类、数据库和软件类、多媒体类、其他类8个类别。

3）实物地质资料指地质工作中形成的岩（矿）心、标本、光（薄）片、样品等实物及相关资料，具体包括钻孔图幅、岩心、岩屑、标本、大型标本、样品、薄片、光片等类。实物地质资料划分为两类，一类是区域地质调查资料；另一类是矿产勘查资料。

通过分析，根据地质资料的存在形式、内容及作用不同，从定义描述及类别划分两方面对三类地质资料进行比对分析，具体如表1-1所示。

表1-1　地质资料数据分析

序号	地质资料类型	概念描述	分类依据	细化分类	细化分类内容	备注
1	原始地质资料	进行地质工作时直接形成或采集的、反映地质现象或地质体的、以各种载体类型存在的原始记录、数据及中间性解译资料、最终地质工作成果原稿等	原始地质资料的文件内容，以及形成规律、形式特征和内在联系	底	手稿、底图、手绘资料等。现在主要是通过计算机打印形成的文字报告和各种图件，因此，“底”类也包括成果报告正文、附图、附表、附件、数据库和软件、审批文件等成果资料	
2				测	测绘设计、观测记录（专指测绘工作中形成的各种观测记录资料）、计算资料、测绘成果、验收文据等	
3				观	野外地质调查图件、观测记录、照片及底片、工作总结（小结），相关质量检查记录等	
4				探	地质工作中的钻探（井）、坑探、槽探等地质工程资料，各类野外试验资料，相关质量检查记录等	
5				样	各类样品的采样记录、采样位置图、测试成果及相应的总结报告、质量检查记录等，如重砂鉴定、薄片鉴定、化学分析数据等资料	

续表

序号	地质资料类型	概念描述	分类依据	细化分类	细化分类内容	备注
6	原始地质资料	进行地质工作时直接形成或采集的、反映地质现象或地质体的、以各种载体类型存在的原始记录、数据及中间性解译资料、最终地质工作成果原稿等	原始地质资料的文件内容，以及形成规律、形式特征和内在联系	试	油气勘探与开发过程中试油、试采、采油形成的各种资料	
7				录	各种仪器记录形成的原始数据、图纸、照相图纸和底片、磁盘（带）等，各类地质长期监（观）测点的位置图、观测记录、动态曲线等材料，相关质量检查记录	
8				像	遥感、航空摄影测量过程中所形成的照片或相片资料	
9				综	重要中间性成果及其图（册）、表、卡，相关质量检查记录等，技术阶段小结、总结、技术专报等	
10				文	立项文件、设计书、指示性文件、重要技术措施材料、质量体系运行的相关文件、申报奖励材料等	
11	成果地质资料	各类地质工作与科学研究项目完成时，按相应技术规范和原项目设计要求，以文字、图、表、多媒体、数据库和软件等形式提供的反映工作成果的一整套科技文件材料	成果地质资料的内容和形式	正文类	成果地质资料全部正文	
12				审批类	由法定单位对成果地质资料进行评审、验收和审查时所形成的文件。如报告的最终认定书（决议书）、审查意见书、评审意见书等	
13				附图类	成果地质资料中除文本部分插图外的各种图形文件	
14				附表类	成果地质资料中除文本部分插表外的各种表格文件	
15				附件类	成果地质资料所附的技术性或说明性文件	
16				数据库和软件类	成果地质资料中以数据库建设或系统开发为主体工作内容而形成的各类数据库和软件	
17				多媒体类	成果地质资料所包含的各种音频、视频文件等	
18				其他类	成果地质资料中除上述 7 类以外的文件	

续表

序号	地质资料类型	概念描述	分类依据	细化分类	细化分类内容	备注
19	实物地质资料	地质工作中形成的岩（矿）心、标本、光（薄）片、样品等实物及相关资料，具体包括钻孔图幅、岩心、岩屑、标本、大型标本、样品、薄片、光片等类	实物地质资料的来源、形式和内容	区域地质调查资料	产自区调项目的各类层型剖面及代表性主干剖面上的系列岩矿石标本及光薄片	
20				矿产勘查资料	由钻井工程产生的岩心、岩屑等	

地质资料目录是指地质资料馆藏机构通过按照一定原则对各类地质资料实体进行保管分类、编目，使之利于资料保管和有序化的整理过程，形成的成果就是地质资料目录。

地质资料目录数据库是指地质资料目录按照数据结构组织起来的数据集合，就是地质资料目录数据库。

1.2.2 地质资料馆藏机构情况

通过对全国地质资料保管情况进行分析，目前我国地质资料主要由全国地质资料馆、实物地质资料中心、省级馆藏机构、地调中心馆藏机构、委托馆藏机构、地勘单位六类馆藏机构保管。

1）全国地质资料馆：受国土资源部委托，依法接收、验收汇交的地质资料，承担全国成果、原始地质资料的馆藏和管理，依法为社会提供地质资料服务，承担全国馆藏地质资料数字化工作。

2）实物地质资料中心：国家级实物地质资料馆藏管理机构，承担国家重要实物地质资料采集、管理、开发研究和利用，为政府主管部门提供决策与业务技术支撑，向社会提供公益性服务。

3）省级馆藏机构：作为地方最高层次的地质资料馆藏机构，是该地区地质资料信息中心，也是该地区政治、经济、文化、教育、科学、技术等历史面貌的综合反映，全国共有 31 个省级地质资料馆藏机构，承担本省地质资料的汇交、接收馆藏等工作，并向全国地质资料馆转交。

4）地调中心馆藏机构：隶属于国土资源部，是中国地质调查局的正局级直属事业单位，负责全国地质资料接收、保管和服务，包括原始地质资料、成果地质资料、实物地质资料，承担地质调查信息化建设工作。全国共有六大地调中心，即天津地调中心、武汉地调中心、西安地调中心、南京地调中心、成都地调中心、沈阳地调中心。

5）委托馆藏机构：是国土资源部地质资料管理的新态势，提出了地质资料委托管理机制，旨在充分利用中石化、中石油、中海油等行业公司现有馆藏资源，建立全国地质资料委托汇交管理及公众服务体系。

6）地勘单位：即地质勘查单位，地勘单位是地质资料的生产单位和基层管理单位，并根据属地化原则向省、国家地质资料馆藏机构汇交。

从上述馆藏机构的馆藏范围、馆藏资料类型及职责等方面分析目前我国地质资料馆藏机构情况，具体如表 1-2 所示。

表 1-2 地质资料数据馆藏机构情况分析

序号	馆藏机构	保管范围	级别	保管资料类型	主要职责
1	全国地质资料馆	全国范围内	国家级	成果、原始地质资料	依法接收、验收汇交成果、原始地质资料，承担全国地质资料的馆藏和管理，依法为社会提供地质资料服务，承担全国馆藏地质资料数字化工作
2	实物地质资料中心	全国范围内	国家级	实物地质资料	承担国家重要实物地质资料采集、管理、开发研究和利用，为政府主管部门提供决策与业务技术支撑，向社会提供公益性服务
3	省级馆藏机构	本省范围内	省级	成果、原始、实物地质资料	承担本省地质资料的馆藏（著录），并向全国地质资料馆转交
4	地调中心馆藏机构	区域范围	中国地质调查局的正局级直属事业单位	原始地质资料、成果地质资料	接收、保管区域范围内地质调查成果
5	委托馆藏机构	行业范围	委托保管机构	原始地质资料、实物地质资料	受国土资源部委托接收、验收、保管原始、实物地质资料
6	地勘单位	单位范围		原始地质资料、成果地质资料、实物地质资料	管理本单位自行产生的地质资料

1.2.3 地质资料数据特点

通过从地质资料的数据情况、馆藏机构情况、目录数据标准、地质资料数据模型等方面进行分析，可以看出，目前我国地质资料数据的 3 个特点：分散保管、多样异构、模型各异。

1.2.3.1 分散保管

通过分析，目前全国地质资料分散保管在全国地质资料馆、实物地质资料中心、省级馆藏机构、地调中心馆藏机构、委托馆藏机构、地勘单位等六类保管单位。各类馆藏机构的馆藏范围及馆藏资料类型等各不相同，具体如图 1-1 所示。

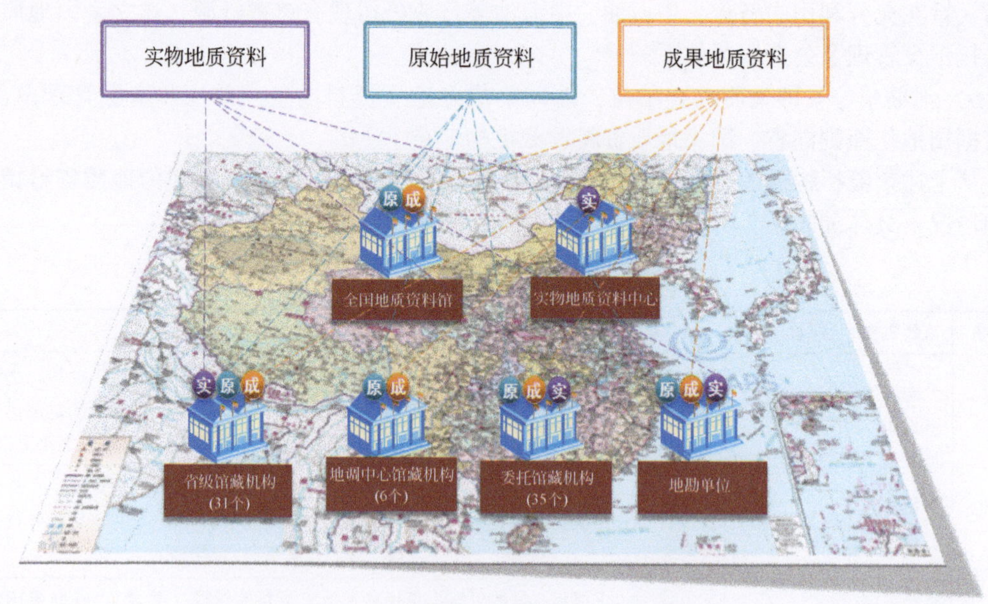

图 1-1　地质资料数据特点——分散保管

1.2.3.2　多样异构

目前，在各保管单位中对地质资料基本上实现了信息化管理，主要的信息系统包括成果地质资料电子文件制作浏览系统、EDMaker、全国涉密地质资料清理系统、石油天然气委托保管系统、全国重要地质钻孔数据库服务平台等五大系统。除此之外，还有部分数据尚未有信息系统进行管理，但基本上基于 Excle 软件进行管理，实现了电子化。这些信息系统所采用的技术架构、技术路线，资料数据存在形式、存储结构等各有特点，具体如图 1-2 所示。

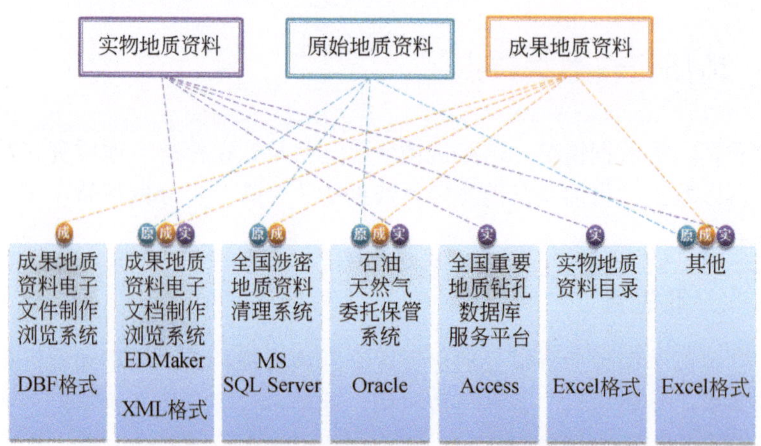

图 1-2　地质资料数据特点——多样异构

1.2.3.3 模型各异

目前存在的成果地质资料电子文件制作浏览系统、EDMaker、全国涉密地质资料清理系统、石油天然气委托保管系统、全国重要地质钻孔数据库服务平台等五大系统所产生的数据，以及实物地质资料目录及其他，共7类，这些数据所依据的数据标准不同、存储的资料类型、及适用的保管单位等方面存在差异，使得其所依托的数据模型不同，具体如图1-3所示。

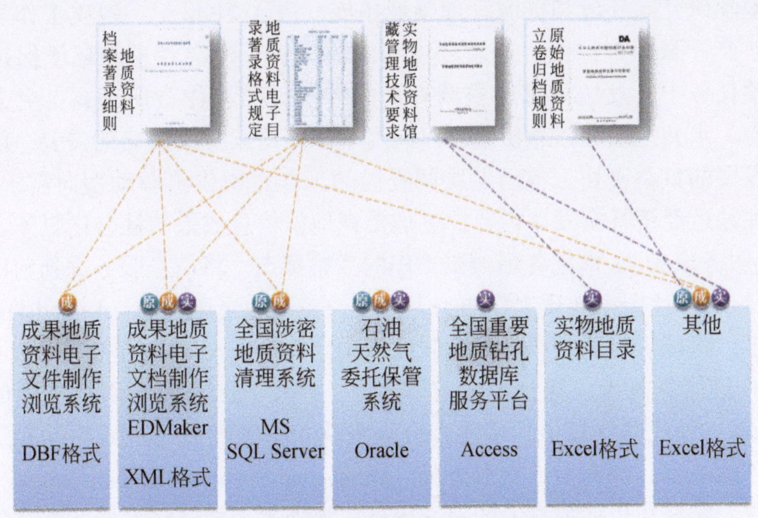

图1-3 地质资料数据特点——模型各异

1.3 国内外地质资料服务现状及趋势

地质资料服务一直伴随着地质工作而存在和发展，在地质工作由供给驱动向需求驱动转变的过程中，世界主要发达国家地质调查机构的服务意识的转变最为明显，服务优先的意识不断增强。国外对地质资料的社会化服务研究起步早，服务方式成熟，自从1835年世界上第一个地质调查机构——英国地质调查局成立以来，信息、社会化服务一直伴随着地质工作而存在和发展。由于社会化服务概念的提出，英美等发达国家在社会化服务方面进行了理论和实践探索，在服务对象、服务提供者、服务内容、产品价格、服务方式等方等方面形成了一些值得借鉴的服务思路和方法。

2007年3月，《主要发达国家地学信息服务的现状与特点》一文刊发，该文在对美国、加拿大、英国、澳大利亚等发达国家地质调查机构调查研究的基础上，系统分析总结了这4个发达国家地学信息服务的现状和特点。2011年4月，由周进生、张凤麟编著的《国外地质资料社会化服务研究》一书正式出版发行，该书系统地阐述了国外地质调查局地质项目管理及社会化服务的法律制度，着重介绍了美国、加拿大、英国、澳大利亚、日本等发达国家地质调查局的项目管理制度、地质资料社会化服务方式、服务体系、服务政策和服务标准等内容，对研究国外地质资料社会化服务提供了重要基础资料和依据。

发达国家地质资料服务表现出一系列新的趋势，具体表现在以下 5 个方面。

1）世界各国地质工作任务的演变。纵观世界各主要国家地质工作发展，各国地质调查局在成立之初主要进行地质填图和矿产资源调查评价工作，目的是为各国经济发展提供基本的地学信息。1992 年 6 月巴西里约热内卢世界环境与发展大会确立了可持续发展原则。此后，很多国家把可持续发展的原则融入本国的环境政策和立法之中。为适应这种变化，各国地质调查局的使命也做了相应调整，强调了对环境、自然资源和地质灾害信息的收集与管理。与之相对应，地质工作也从传统的三大任务——基础地质填图、矿产资源调查和基础性地学研究向环境和资源管理领域拓展。进入 21 世纪，地质工作主要围绕基础地质填图、矿产资源调查评价、地质环境与地质灾害、资源管理和环境保护四个方面展开。在这四项任务中，发达国家地质调查局的传统地质工作有所削弱，更多转向环境保护、地质灾害、水文地质和信息供给，以满足本国可持续发展战略的需要。随着地质工作与经济社会发展的日益密切，各国地质调查局的工作也由供给驱动型向需求驱动型转变，地质工作更加贴近经济社会发展需要，更加重视地质信息成果的社会化服务。

2）信息服务成为 21 世纪各国地质工作的战略重点。将信息服务提到前所未有的高度是进入 21 世纪初发达国家地质工作的一大变化。美国地质调查局（United States Geological Survey，USGS）将提供可靠的科学信息服务于国家作为基本的职能和工作中心，并强调采用所有可能的新信息技术，保证及时（实时）、有效、连续地为用户提供信息服务。在 USGS 地质处的一项战略计划中，将提高公众查找、检索和使用地质图件和资料的能力作为其战略任务的一项。加拿大地质调查局（Geological Survey of Canada，GSC）的基本职能是，通过获取、解释和传播加拿大的地学信息，为加拿大的经济发展、公众安全和环境保护提供全面的地学基础知识。加拿大自然资源部的计划重点是加强地学信息的管理与服务，提出要利用 Internet 尽快实现对国家地学空间知识库的网上存取，把提供信息作为其 5 项工作重点之一。英国地质调查局（British Geological Survey，BGS）提出要提供综合、客观公正、最新的地学信息，以满足国内外用户的需求，为提高国家竞争力、为社会发展、为提高人民生活质量作出贡献。澳大利亚联邦政府于 2001 年已使所有可能的服务实现在线服务。澳大利亚地学局（Geoscience Australia，GA）即原澳大利亚地质调查局，现与澳大利亚国家测绘局合并，更名为地学局，他们提出并实施在线工作计划，其发展重点是加速和完善基于 Internet 的地学信息分发系统的建设。

3）信息服务的对象进一步扩大。发达国家地质调查局机构把为社会提供丰富多样、及时有效的地质信息服务作为其生存的根本，在长期的信息服务实践中，为满足国家和社会对地学信息服务不断变化的需求，各发达国家建立了较为完善的信息服务体系。为保证信息服务的顺利实施，美国、加拿大、澳大利亚和英国都制定和执行了一系列国家或部门的信息服务政策，这些政策已经形成了比较完整的体系。主要内容包括信息自由法、版权和知识产权、隐私法，以及规定信息服务的对象、信息发布、内容、客户关系、定价、服务质量等方面的政策。在信息服务的政策、章程或标准中，明确规定了信息服务的对象，形成了多层次、多部门组成的多类信息服务提供者群体，服务的内容更加深入、丰富和多样化，采用基于标准的 Web 服务技术和互操作技术使信息服务方式发生了巨大变化。

4）信息服务的内容更加丰富和多样化。大多数国家地质信息的采集、存储、处理、管理和服务都是由国家地质调查局在国家财政拨款的支持下实施的，地球科学与环境信息、数据具有社会公共财富的性质。美国、加拿大、澳大利亚、英国等国都制定了信息自由方案，确定了除涉及国家安全的信息外，凡属政府投资所获取的信息资源，即自地质调查机构成立以来积累的信息资源都应成为全社会共享的财富。主要包括模拟信息资源、实物地质资料、各类数字化信息及数据库等。除提供采集和积累的初始信息产品外，为更好地发挥信息资源的作用，各发达国家都积极开发并提供国家或区域性的集成数据产品。同时，为提高信息服务的现势性，对灾害等敏感信息提供实时信息服务。

5）现代地学信息服务从根本上改变传统信息服务。现代地学信息服务已经形成了传统服务方式无可比拟的规模。从 1993 年 USGS 的 www 服务器开始运行算起，发达国家先后启动了基于 Internet 的地学信息服务。1997 年 USGS 分布在美国包括陆地与海洋地质、水文地质、地球物理、遥感、地球化学、生物、试验分析、环境、地质灾害、土地利用等类的服务器数目已达到 14 类 300 多个。信息量不断增加，服务范围覆盖全世界。2005 年平均每月成功的服务请求达 2400 万次，访问的页面数达 200 多万，经网上传输的数据量超过 180GB，参与服务的主机数达 50 多万台次；每个月都有来自 100 多个国家的访问者访问 USGS 的有关网站。随着空间数据基础设施计划的实施，建立了网络信息交换中心，在网上提供大量的地学信息资源。BGS 的内网已成为其研究和管理正常运转的核心。在发达国家，网络的广泛应用正在从根本上改变传统信息服务和人们获取信息、知识的方式。GSC、GA 和 BGS 在美国之后启动了基于 Internet 的地学信息服务。BGS 拥有 12 个专业网站，包括近 9 万幅历史图件、6 万个静态页面及 5000 多个脚本。

我国的地质资料社会化服务研究工作始于 20 世纪 80 年代，但被广泛重视是在 90 年代现代信息技术被广泛应用后，对地质资料的社会化服务也被提上重要议事日程。

1）政府层面的研究被逐步重视。特别是《地质资料管理条例》及《国务院关于加强地质工作的决定》（国发〔2006〕4 号）印发后，为全面贯彻落实，健全地质资料管理工作制度，提高地质资料社会化利用水平，国土资源部于 2006 年印发《关于开展地质资料管理研究工作的函》，从开展地质资料清理研究、地质资料立卷归档规则研究、地质资料汇交细目及电子文件汇交格式研究、全国油气地质资料信息化建设研究和地质资料管理研究等方面全面开展相关研究工作。中国石油天然气股份有限、中国石油化工股份有限、中海石油（中国）有限、中国地质调查局、国土资源部信息中心、国土资源部油气资源战略研究中心等单位按照国土资源部函有关要求，积极开展了研究工作，并于 2007 年 3 月提交了一批研究成果。其中重要的研究成果有：地质资料清理研究报告及资料清理工作方案、地质资料立卷归档规则行业标准稿、地质资料汇交细目及电子文件汇交格式、全国油气地质资料管理系统建设研究报告及系统建设工作方案、油气地质资料计算机著录标准、《涉密地质资料清理原则及要求》等，这些研究成果的出版与发布，极大地推动了我国地质资料管理和社会化服务的研究工作。

2）政策和理论方面的研究逐步加强。涉及地质资料社会化服务的研究论文陆续展开。近年来一些学者积极开展制度体系和理论研究，以规范地质资料社会化服务基础。如，2008 年吴曦、赵连荣发表《国土资源大调查成果社会化服务制度体系研究》，系统阐述地质调查成果的界定、分类、服务现状、成果社会化服务障碍因素，开展了成果社会化服务制度分析，提出了成果社会化服务制度体系构建。2008 年，姚华军发表《关于推进地质资料公共服务的思考》，其中就用公共物品、公共服务理论分析了地质资料的特性。

3）在研项目研究力度加大。关于地质资料管理和社会化服务的项目研究日渐重视。近年来，一批有关资料管理、数据库建设、资料社会化服务方面的项目被研究立项，主要有：地质调查资料管理信息系统建设，地质调查信息化成果集成转化与社会化服务，地质调查信息化产品社会需求分析，地质调查成果管理信息系统，地质成果资料电子文档验收与汇交管理系统，地质资料目录数据库（英文版）建设，地质调查数据资料社会化服务基础建设，地质调查数据共享服务系统建设，地质资料转换与服务体系建设、地质资料信息服务集群化产业化关键技术与标准体系研究、地质资料信息服务集群化产业化综合研究等 11 项目。

4）实践探索方面逐步加强。近年来全国地质资料馆积极开展学术研究，从 2000 年开始积极组织“全国地质档案资料学术研讨会”，到目前已开展了 6 届（两年一期），会议主要围绕突进地质资料服务、加快国家地质资料数据中心建设、开展涉密地质资料清理、加强重要工程勘察资料汇交管理、实物地质资料管理、地质资料开发利用等内容的深入研讨，对新形势下地质资料管理和服务工作中存在的问题和面临的机遇进行认真分析，并提出了相应的对策与建议。以第六届全国地质档案资料学术研讨会为例，该研讨会共收到论文 117 篇，其中有 97 篇论文入编《第六届全国地质档案资料学术研讨会文集》。全国地质档案资料学术研讨会的召开，在实践层面上极大地推动了地质资料社会化服务研究工作的开展。

第 2 章　地质资料目录现状研究与分析

本章结合地质资料管理与服务业务工作，详细研究分析了当前地质资料目录管理的现状，总结分析了标准规范的适用范围及差异，对比研究了不同类型、不同结构地质资料在案卷级和文件级层面的目录项规定与应用情况，分析了现有地质资料管理与服务信息系统建设与应用现状，最终开展问题综合分析，并从一体化标准规范建设、目录数据集成技术研究以及信息系统统一构建等方面给出相关工作建议。

2.1　地质资料目录数据标准现状分析

目前地质资料目录数据方面的主要规范包括四个，即《地质资料档案著录细则》(DA/T23—2000)、《地质资料电子目录著录格式规定》(试行)(国土资发〔2001〕257 号)、《实物地质资料馆藏管理技术要求》(DD2010—05)、《原始地质资料立卷归档规则》(DA/T 41—2008)。著录细则规定了整体的著录原则，其他的分别规定了不同类型地质资料的目录数据要求，如图 2-1 所示。

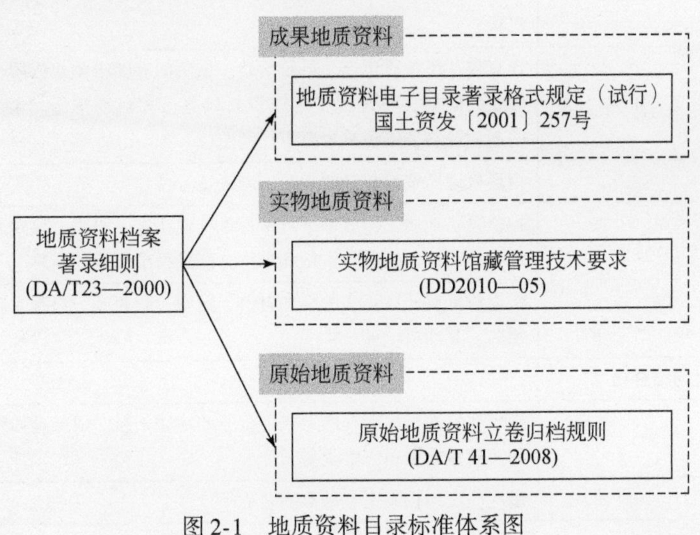

图 2-1　地质资料目录标准体系图

2.1.1　《地质资料档案著录细则》(DA/T23—2000)

从 1996 年 8 月起，原地质矿产部组织向国家档案局上报《地质资料档案著录细则》(DA/T23—2000)(以下简称《细则》)立项申请。1997 年 2 月 15 日，国家档案局批准立项。1998年将《细则》征求意见稿上报原地矿部和国家档案局。国土资源部成立后，其职能包括统一管理全国地质档案原本，成果地质资料和地质实物资料。在广泛征求各省意见的基础上，修改完善后，于2000年12月6日首次发布，于2001年1月1日作为中华人民共和国档案行业标准实施。

在《细则》中，规定将地质资料档案目录项共分9个大项，每项又分若干目录单元（小项），共35个目录单元（小项），具体如表2-1所示。

表2-1 《地质资料档案著录细则》目录项表

序号	目录项	说明	备注
1	题名与责任说明项		
1.1	正题名	是地质资料档案的主要题名，一般指地质资料档案文件材料文首的题目或位于案卷封面上方显著部位的题目	
1.2	并列题名	是以第二种语言文字书写的与正题名对照并列的题名，必要时并列题名与正题名一并著录，并列题名前加“=”号	选择
1.3	副题名及说明题名的文字	是解释和从属于正题名的另一题名，副题名照原文著录，并在其前加“:”号。说明题名文字是指在题名前后用于补充、说明、限定档案内容、范围、用途等的说明文字。必要时说明题名文字照原文著录，其前加“:”号	选择
1.4	文件材料编号	指地质资料档案文件材料在制发过程中，由制发机关、团体或个人赋予该文件材料的顺序编号	选择
1.5	责任者	依序著录地质资料档案的形成（提交）单位、编著者及批准机构	
1.5.1	形成（提交）单位	指直接从事地质生产、科研活动，依法向有关机关或依照合同等要约向有关单位提交地质资料档案，并对所形成（提交）的地质资料档案负有主要责任的单位	
1.5.2	编著者	指形成地质资料档案的主要编制人员	
1.5.3	评审机构	指负责对地质工作成果进行审查批准或认定、验收、鉴定和最终评估确认的机关、机构和单位，著录批准机构的名称	
1.6	附件	指地质资料档案正文的附加材料、附图、附表等，只著录附件题名，其前冠“+”号	选择
2	稿本文种与语种项		
2.1	稿本	指地质资料档案存在的形式，分原始地质资料、成果地质资料和实物地质资料三种类型	
2.2	文种	指地质资料档案案卷种类的名称	选择
2.3	语种	应按照GB/T 4880著录中文名称或代码	
3	密级与保管项		
3.1	密级	指地质资料档案的保密等级，依据GB/T 7156	

续表

序号	目录项	说明	备注
3.2	保管期限	指根据各类地质资料档案价值所确定的该资料档案应该保存的时间	选择
3.3	保护期	指为保护地质资料汇交义务人合法权益而制订的保护期限	
3.4	原本保存单位及地点	指地质档案原本保存单位的全称或通用简称	
3.5	实物保存单位及地点	指地质实物资料保存单位的全称或通用简称	
4	时间项	依不同的著录对象分为地质资料档案形成（提交）时间、地质工作或地质档案卷内文件材料起止时间、地质报告批准时间、成果地质资料汇交时间等	
4.1	形成（提交）时间	指地质资料档案编制完成（形成）的日期或提交的日期	
4.2	起止日期	指地质工作项目从开始至完成的起止日期	选择
4.3	评审时间	指批准机构正式下发给完成地质成果报告单位的批准文据的时间	选择
4.4	汇交时间	指按照国家有关规定，汇交人向国家汇交地质资料时，由地质资料管理机关签发有关汇交证明文件的日期	选择
5	特殊细节项	指地质资料档案的特殊记载事项	
5.1	投资主体	指投入地质工作项目的主要资金来源，按国家财政拨款、地方财政拨款、国内企事业投入、港澳台商投入、外商投入和其他投入六项，著录国家、地方、企事业、港澳台、外商和其他	
5.2	地理坐标	指地质工作区所处的地理坐标，以经纬度表示	
6	载体形态项	指地质资料档案载体类型标识及地质资料档案的物质形态特征	
6.1	载体类型	构成地质资料档案的主要载体有纸、聚酯薄膜、录音带、录像带、胶片（卷）、磁盘、光盘、岩矿心、标本、样品、光薄片等。以纸张为载体的地质资料档案一般不予著录，其他载体类型据实著录	选择
6.2	数量及单位	数量用阿拉伯数字，单位用地质资料档案的统计单位	选择
6.3	规格	指地质资料档案载体的尺寸及型号等	选择
7	子目项	指地质资料档案作为一个文件组合保管的同一项目下多卷册并自成体系，可单独检索利用的子课题（项目）	
7.1	子目	该子目的题名、子目编号及责任说明项，其前加顺序号	选择
8	附注与提要项		
8.1	附注	指地质资料档案中需要解释和补充的事项	选择
8.2	内容提要	指对地质资料档案内容的简介和评述，应反映各类地质资料档案的主要内容、成果及重要技术参数等	
9	排检与编号项	指地质资料档案目录排检和地质资料档案馆（室）业务注记项	
9.1	分类号	依据《中国档案分类法》（第二版）及有关地勘行业分类标准进行著录	

续表

序号	目录项	说明	备注
9.2	档案馆代号（名称）	指地质资料档案馆的代码或名称，著录代码时，依据《编制全国档案馆名称代码实施细则》所赋予的代码著录	选择
9.3	档号	指各级地质资料档案馆（室）在地质资料档案整理和管理过程中，赋予资料档案的一组代码	
9.4	行政区划代码（名称）	依据 GB/T 2260 著录行政区划代码或名称	
9.5	电子文档号	指地质资料档案馆（室）管理电子文件的一组符号代码	
9.6	主题词或关键词	主题词是在地质资料档案标引和检索中用以表达地质资料档案主题内容的规范化的词或词组。关键词是在地质资料档案标引和检索中取自正文或文件材料题名用以表达地质资料档案主题并具有检索意义的词或词组	

2.1.2 《地质资料电子目录著录格式规定》（试行）（国土资发〔2001〕257 号）成果地质资料

为推进地质资料数字化，促进地质资料全社会共享，根据国土资源部“十五计划”，决定开展成果地质资料目录数据库建设，国土资源部于2001年8月24日，发布了《关于开展地质资料目录数据库建设和地质资料数字化的通知》（国土资发〔2001〕257号）。在通知中，为了保障信息的共享，规定成果地质资料目录数据库建设应遵循统筹规划、统一标准、统一软件的原则，并发布了《地质资料电子目录著录格式规定》（试行）（国土资发〔2001〕257号）。

2.1.2.1 目录项

在《地质资料电子目录著录格式规定》（试行）（国土资发〔2001〕257号）中，规定了成果地质资料电子目录数据库及软件系统应包含下列25个基本目录项：题名、档号、电子文档号、档案馆代号（名称）、资料类别（代码）、地质工作程度（代码）、矿产名称（代码）、行政区划代码（名称）、形成（提交）单位、编著者、批准机构、类型、语种、密级、保管期限、保护期、原本保存单位及地点、实物保存单位及地点、形成（提交）时间、起止日期、批准时间、汇交时间、地理坐标、主题词或关键词、内容提要。

2.1.2.2 地质资料电子目录主结构表

在《地质资料电子目录著录格式规定》（试行）（国土资发〔2001〕257号）中，规定了向地质资料汇交管理机关报送地质资料电子目录数据，应包含《地质资料电子目录主结构表》中各数据项，各数据项的数据特征应符合该表的要求，具体如表2-2所示。

表 2-2　地质资料电子目录主结构表

序号	数据项	数据项名称	数据类型	字节数
1	题名	PKIIA	C	254
2	档号	PKIIB	C	20
3	电子文档号	DZWDH	C	40
4	档案馆（室）名称（代码）	DAGMC	C	10
5	资料类别（代码）	ZLLBDM	C	2
6	地质工作程度（代码）	GZCDDM	C	2
7	矿产名称（代码）	KCDM	C	90
8	行政区名称（代码）	XZQMC	C	20
9	形成（提交）单位	PKIIF	C	100
10	编著者	PKIIG	C	40
11	批准机构	PZJG	C	40
12	类型	LEIX	C	4
13	语种	YUZ	C	16
14	密级	PKIID	C	1
15	保管期限	BGQX	C	4
16	保护期	BHQ	D	8
17	原本（成果）保存单位及地点	YBBC	C	100
18	实物资料保存单位及地点	YKXBC	C	150
19	形成（提交）时间	XCSJ	D	8
20	工作起始时间	QSSJ	D	8
21	工作终止时间	ZZSJ	D	8
22	批准时间	PZSJ	D	8
23	汇交时间	HJSJ	D	8
24	起始经度	QSJD	C	8
25	终止经度	ZZJD	C	8
26	起始纬度	QSWD	C	7
27	终止纬度	ZZWD	C	7
28	内容提要	NRTY	M	400
29	主题词或关键词	ZTC	C	80

注：C 为字符型数据；D 为日期型数据；M 为备注型数据

同时，汇交时应同时提交《地质资料电子目录数据库著录表》，如图 2-2 所示。

成果地质资料目录数据库著录表（一）

档　号			
电子档号			
题　名			
编著者			
形成（提交）单位			
形成时间	年　月　日		
批准机构			
批准时间	年　月　日		
资料类别	（代码表B）		
工作程度	（代码表C）		
起始时间	年　月　日	终止时间	年　月　日
起始经度	W/E　度　分　秒	终止经度	W/E　度　分　秒
起始纬度	S/N　度　分　秒	终止纬度	S/N　度　分　秒
行政区划	、　、　（代码表GB/T2260）		
矿产代码	、　、　、　、　、 、　、　、　、　、　代码表D		
类　型	原始/成果（默认为“成果”。如果为“原始”，则划去“成果”两字。）		
语　种	中文，　，　（默认为“中文”。如不含中文，则划去“中文”两字）		
汇交时间	年　月　日		
密级代码	（代码表E：1—公开、2—国内、3—内部、4—秘密、5—机密、6—绝密）		
保护期	年　月　日		
保管期限	永久/长期/短期（保留其中一种，划去其他两种。）		

填表：　　审核：　　录入：　　校对：

图 2-2　成果地质资料目录数据库著录表样例

2.1.2.3　存储格式

与《地质资料电子目录著录格式规定》（试行）（国土资发〔2001〕257 号）相配套，国土资源部组织全国地质资料馆研发了地质资料目录数据库系统，各馆藏单位对于成果地质资料的目录数据目前基本上基于该系统进行，该系统生成的为 . dbf 和 . FPT 文件，如图 2-3 所示。

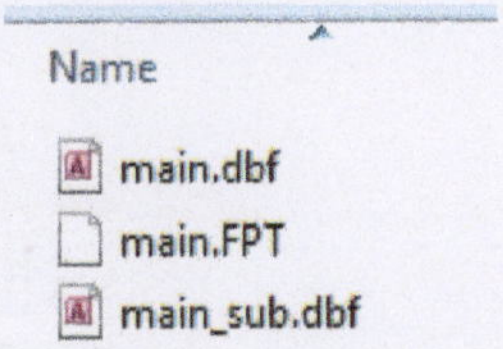

图 2-3　全国地质资料目录数据库系统文件存储样例

2.1.3　《原始地质资料立卷归档规则》（DA/T 41—2008）——原始地质资料

《原始地质资料立卷归档规则》（DA/T 41—2008）是 2006 年国土资源部储量司下达任务，全国地质资料馆向国家档案局申请立项，《国家档案局关于印发〈全国档案工作标准化委员会第十五次年会会议纪要〉的通知》中将《原始地质档案立卷归档规则》列入 2007 年档案工作行业标准制订计划。2007 年起草征求意见稿向全国征求意见，2008 年完成送审稿。2008 年 6 月 20 日档案局发布《原始地质资料立卷归档规则》DA/T 41—2008，2008 年 9 月 1 日正式实施。

本标准中规定了原始地质资料的归档范围，以及主要是卷内文件的分类、编号、编目和立卷归档的一般原则。

2.1.3.1　编号

案卷内的原始地质资料以件为单位编制档号，档号由案卷号、卷内类别代号、件号组成。

案卷号：立卷归档时由地质档案部门赋予案卷的代码。

类别号：使用原始地质资料文件类别代号表示。

件号：类内以件为单位，从 1 开始编流水号，一件一号，采用 4 位阿拉伯数字表示，不足 4 位的前面填充 0。

档号结构：案卷号+类别号+件号。

2.1.3.2　目录项

《原始地质资料立卷归档规则》（DA/T 41—2008）中，主要对文件的目录项进行了梳理，明确了共 12 个目录项，包括：案卷号、类别代字、件号、文件题名、单位、数量、密级、载体形式、纸介质盒（袋）号、电磁载体编号、文件字节数（Mb）、备注。

2.1.3.3　著录格式

每一案卷应建立卷内文件目录及备考表。

卷内文件目录包括卷内目录封面、目录索引表、文件目录和电子文件使用说明书等，格式如图 2-4 所示。

案卷号：

地 质 档 案 文 件 目 录

案卷题名：

工作单位：

工作时间：

归档日期：

(a)地质档案文件目录样例

附件一

目 录 索 引 表

案卷号：331

类　　别	代字/代号	纸介质		电子文件		文件目录登记起始页码	备注
		件数	盒（袋）号	件数	盘（盒）号		
成果底稿、底图类	底/D	7	1	4	102-1	1	
测绘资料类	测/C	3	2	3	102-2	1	
野外地质观察类	观/G	12	2				
勘探工程及现场试验类	探/T	9	2				
采样测试鉴定类	样/Y	5	3			2	
试油、试采、采油类	试/S						
仪器记录及动态资料类	录/L						
航遥影像类	像/X						
中间性综合资料类	综/Z	6	3	3	102-2	2	
技术管理文件类	文/W	4	3	3	102-2	2	
合　计		46		13			

(b)目录索引表样例

附件二

文件目录

案卷号：331　　　　共 3 页第 1 页

序号	类别代字	件号	文件题名	单位	数量	密级	载体形式	纸介质盒（袋）号	电磁载体编号	文件字节数（Mb）	备注
1	底	0001	XXX 地质报告	页	53		ZD	1	102-1		331D0001
2		0002	XXX 矿区地形地质图（1）	张	1		ZD	1	102-1		331D0002
3		0003	XXX 矿区地形地质图（2）	张	1		ZD	1	102-1		331D0002
4		0004	XXX 矿区地形地质图（3）	张	1		ZD	1	102-1		331D0002
5		0005	XXX 矿区地形地质图（4）	张	1		ZD	1	102-1		331D0002
6		0006	XXX附表	页	18		ZD	1	102-2		331D0006
7		0007	XXX附件	页	23		ZD	1	102-2		331D0007
8	测	0001	XXX 矿区测量成果表	册	1		ZD	2	102-2		331C0001
9		0002	XXX经纬仪导线测量观测手簿	册	1		Z	2			
10		0003	XXX测量记录簿	册	1		Z	2			
11	观	0001	XXX 野外地质填图记录本	本	1		Z	2			

注："载体形式"项中纸介质填"Z"，电磁介质填"D"，纸介质和电磁介质填"ZD"

(c)文件目录样例

电子文件使用说明书

1.工作环境

（1）硬件环境：内容包括主机类型、CPU 频率及型号、存储器容量要求、内存配置要求、显示适配器要求、外设主要输出设备及型号说明。

（2）软件环境：包括操作系统及其版本说明、应用平台、软件名称及版本说明、特殊软件及配置的必要说明。

2. 有关说明

电子文件加密情况　其他有关说明等。

地质档案文件目录要求：

文件格式：地质档案文件目录的电子文件格式推荐采用 DOC、WPS 或 XLS 格式。

文件名称：README。

存放位置：一级子目录下。

(d)电子文件使用说明书

图 2-4　卷内文件目录格式样例

备考表格式如图 2-5 所示。

备考表

案卷号：

<table>
<tr><td>本档案共分______类。归档原始地质资料总数 ________ 件，其中纸介质文件______件，电子文件______件，既有纸介质又有电磁介质文件______件。分装_____盒（袋）；磁盘（带）______张（盒），光盘_____张，容量_____Mb。

随同移交资料：目录______ 本______页。</td></tr>
<tr><td>本档案立卷情况，齐全程度，缺失资料及其原因，遗留问题及其他需说明事项：

立卷人：

地质工作负责人：</td></tr>
<tr><td>地质档案部门审查意见：

负 责 人：（签章） 年 月 日</td></tr>
<tr><td>移 交 人：（签字） 验 收 人：（签字）

交 接 日 期： 年 月 日 接 收 单 位：（公章）</td></tr>
</table>

此单填写两份，交接双方各执一份。

图 2-5 备考表格式格式样例

2.1.3.4　存储格式

原始地质资料目录数据以 word 或 excel 表格的格式进行存储。

2.1.4　《实物地质资料馆藏管理技术要求》（DD2010—05）——实物地质资料

《实物地质资料馆藏管理技术要求》是针对实物地质资料馆藏管理工作现代化、资料数字化和服务社会化的发展需要，依据《地质资料管理条例》《地质资料管理条例实施办法》《实物地质资料管理办法》和《中国地质调查局地质调查资料接收、保管和服务管理办法（试行）》而制定。它规定了实物地质资料馆藏管理的总则、实物地质资料的接收、整理、数字化、著录、保管及服务的技术要求，适应于实物地质资料馆藏管理工作。

《实物地质资料馆藏管理技术要求》（DD2010—05）由中国地质调查局提出并归口，于 2010 年 11 月开始施行。

2.1.4.1　目录项

《实物地质资料馆藏管理技术要求》（DD2010—05）中，规定了实物地质资料的目录项内容包括：馆藏机构项、题名与责任说明项、馆藏实物地质资料项、密级与保管期限项、相关资料项、关键词与内容提要项、备注项等 7 个大项及若干小项，具体如表 2-3 所示。

表 2-3　《实物地质资料馆藏管理技术要求》目录项表

序号	目录项	说明	备注
1	馆藏机构项	著录保存该档实物地质资料的实物地质资料馆的全称	
2	题名与责任说明项		
2.1	档号	著录每档实物地质资料在实物地质资料馆的库藏号码	
2.2	题名	用于直接表达实物地质资料类型及其来源的名称，可分为正题名和副题名	
2.3	形成单位及汇交人	形成单位指从事地质勘查、科研、其他生产技术活动，形成实物地质资料的单位。汇交人指依法向实物地质资料馆藏机构汇交实物地质资料，对汇交的实物地质资料负有主要责任的单位、部门或个人	
2.4	项目名称及代码	产生该档实物地质资料的地质工作项目名称及其编码	
2.5	资料类别与代码	产生该档实物地质资料的工作类别	
2.6	工作区及代码	一般地质工作项目著录所在的省（区、市）及其所属的县（市、区、旗）	

续表

序号	目录项	说明	备注
2.7	工作程度	区域地质调查类项目采用比例尺反映工作程度，矿产勘查类项目采用勘查阶段反映工作程度	
2.8	工作起止时间	地质工作项目的起始时间和结束时间	
2.9	工作区起始经纬度	工作地区的起始经纬度	
2.10	主要矿种及代码	矿产勘查项目发现的主要矿种及其代码，遵照 GB/T 9649.16—1998	
3	馆藏实物地质资料项		
3.1	入库时间及移交清单编号	入库时间填写实物地质资料馆接收实物地质资料入库并办理移交手续的时间。移交清单编号为馆藏机构签署的办理实物地质资料入库手续的实物地质资料移交清单的编号	
3.2	类型及数量		
4	密级与保管期限项		
4.1	密级	保密等级	
4.2	保护期	为保护地质资料汇交人合法权益，经批准的保护期限	
4.3	保管期限	根据实物地质资料的价值确定的应该保存的时间	
5	相关的成果（原始）地质资料项	著录相应的成果地质资料、原始地质资料的保存单位及档号	
6	关键词与内容提要项		
6.1	关键词	表达实物地质资料关键特征的词或词组	
6.2	内容提要	对实物地质资料的简要介绍	
7	备注项	著录需要解释或补充的内容	

2.1.4.2 著录格式

在《实物地质资料馆藏管理技术要求》（DD2010—05）中，规定了一个工作项目产生的实物地质资料为一个建档单元。对于实物地质资料的著录，是以一档实物地质资料为一个著录单元，著录层次为案卷级，部分信息著录为件级。著录方式采用表格方式。著录表由主表和副表组成。主表以档为单元著录各项内容。副表以件为单元分别著录钻孔岩心和岩屑、标本、样品、薄片、光片和其他实物以及相关资料等内容，具体如图 2-6 所示。

表 F.1　实物地质资料著录表（主表）

馆藏机构															
档号															
题名															
形成单位															
汇交人															
项目名称									项目编码						
行政区									行政区代码						
资料类别															
矿区名称															
图幅名称									图幅号						
工作程度									工作程度代码						
起始时间			年		月		日	终止时间			年		月		日
起始经度	E		度		分		秒	终止经度	E		度		分		秒
起始纬度	N		度		分		秒	终止纬度	N		度		分		秒
主要矿种															
矿种代码															
入库时间			年		月		日	移交清单编号							
实物数量	岩心：　个钻孔、　箱、　米							岩屑：　个钻孔、　箱、　袋							
	标本：　箱、　块							光片：　盒、　件							
	样品：　箱、　袋							薄片：　盒、　件							
	其他实物：　箱、　件														
相关资料	文：　件，图：　件，电：　件														
密级			密级代码				涉密事项								
保护期			年		月		日								
保管期限															
成果资料保存单位									成果资料档号						
原始资料保存单位									原始资料档号						
关键词															
内容提要															
备注															

审核人：　　校对人：　　录入人：　　填表人：　　日期：　年　月　日

（a）实物地质资料著录表（主表）样例

表 F.2　岩心、岩屑著录表（副表 A）

<table>
<tr><td>档号</td><td colspan="16"></td></tr>
<tr><td>钻孔编号</td><td colspan="5"></td><td colspan="3">勘探线号</td><td colspan="8"></td></tr>
<tr><td rowspan="3">钻孔位置</td><td colspan="3" rowspan="2">地理坐标</td><td colspan="2">经度</td><td colspan="2"></td><td>度</td><td colspan="2"></td><td colspan="2">分</td><td colspan="2"></td><td colspan="2">秒</td></tr>
<tr><td colspan="2">纬度</td><td colspan="2"></td><td>度</td><td colspan="2"></td><td colspan="2">分</td><td colspan="2"></td><td colspan="2">秒</td></tr>
<tr><td colspan="3">直角坐标</td><td colspan="2">X</td><td colspan="2"></td><td>Y</td><td colspan="2"></td><td colspan="2">H</td><td colspan="4"></td></tr>
<tr><td rowspan="2">实际孔深</td><td colspan="3" rowspan="2">米</td><td colspan="4">钻取岩心长度</td><td>米</td><td colspan="4">入库岩心长度</td><td colspan="4">箱　米</td></tr>
<tr><td colspan="4">钻取岩屑数量</td><td>袋</td><td colspan="4">入库岩屑数量</td><td colspan="4">箱　袋</td></tr>
<tr><td>开孔日期</td><td></td><td>年</td><td></td><td>月</td><td colspan="2"></td><td>日</td><td>终孔日期</td><td></td><td colspan="2">年</td><td></td><td>月</td><td colspan="2"></td><td>日</td></tr>
</table>

审核人：　　　　校对人：　　　　录入人：　　　　填表人：　　　　日期：　　年　　月　　日

（b）岩心、岩屑著录表（副表 A）样例

表 F.3　标本、本品、光片、薄片著录表（副表 B）

<table>
<tr><td>档号</td><td colspan="9"></td></tr>
<tr><td>剖面号</td><td></td><td>剖面位置</td><td colspan="7"></td></tr>
<tr><td>标本数量（块）</td><td colspan="2"></td><td colspan="3">样本数量（袋或瓶）</td><td colspan="4"></td></tr>
<tr><td>光片数量（片）</td><td colspan="2"></td><td colspan="3">薄片数量（片）</td><td colspan="4"></td></tr>
<tr><td>主要层位或主要矿石</td><td colspan="9"></td></tr>
<tr><td>采集人</td><td colspan="2"></td><td>采集日期</td><td></td><td>年</td><td></td><td>月</td><td></td><td>日</td></tr>
</table>

审核人：　　　　校对人：　　　　录入人：　　　　填表人：　　　　日期：　　年　　月　　日

（c）标本、样品、光片、薄片著录表（副表 B）样例

表 F.4　其他实物著录表（副表 C）

<table>
<tr><td>档号</td><td colspan="8"></td></tr>
<tr><td>实物类型</td><td></td><td>实物数量</td><td colspan="6"></td></tr>
<tr><td>采集人</td><td></td><td>采集日期</td><td></td><td>年</td><td></td><td>月</td><td></td><td>日</td></tr>
</table>

审核人：　　　　校对人：　　　　录入人：　　　　填表人：　　　　日期：　　年　　月　　日

（d）其他实物著录表（副表 C）样例

表 F.5　相关资料目录（副表 D）

序号	相关资料类别	相关资料名称	单位	数量

审核人：　　　　校对人：　　　　录入人：　　　　填表人：　　　　日期：　　年　　月　　日

（e）相关资料目录（副表 D）样例

图 2-6　实物地质资料著录样例

2.1.4.3　存储格式

实物地质资料大部分以 word 文本或 excel 表格的格式进行存储。

2.1.5　目录项比较分析

从总体上来看，目录项按照资料保管单位分为案卷级和文件级两个级别目录数据。

本小节中，主要针对地质资料档案著录细则（DA/T23—2000）、地质资料电子目录著录格式规定（试行）　（国土资发〔2001〕257 号）、实物地质资料馆藏管理技术要求（DD2010—05）、原始地质资料立卷归档规则（DA/T 41—2008）四个目录数据标准从案卷、文件两个级别分别对目录项进行比较分析。

2.1.5.1　案卷级目录项比较

《地质资料档案著录细则》（DA/T23—2000）中规定了 35 个目录项，《地质资料电子目录著录格式规定》（试行）（国土资发〔2001〕257 号）中规定了 25 个目录项，《实物地质资料馆藏管理技术要求》（DD2010—05）中规定了 20 个目录项，《原始地质资料立卷归档规则》（DA/T41—2008）未规定案卷级目录项，比较情况如表 2-4 所示。

表 2-4　案卷级目录项比较情况表

序号	目录项	地质资料档案著录细则	地质资料电子目录著录格式规定	实物地质资料馆藏管理技术要求
1	正题名	√	√，题名	√，题名
2	并列题名	√		
3	副题名及说明题名的文字	√		
4	文件材料编号	√		
5	形成（提交）单位	√	√	√
6	编著者	√	√	
7	评审机构	√	√，批准机构	
8	附件	√		
9	稿本	√		
10	文种	√		
11	语种	√	√	
12	密级	√	√	√
13	保管期限	√	√	√
14	保护期	√	√	√
15	原本保存单位及地点	√	√	√
16	实物保存单位及地点	√	√	
17	形成（提交）时间	√	√	

续表

序号	目录项	地质资料档案著录细则	地质资料电子目录著录格式规定	实物地质资料馆藏管理技术要求
18	起止日期	√	√，工作起始时间，工作终止时间	
19	评审时间	√	√，批准时间	
20	汇交时间	√	√	
21	投资主体	√		
22	地理坐标	√	√，起始经度，终止经度，起始纬度，终止纬度	√，工作区起始经纬度
23	载体类型	√		
24	数量及单位	√		
25	规格	√		
26	子目	√		
27	附注	√		
28	内容提要	√	√	√
29	分类号	√		
30	档案馆代号（名称）	√	√	√
31	档号	√	√	√
32	行政区划代码（名称）	√	√	√
33	电子文档号	√	√	
34	主题词或关键词	√	√	√
35	资料类别（代码）		√	√
36	地质工作程度（代码）		√	√
37	矿产名称（代码）		√	√，主要矿种及代码
38	类型			√
39	汇交人			√
40	项目名称			√
41	项目代码			√
42	工作区（代码）			√
43	成果保存单位及地点			√
44	入库时间及移交清单编号			√

通过比较，可以得出以下结论。

1）三个标准中，共有的目录项为12项：正题名、形成（提交）单位、密级、保管期限、保护期、其他存放形式资料保存单位及地点、起始经纬度、内容提要、档案馆代号（名称）、档号、行政区划代码（名称）、主题词或关键词。

2）不同类型的地质资料目录数据，均要存放相关的其他类型的地质资料的存放单位和地点相关信息。

3）实物地质资料是以项目为一个整体来进行管理。

2.1.5.2　文件级目录项比较

对于文件级目录项，在实物和原始成果地质资料中进行了细分，成果地质资料尚未进行文件级目录项管理。

其中，《实物地质资料馆藏管理技术要求》（DD2010-05）中提出了钻孔岩心和岩屑、标本、样品、薄片、光片和其他实物以及相关资料等四种类型文件级目录数据特点。《原始地质资料立卷归档规则》（DA/T41—2008）中提出了 12 个目录项，未按照类型进行进一步分类。

通过比较分析，对于不同类型的文件级目录，上述标准所共有的目录项为 12 个：件号、档号、文件题名、文件类型、完成人、完成时间、完成单位、载体数量、载体单位、载体类型、载体规格、密级。

在共有的目录项基础上，不同类型的文件类型的目录项根据自身特点，又有所扩充。

2.2　地质资料目录相关系统及数据模型总结分析

通过梳理与分析，目前我国地质资料管理系统及数据，主要包括成果地质资料电子文件制作浏览系统数据、EDMaker 系统数据、全国涉密地质资料清理系统数据、石油天然气委托保管系统数据、全国重要地质钻孔数据库服务平台数据、实物地质资料目录数据及其他数据共 7 类，每类数据所依托的数据模型各异，具体情况如表 2-5 所示。

表 2-5　地质资料数据模型

序号	数据来源	数据标准	资料类型	数据格式	数据分布机构	备注
1	成果地质资料电子文件制作浏览系统	《地质资料档案著录细则》（DA/T23—2000）、《地质资料电子目录著录格式规定》（试行）	成果地质资料	DBF	全国地质资料馆、省级馆藏机构、地调中心馆藏机构、地勘单位	
2	EDMaker 系统	《地质资料档案著录细则》（DA/T23—2001）、《地质资料电子目录著录格式规定》（试行）（国土资发〔2001〕257 号）	原始地质资料、成果地质资料、实物地质资料	XML	全国地质资料馆、省级馆藏机构、地调中心馆藏机构、地勘单位	
3	全国涉密地质资料清理系统	《地质资料档案著录细则》（DA/T23—2002）、《地质资料电子目录著录格式规定》（试行）（国土资发〔2001〕257 号）	成果地质资料	MS SQLServer	省级馆藏机构、地调中心馆藏机构	

续表

序号	数据来源	数据标准	资料类型	数据格式	数据分布机构	备注
4	石油天然气委托保管系统		原始地质资料、成果地质资料、实物地质资料	Oracle	委托馆藏机构	
5	全国重要地质钻孔数据库服务平台		实物地质资料	Access	实物地质资料中心	
6	实物地质资料目录	《实物地质资料馆藏管理技术要求》(DD2010—05)	实物地质资料	Excel	实物地质资料中心	
7	其他	《地质资料档案著录细则》(DA/T23—2000)、《地质资料电子目录著录格式规定》(试行)(国土资发〔2001〕257号)、《实物地质资料馆藏管理技术要求》(DD2010—05)、《原始地质资料立卷归档规则》(DA/T 41—2008)	原始地质资料、成果地质资料、实物地质资料	Excel	地调中心馆藏机构、实物地质资料中心	

2.2.1 成果地质资料电子文件制作浏览系统数据

2.2.1.1 系统概述

成果地质资料电子文件制作浏览系统是依据《地质资料档案著录细则》(DA/T23—2000)、《地质资料电子目录著录格式规定》(试行)(国土资发〔2001〕257号)建立的部署于全国地质资料馆、省级馆藏机构、地调中心馆藏机构、地勘单位的成果地质资料电子文件制作系统，该系统以DBF文件格式存储成果地质资料。

2.2.1.2 系统数据存储构成

成果地质资料电子文件制作浏览系统包括地质资料案卷信息和地质资料文件信息两大构成部分，其中案卷信息包括成果案件主表和FPT文件，文件信息包括附表。具体如图2-7所示。

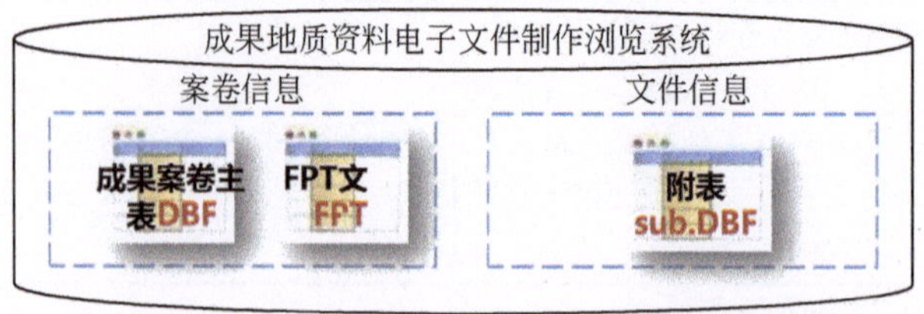

图2-7 成果地质资料电子文件制作浏览系统构成

2.2.1.3　数据模型分析

成果地质资料电子文件制作浏览系统主要管理成果地质资料数据，每个成果地质资料以案卷为组织单位，每个案卷下包括多个成果文件组，每个成果文件组包括多个文件，具体如图 2-8 所示。

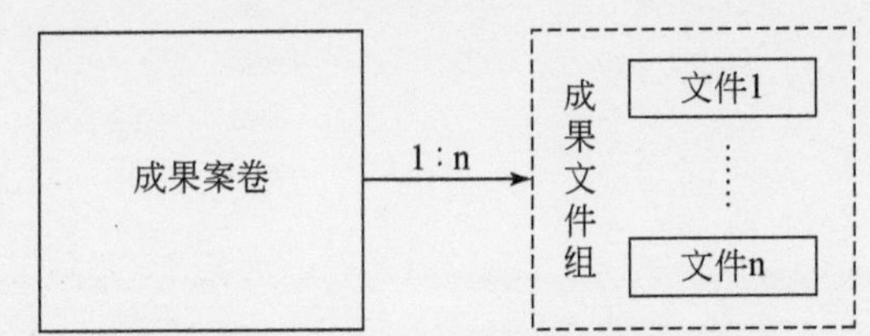

图 2-8　成果地质资料电子文件制作浏览系统数据模型分析

2.2.1.4　数据实例分析

基于上述数据模型，选取该系统中档号为“000037”、题名为“海南省昌江县石碌铁矿岩心及标本”的地质资料数据进行实例分析。该档地质资料数据类型为成果地质资料，成果地质资料电子文件制作浏览系统页面内容包括基本信息、成果文件信息、关联信息及相似资料，其中基本信息包括形成单位、起始时间、关键字等。

以下以档号为“000037”，题名为“海南省昌江县石碌铁矿岩心及标本”的成果地质资料电子文件制作浏览系统的数据模型进行实例分析，具体如图 2-9 所示。

单个成果案卷主表、FPT 文件、文件附表以著录表形式存在于成果地质资料电子文件制作浏览系统的不同页面中，具体如图 2-10 所示。

2.2.2　EDMaker 数据

2.2.2.1　系统概述

EDMaker 是依据《地质资料档案著录细则》（DA/T23—2001）、《地质资料电子目录著录格式规定》（试行）（国土资发〔2001〕257 号）建立的部署于全国地质资料馆、省级馆藏机构、地调中心馆藏机构、地勘单位的地质资料汇交文件制作系统，该系统以 XML 文件格式存储原始地质资料、成果地质资料、实物地质资料。目前，该系统正推行全国地质资料馆藏机构及汇交人使用。

2.2.2.2　系统数据存储构成

EDMaker 以 XML 的形式进行数据存储，存储结构如图 2-11 所示。

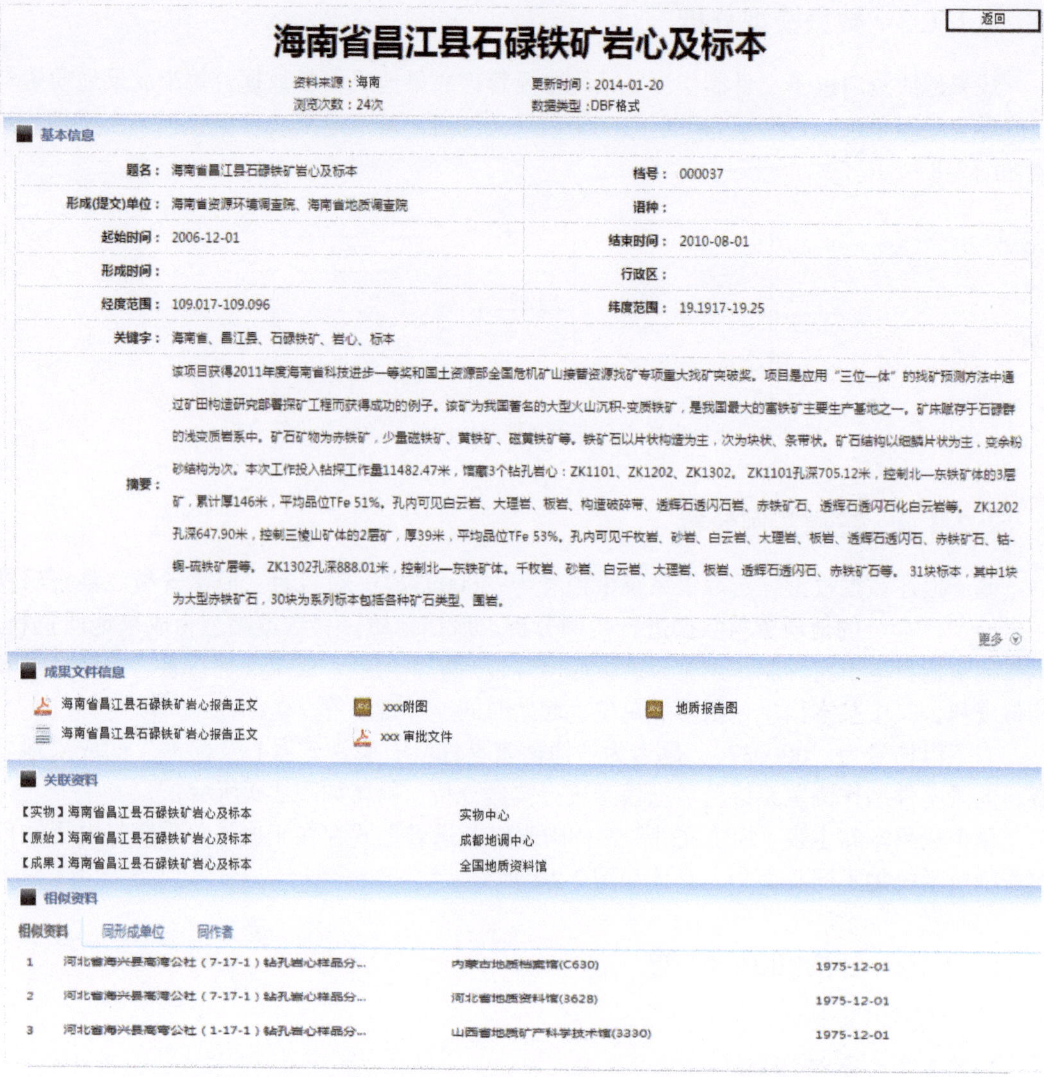

返回

海南省昌江县石碌铁矿岩心及标本

资料来源：海南　　更新时间：2014-01-20

浏览次数：24次　　数据类型：DBF格式

基本信息

题名：	海南省昌江县石碌铁矿岩心及标本	档号：	000037
形成(提交)单位：	海南省资源环境调查院、海南省地质调查院	语种：	
起始时间：	2006-12-01	结束时间：	2010-08-01
形成时间：		行政区：	
经度范围：	109.017-109.096	纬度范围：	19.1917-19.25
关键字：	海南省、昌江县、石碌铁矿、岩心、标本		
摘要：	该项目获得2011年度海南省科技进步一等奖和国土资源部全国危机矿山接替资源找矿专项重大找矿突破奖。项目是应用“三位一体”的找矿预测方法中通过矿田构造研究部署探矿工程而获得成功的例子。该矿为我国著名的大型火山沉积-变质铁矿，是我国最大的富铁矿主要生产基地之一。矿床赋存于石碌群的浅变质岩系中。矿石矿物为赤铁矿，少量磁铁矿、黄铁矿、磁黄铁矿等。铁矿石以片状构造为主，次为块状、条带状。矿石结构以细鳞片状为主，变余粉砂结构为次。本次工作投入钻探工作量11482.47米，馆藏3个钻孔岩心：ZK1101、ZK1202、ZK1302。ZK1101孔深705.12米，控制北—东铁矿体的3层矿，累计厚146米，平均品位TFe 51%。孔内可见白云岩、大理岩、板岩、构造破碎带、透辉石透闪石岩、赤铁矿石、透辉石透闪石化白云岩等。ZK1202孔深647.90米，控制三棱山矿体的2层矿，厚39米，平均品位TFe 53%。孔内可见千枚岩、砂岩、白云岩、大理岩、板岩、透辉石透闪石、赤铁矿石、钴-铜-硫铁矿层等。ZK1302孔深888.01米，控制北—东铁矿体。千枚岩、砂岩、白云岩、大理岩、板岩、透辉石透闪石、赤铁矿石等。31块标本，其中1块为大型赤铁矿石，30块为系列标本包括各种矿石类型、围岩。		

更多

成果文件信息

海南省昌江县石碌铁矿岩心报告正文　　xxx附图　　地质报告图

海南省昌江县石碌铁矿岩心报告正文　　xxx 审批文件

关联资料

【实物】海南省昌江县石碌铁矿岩心及标本	实物中心
【原始】海南省昌江县石碌铁矿岩心及标本	成都地调中心
【成果】海南省昌江县石碌铁矿岩心及标本	全国地质资料馆

相似资料

相似资料　同形成单位　同作者

1	河北省海兴县高湾公社（7-17-1）钻孔岩心样品分...	内蒙古地质档案馆(C630)	1975-12-01
2	河北省海兴县高湾公社（7-17-1）钻孔岩心样品分...	河北省地质资料馆(3628)	1975-12-01
3	河北省海兴县高湾公社（1-17-1）钻孔岩心样品分...	山西省地质矿产科学技术馆(3330)	1975-12-01

图 2-9　成果地质资料电子文件制作浏览系统案例分析页面展示

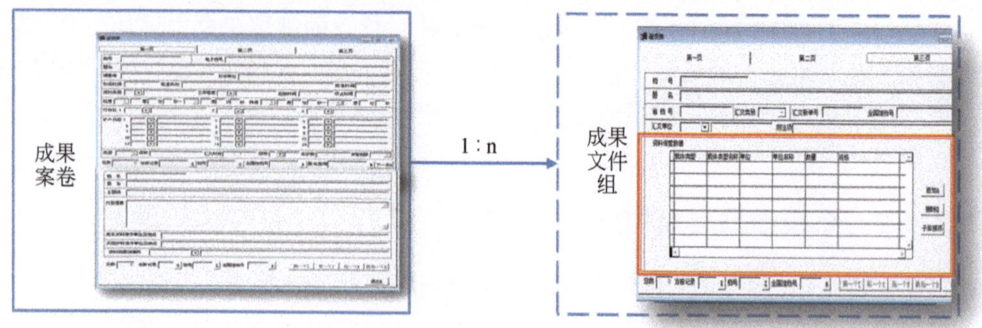

图 2-10　电子文件制作浏览系统案例分析

```xml
<?xml version="1.0"?>
- <AJXX xmlns:xsd="http://www.w3.org/2001/XMLSchema" xmlns:xsi="http://www.w3.org/2001/XMLSchema-instance">
    <DataIsGenerate>true</DataIsGenerate>
    <AJId>24</AJId>
    <SysVersion>2.4.7.0</SysVersion>
    <BS>0e53c573-da03-4a9f-a38c-8a4feaeb9c53</BS>
    <HJRDH>D2014005</HJRDH>
    <HJSJ>2014-11-24</HJSJ>
    <TM>甘肃省肃南县祁青钼矿调查报告</TM>
    <MJ>绝密级</MJ>
    <BZZ>白亮，张玉成，岳强，亢松松，李明，任军强，何智祖，豆小刚，杨锋，马旭平，乔泉</BZZ>
    <YZ>中文</YZ>
    <ZLLB>矿产勘查</ZLLB>
    <XCSJ>2013-08-01</XCSJ>
    <GZCD>其他比例尺</GZCD>
    <ZJLY>中央财政</ZJLY>
    <GZFF>评价、预测,物探,磁法</GZFF>
    <PSJG>中国地质调查局西北地区地质调查项目管理办公室</PSJG>
    <PSSJ>2013-09-27</PSSJ>
    <NRTY>祁青钼矿调查区包括祁青钼矿勘查区、镜儿泉勘查区、东石板沟勘查区、头道沟勘查区，大地构造位置处于北祁连褶皱造山带内西段元古代镜铁山-朱龙关裂谷之小柳沟-斑赛尔成熟岛弧构造带中，其中长
      城系朱龙关群地层为勘查区主要的赋矿层位。新发现矿产地1处（镜儿泉铁矿），可供进一步工作的铁矿找矿靶区2处（东石板沟铁矿、头道沟铁铜矿）。在祁青钼矿勘查区通过钻探工程进一步验证了岩体型钼
      矿，圈定钼矿(化)体10条，穿矿厚0.95-7.50米，M o平均品位0.020%-0.423%，大致了解了祁青钼矿床斑岩型钼矿化范围。在镜儿泉勘查区发现中、东、西三个矿带，共圈定铁矿体8条，矿化体3
      条，其中西矿带矿体长100-1000米，厚度15.99-28.38米，TFe平均品位25.39-27.08%，主要矿石矿物为磁铁矿；中矿带矿体长50-200米，厚2.74-7.05米，TFe平均品位为25.88-26.47%，
      主要矿石矿物为赤铁矿；东矿带矿体长约700米，厚34.77米，TFe平均品位为28.28%,主要矿石矿物为赤铁矿；镜儿泉铁矿床累计探获（333+334？）铁资源量达6764.34万吨。东石板沟工作区圈定
      铁矿体4条，矿体长170-720米，厚3.50-6.58米，TFe平均品位22.11-26.00%,主要矿石矿物为磁铁矿，估算334？铁总资源量280.01万吨。在头道沟工作区共圈定铁矿体2条，铜矿体1条，铁矿化体
      2条，铁矿体长50-240米，厚4.12-6.26米，TFe平均品位25.03-30.78%,主要矿石矿物为磁铁矿，铜矿体长50米，厚6.82米，平均品位为0.44%。估算334？铁总资源量72.37万吨。334？铜金属
      量64.73吨。</NRTY>
    <QSJDLX>E</QSJDLX>
    <QSJDDu>097</QSJDDu>
    <QSJDFen>48</QSJDFen>
    <QSJDMiao>25</QSJDMiao>
    <ZZJDLX>E</ZZJDLX>
    <ZZJDDu>098</ZZJDDu>
    <ZZJDFen>17</ZZJDFen>
    <ZZJDMiao>24</ZZJDMiao>
    <QSWDLX>N</QSWDLX>
    <QSWDDu>38</QSWDDu>
    <QSWDFen>57</QSWDFen>
    <QSWDMiao>30</QSWDMiao>
    <ZZWDLX>N</ZZWDLX>
    <ZZWDDu>39</ZZWDDu>
    <ZZWDFen>22</ZZWDFen>
    <ZZWDMiao>01</ZZWDMiao>
    <XMFZDW>甘肃省有色地质调查院</XMFZDW>
    <XMFZR>张玉成，白亮</XMFZR>
    <XMMC>北山-祁连成矿带地质矿产调查</XMMC>
    <XMBH>1212011085084</XMBH>
    <XMQSSJ>2010-04-01</XMQSSJ>
    <XMZZSJ>2012-12-31</XMZZSJ>
    <XMXZ>地质调查专项</XMXZ>
    <HJDWMC>甘肃省有色地质调查院</HJDWMC>
    <HJLXR>吴军</HJLXR>
    <HJRSJH>13993604644</HJRSJH>
    <HJRDZYX>1634411@qq.com</HJRDZYX>
    <HJRGDDH>09318726285</HJRGDDH>
    <HJRTXDZ>甘肃省兰州市城关区旧大路213号</HJRTXDZ>
    <HJRYZBM>730000</HJRYZBM>
    <XCDWMC>甘肃省有色金属地质勘查局张掖矿产勘查院</XCDWMC>
    <XCLXR>吴军</XCLXR>
    <XCRSJH>13993604644</XCRSJH>
    <XCRDZYX>1634411@qq.com</XCRDZYX>
    <XCRGDDH>09368431863</XCRGDDH>
    <XCRTXDZ>甘肃省张掖市甘州区张火公路4公里处</XCRTXDZ>
    <XCRYZBM>734000</XCRYZBM>
    <KFGJWB>文字：WORD2003 表格：EXCEL2003</KFGJWB>
    <KFGJTX>MAPGIS 6.7</KFGJTX>
    <YJHJ>Intel(R) Core(TM) i7-4770 CPU @ 3.40GHz 16GB内存，2000G硬盘</YJHJ>
    <CZXT>Microsoft Windows7 旗舰版</CZXT>
    <HJJZGP>1</HJJZGP>
    <DZZZR>吴军</DZZZR>
    <DZWDSM>高斯-克吕格（横切椭圆柱等角）投影 北京54坐标系</DZWDSM>
    <YSDH>193</YSDH>
    <AJTM>甘肃省肃南县祁青钼矿调查报告</AJTM>
    <BCDW>甘肃省有色金属地质勘查局张掖矿产勘查院</BCDW>
    <YSLJR>梅红</YSLJR>
    <YSGDRQ>2013-03-20</YSGDRQ>
    <DABMJSR>梅红</DABMJSR>
    <SWYKX>3</SWYKX>
    <SWZJC>1677.5</SWZJC>
    <SWQX>1677.5</SWQX>
    <SWYX>0</SWYX>
    <SWBB>39</SWBB>
    <SWYP>1102</SWYP>
    <SWGP>39</SWGP>
    <SWBP>73</SWBP>
    <ZYCG>经过地质调查工作，甘肃省肃南县钼矿调查项目：（1）、通过钻探工程进一步验证了岩体型钼矿，本次施工钻孔共圈定钼矿(化)体10条，穿矿厚0.95-7.50米，M o平均品位0.020%-0.423%。
      大致了解了祁青钼矿床斑岩型钼矿化范围。（2）、在镜儿泉工作区发现中、东、西三个矿带。镜儿泉铁矿床西矿带初步估算（333+334？）铁资源量5696.53万吨，中矿带初步估算334？铁资源量
      10.05万吨，东矿带初步估算334？资源量1057.76万吨。累计（333+334？）铁资源量达6764.34万吨。（3）、在东石板沟工作区圈定铁矿体4条，估算334？铁总资源量280.01万吨。（4）、在头
      道沟工作区共圈定铁矿体2条，铜矿体1条，矿化体2条，头道沟铁矿点估算334？铁总资源量72.37万吨。334？铜金属量64.73吨。</ZYCG>
    <DDGZWZ>勘查区大地构造位置处于北祁连褶皱造山带内西段元古代镜铁山-朱龙关裂谷之小柳沟-斑赛尔成熟岛弧构造带中</DDGZWZ>
    <CKD>小柳沟一带钨钼成矿亚带</CKD>
    <CKSD>石英脉型钼矿/沉积变质型铁</CKSD>
    <CYLX>长城系</CYLX>
    <ZYKZ>钼矿、铁矿</ZYKZ>
    <ZZZWSL>1</ZZZWSL>
    <ZZSPSL>1</ZZSPSL>
    <ZZFTSL>72</ZZFTSL>
    <ZZFBSL>14</ZZFBSL>
    <ZZFJSL>4</ZZFJSL>
    <ZZQTSL>0</ZZQTSL>
    <ZZHDSL>0</ZZHDSL>
    <ZZYSSL>0</ZZYSSL>
    <DZZWSL>1</DZZWSL>
    <DZSPSL>2</DZSPSL>
    <DZFTSL>72</DZFTSL>
    <DZFBSL>14</DZFBSL>
    <DZFJSL>4</DZFJSL>
    <DZQTSL>2</DZQTSL>
```


图 2-11　EDMaker 数据存储构成

2.2.2.3 数据模型分析

EDMaker 以项目为组织单位，每个项目下包括基本信息、成果文件资料、原始文件资料、实物文件资料 4 部分，其中，成果文件资料组下包括了正文组、审批组、附件组、数据库软件组、附图组、附表组、多媒体组、其他文件组 8 个小组，每个小组包括多个文件；原始文件资料组下包括了底组、观组、样组、录组、综组、测组、探组、试组、像组、文组 10 个小组，每个小组包括多个文件；实物资源文件组下包括了钻探工程和区调项目 2 个小组，钻探工程由多个钻孔组成，每个钻孔又由岩心组、岩屑组组成，岩心组和岩屑组又分别包括多个文件，区调项目由多个图幅组成，每个图幅又由标本组、光片组、薄片组、副样组组成，每个小组下包括多个文件。具体如图 2-12 所示。

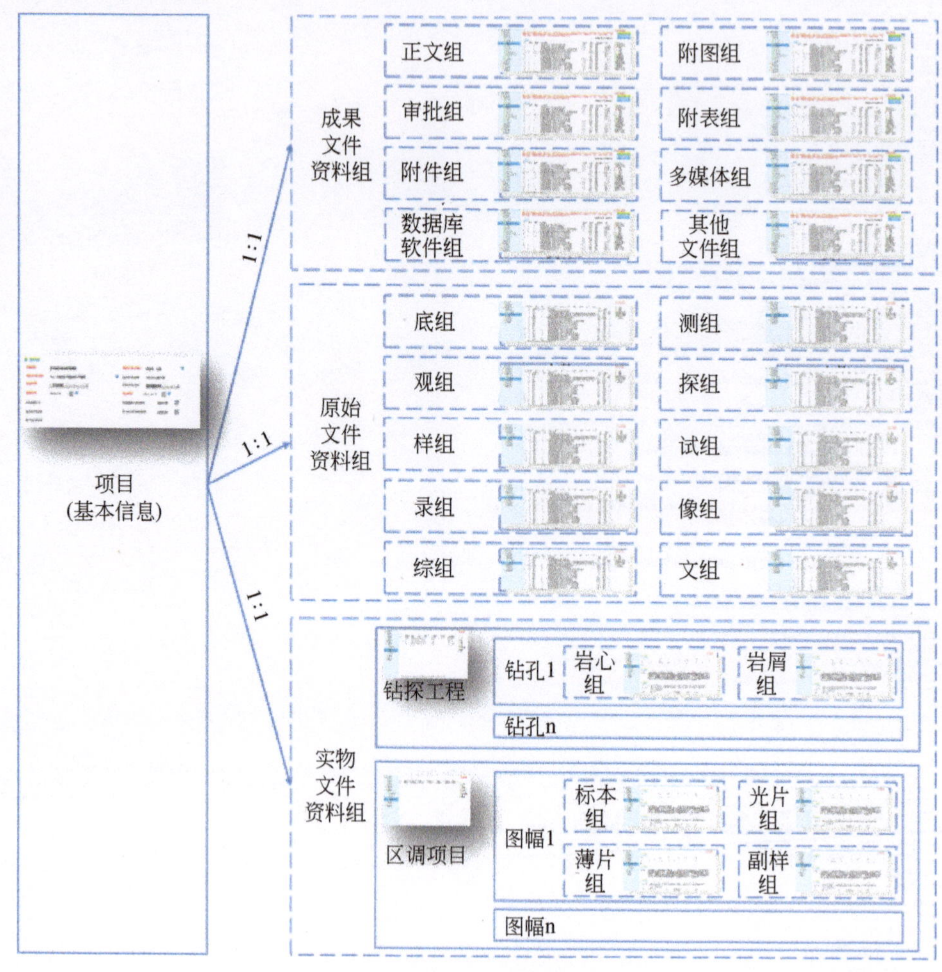

图 2-12 EDMaker 数据模型分析

2.2.2.4 数据实例分析

基于上述数据模型，选取 EDMaker 系统中项目（矿权）编号为“1212011085084”、项目（矿权）名称为“北山—祁连成矿带地质矿产调查”的地质资料数据进行实例分析。该档地质资料数据由基本信息、成果资料、原始资料、实物资料等组成。

以下以项目（矿权）编号为“1212011085084”、项目（矿权）名称为“北山—祁连成矿带地质矿产调查”的地质资料数据为例，对 EDMaker 的数据模型进行实例分析，具体如图 2-13 所示。

项目信息

负责单位：	甘肃省有色地质调查院	项目(矿权)负责人：	张玉成，白亮
项目(矿权)名称：	北山-祁连成矿带地质矿产调查	项目(矿权)编号：	1212011085084
资金来源：	中央财政	项目(矿权)性质：	地质调查专项
起始时间：	2010-4-1	终止时间：	2012-12-31
地质调查证号：		地质调查证有效期至：	选择日期
探/采矿权证号：		探/采矿权证有效期至：	选择日期
探/采矿权名称：			

图 2-13　EDMaker 数据实例分析 1

该数据成果资料包括正文类、审批类、附图类、附表类、附件类、多媒体类、数据库和软件类、其他类、插图类 9 部分组成，其中又以附件类为例，附件类包括第 1 册、第 2 册、第 3 册、第 4 册 4 个文件，每个文件包括 1 条到多条数据，具体如图 2-14 所示。

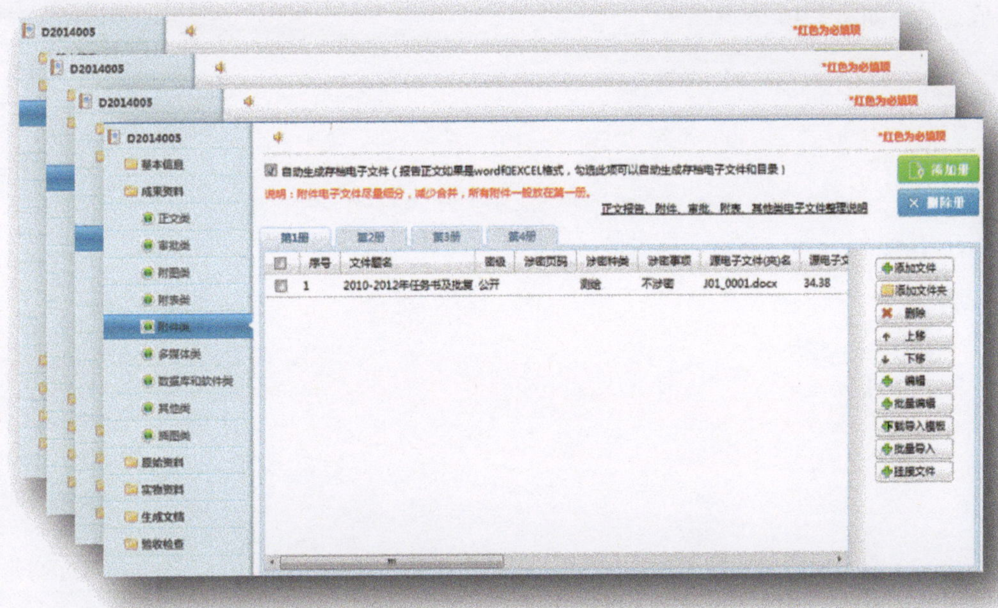

图 2-14　EDMaker 数据实例分析 2

该数据原始资料包括文件著录和文件目录两部分，以文件目录为例说明，文件目录分为底、测、观、探、样、试、录、像、综、文，每个文件目录有多个分类多个文件组成。具体如图2-15所示。

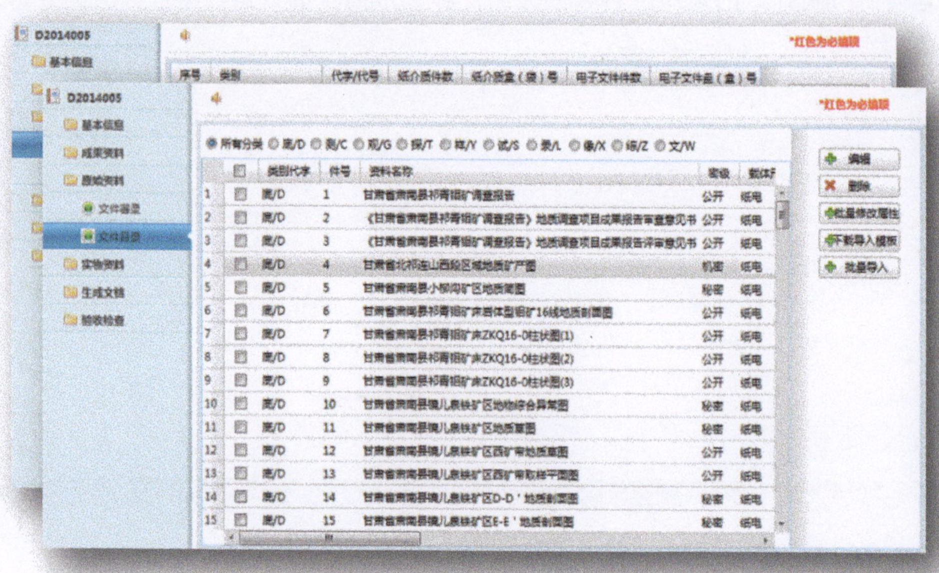

图2-15 EDMaker数据实例分析3

该数据实物资料包括钻探工程和区调项目两部分组成，以区调项目为例说明，区调项目包括图幅名称、实测剖面名称、标本数量、光片数量、薄片数量、重要发现、副样数量等构成。具体如图2-16所示。

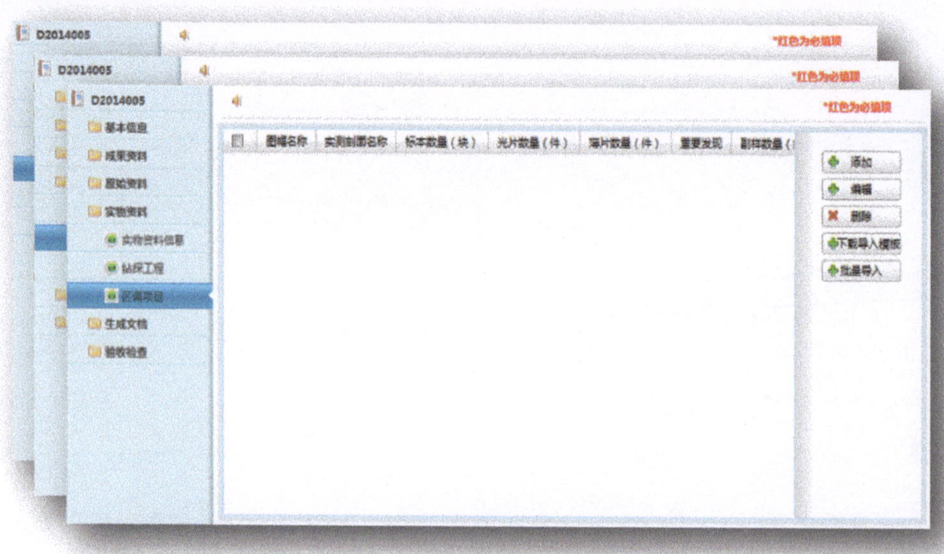

图2-16 EDMaker数据实例分析4

2.2.3　全国涉密地质资料清理系统数据

2.2.3.1　系统概述

全国涉密地质资料清理系统依据《地质资料档案著录细则》（DA/T23-2002）、《地质资料电子目录著录格式规定》（试行）（国土资发〔2001〕257号）等标准，于2006年建立，部署于省级馆藏机构，该模型以MS SQLServer数据库格式存储原始地质资料、成果地质资料。目前，该系统在个别省馆依旧在运行使用。

2.2.3.2　系统数据存储构成

全国涉密地质资料清理系统包括地质资料案卷信息和地质资料文件信息两大构成部分，其中案卷信息包括案卷级目录主表和案卷级目录附表，文件信息包括正文、附表、附图、附件、审批文件、多媒体、数据库7部分，具体如图2-17所示。

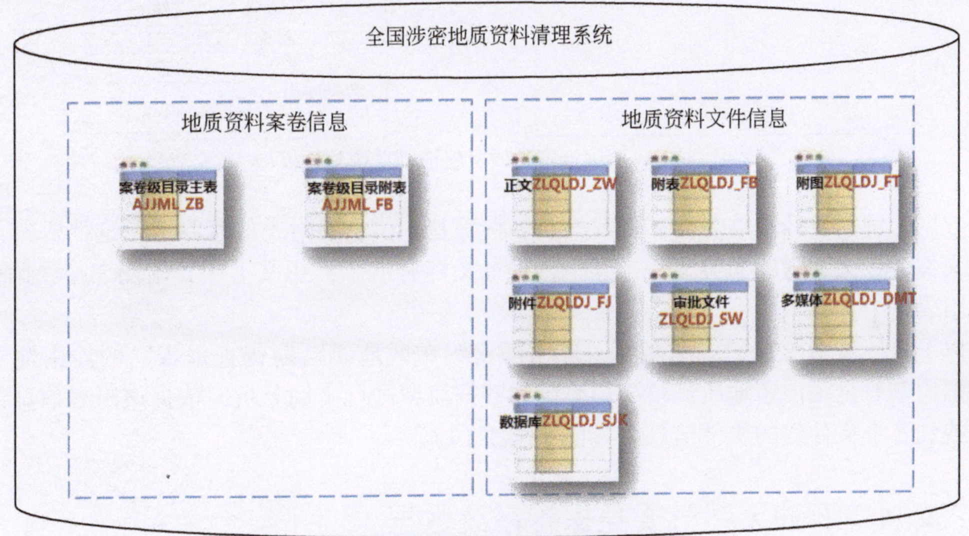

图2-17　全国涉密地质资料清理系统系统构成

2.2.3.3　数据模型分析

全国涉密地质资料清理系统主要管理成果地质资料数据，每个成果地质资料以案卷为组织单位，每个案卷下包括正文、附表、附图、附件、审批文件、多媒体、数据库等7个类型文件组，每类文件组包括多个文件，具体如图2-18所示。

2.2.3.4　数据实例分析

基于上述数据模型，选取全国涉密地质资料清理系统中档号为“711”、题名为“广西都安铝矿区地质踏勘普查报告”的地质资料数据进行实例分析。该档地质资料数据类型为成果地质资料，在案卷级包括一张案卷级目录主表和案卷级目录附表，主表信息涵盖了

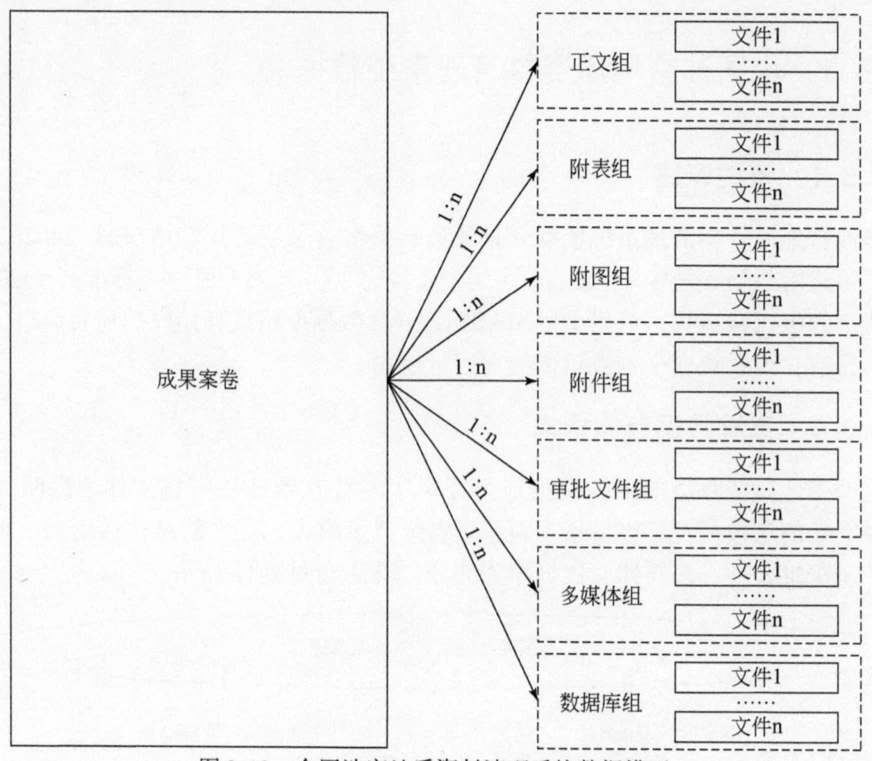

图 2-18　全国涉密地质资料清理系统数据模型

这档数据的题名、档案馆名称、资料类别名称等基本信息，附表信息涵盖了这档资料包括审批文件、正文、附图 3 类文件，其中，审批文档有 1 个，正文 1 个，附图 3 个，附件 2 个，附表 2 个。

以下以档号为“711”，题名为“广西都安铝矿区地质踏勘普查报告”的涉密地质资料数据为例对全国涉密地质资料清理系统的数据模型进行实例分析，依据该附表信息，可对应找到各个文件组的文件信息，具体如图 2-19 所示。

2.2.4　石油天然气委托保管系统数据

2.2.4.1　系统概述

石油天然气委托保管系统主要部署于委托馆藏机构，该模型以 Oracle 数据库格式存储原始地质资料、成果地质资料、实物地质资料。

2.2.4.2　系统数据存储构成

石油天然气委托保管系统包括矿权信息、汇交信息、地质资料信息三大构成部分，其中汇交信息包括原始汇交清单、实物汇交清单和成果汇交清单 3 部分，地质资料信息包括单井基础信息、岩屑台账、岩心台账、岩心回次、原始资料、成果案卷、成果文件 7 部分，具体如图 2-20 所示。

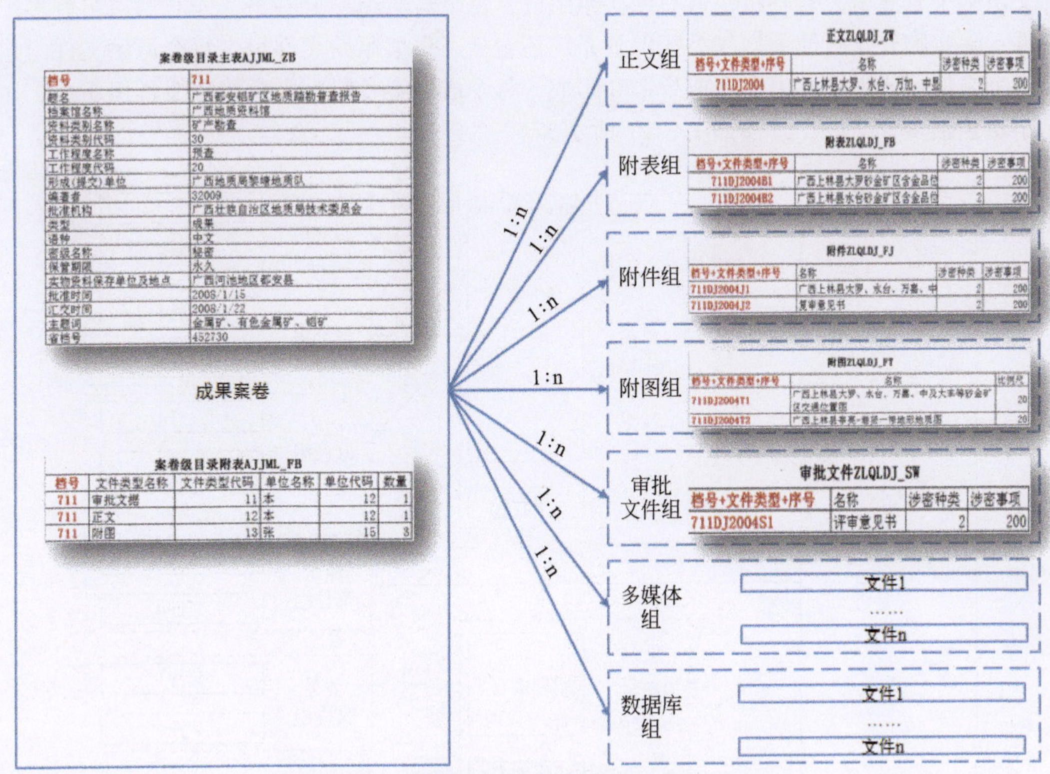

图 2-19　全国涉密地质资料清理系统数据实例分析

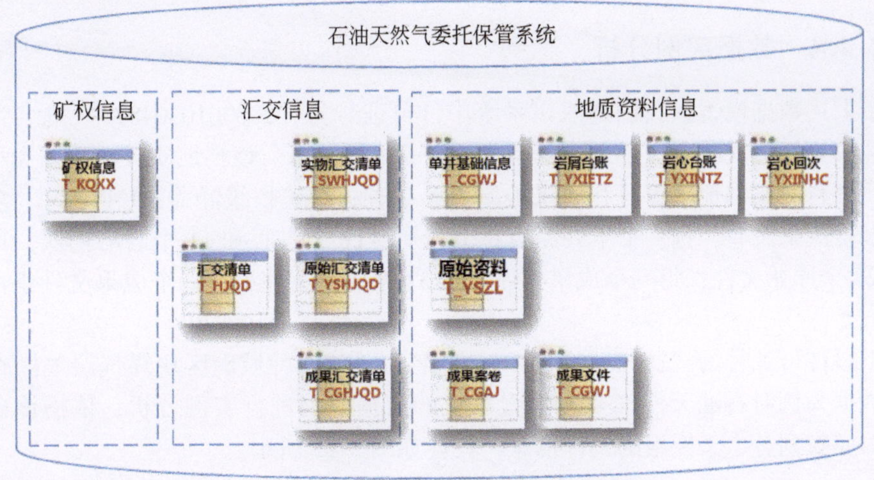

图 2-20　石油天然气委托保管系统构成

2.2.4.3　数据模型分析

石油天然气委托保管系统主要管理成果、实物、原始地质资料，以矿权为组织单位，由案卷和文件构成。实物组由多个单井组构成，每个单井组又包括了多个单井，而每个单井又由多个岩屑组、岩心组、岩心回次组组成，每个岩屑组、岩心组、岩心回次组有多个文件；除实物外，石油天然气委托保管系统还包括了多个原始文件组，每个原始文件组包括多个文件；成果案卷由多个成果案卷组成，每个成果案卷组由多个成果文件组组成，每个小组包括多个文件，具体如图 2-21 所示。

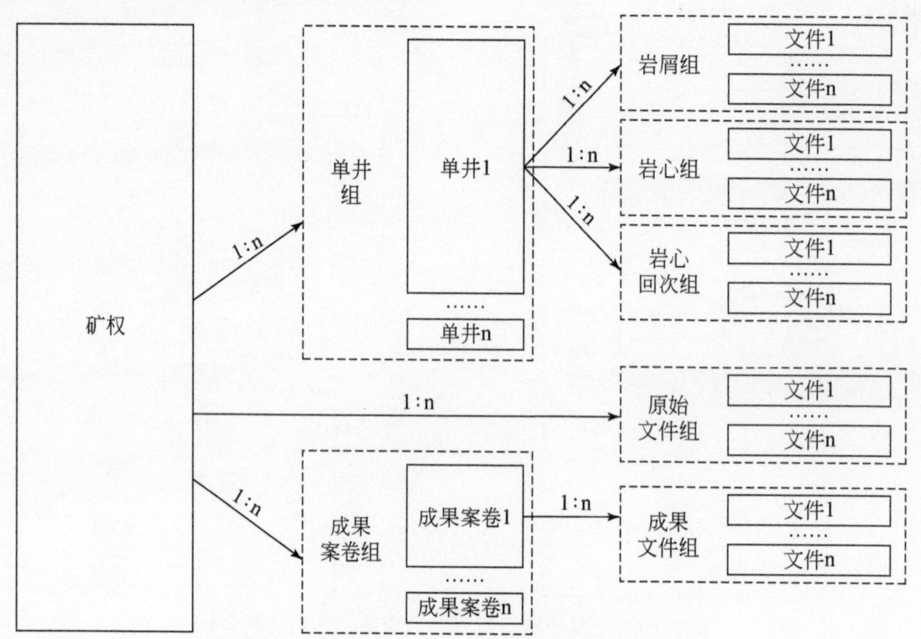

图 2-21　石油天然气委托保管系统数据模型分析

2.2.4.4　数据实例分析

基于上述数据模型，我们选取该系统中许可证号为“200001030481”、题名为“陕西韩城南区块煤气层气勘查”的地质资料数据进行实例分析。该档地质资料数据类型包括了原始地质资料、实物地质资料和成果地质资料三种，在矿权级涵盖 10 个单井、多个原始文件和多份成果案卷，每一个单井涵盖 6 个岩屑、11 个岩心和 11 个岩心回次，原始文件组涵盖 27 个原始文件，每一个成果案卷涵盖 32 个成果文件组，一个成果文件组由 3 个文件组成。

以下以许可证号为“200001030481”、题名为“陕西韩城南区块煤气层气勘查”的地质资料数据为例对石油天然气委托保管系统的数据模型进行实例分析，依据该矿权表信息，可对应找到各个文件组的文件信息，具体如图 2-22 所示。

2.2.5　全国重要地质钻孔数据库服务平台数据

2.2.5.1　系统概述

全国重要地质钻孔数据库服务平台由国土资源实物地质资料中心牵头研发，主要目的

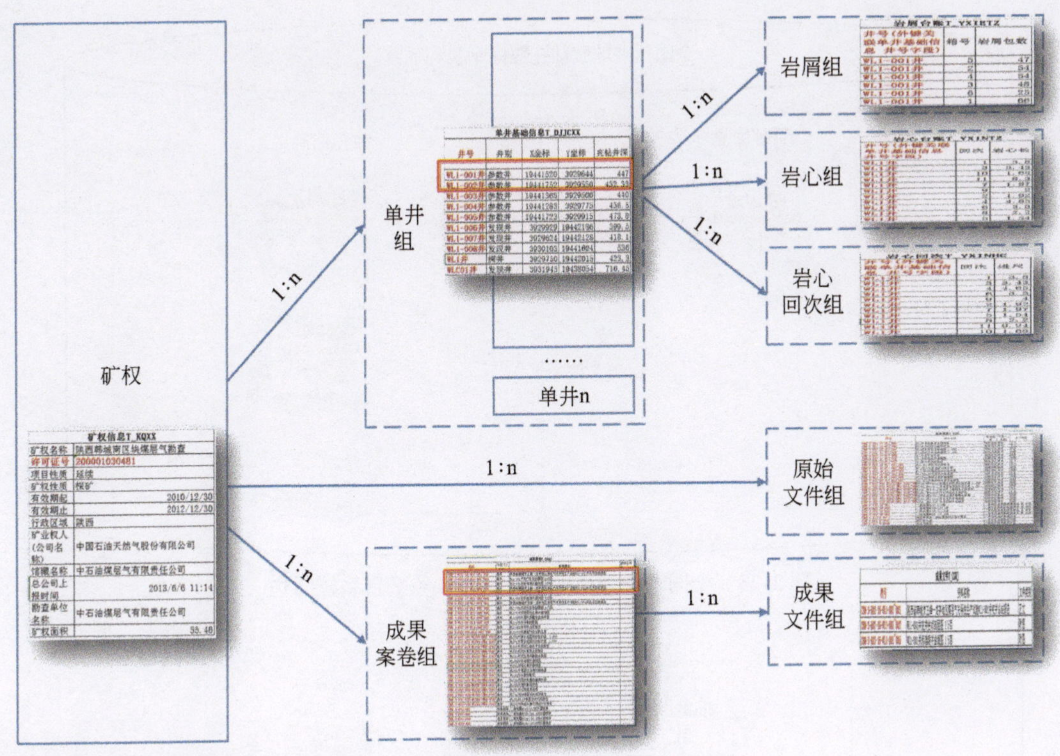

图 2-22　石油天然气委托保管系统实例分析

是将采集汇总后的全国重要地质钻孔数据进行公开发布服务，目前，部署应用于实物地质资料中心，该系统以 Access 数据库格式存储实物地质资料。

2.2.5.2　系统数据存储构成

全国重要地质钻孔数据库服务平台包括项目信息和钻孔信息两大构成部分，其中钻孔信息包括钻孔和保管单位两部分，具体如图 2-23 所示。

2.2.5.3　数据模型分析

全国重要地质钻孔数据库服务平台以项目为组织单位，包括工程布置图组、勘探线剖面图组、样品分析结果表组、钻孔 4 个组，具体如图 2-24 所示。

2.2.5.4　数据实例分析

基于上述数据模型，我们选取全国重要地质钻孔数据库服务平台中项目 ID 为“0013A5B253B44102A60B7E1F7241A70F”、题名为“安徽省萧县凤凰山石灰岩矿详细找矿地址报告”的地质资料数据进行实例分析。该档地质资料数据类型为实物地质资料，项目表主要涵盖项目 ID、组织机构代码、保管单位名称等 8 个基本信息，该数据的工程布置图、勘探线剖面图、样品分析结果表数量为 0，钻孔信息涵盖了项目 ID、原始资料档号、钻孔 ID、钻孔编号、钻孔柱状图、钻孔柱状图数等属性的 4 条数据。

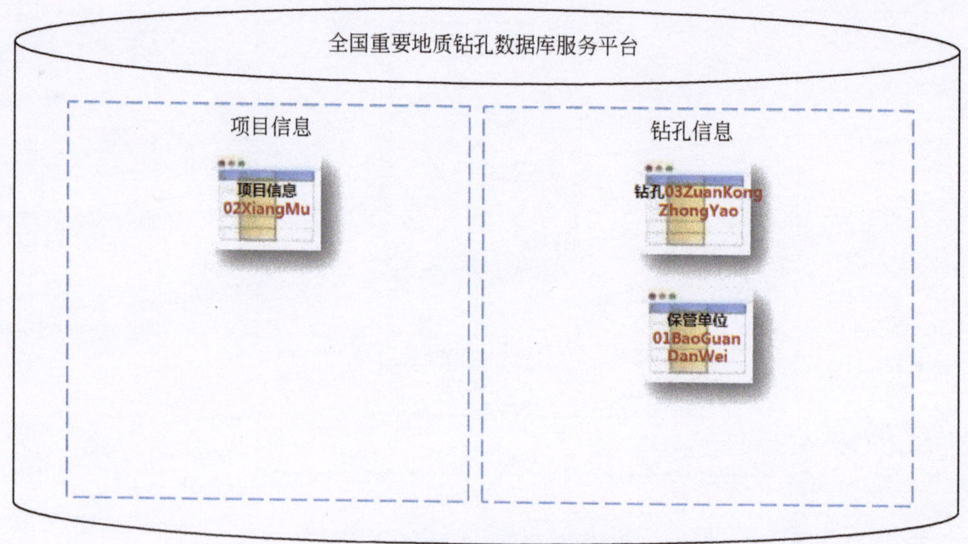

图 2-23　全国重要地质钻孔数据库服务平台系统结构

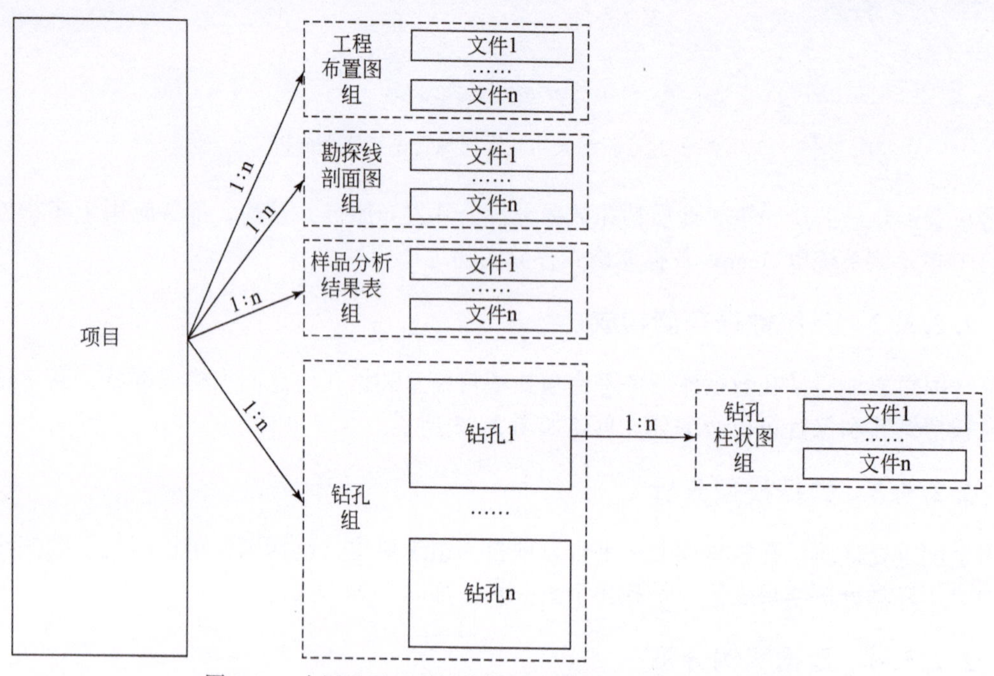

图 2-24　全国重要地质钻孔数据库服务平台数据模型分析

以下以项目 ID 为“0013A5B253B44102A60B7E1F7241A70F”、题名为“安徽省肖县凤凰山石灰岩矿详细找矿地址报告”的地质资料数据为例对全国重要地质钻孔数据库服务平台的数据模型进行实例分析，依据该项目表信息，可对应找到各个组的相关信息，具体如图 2-25 所示。

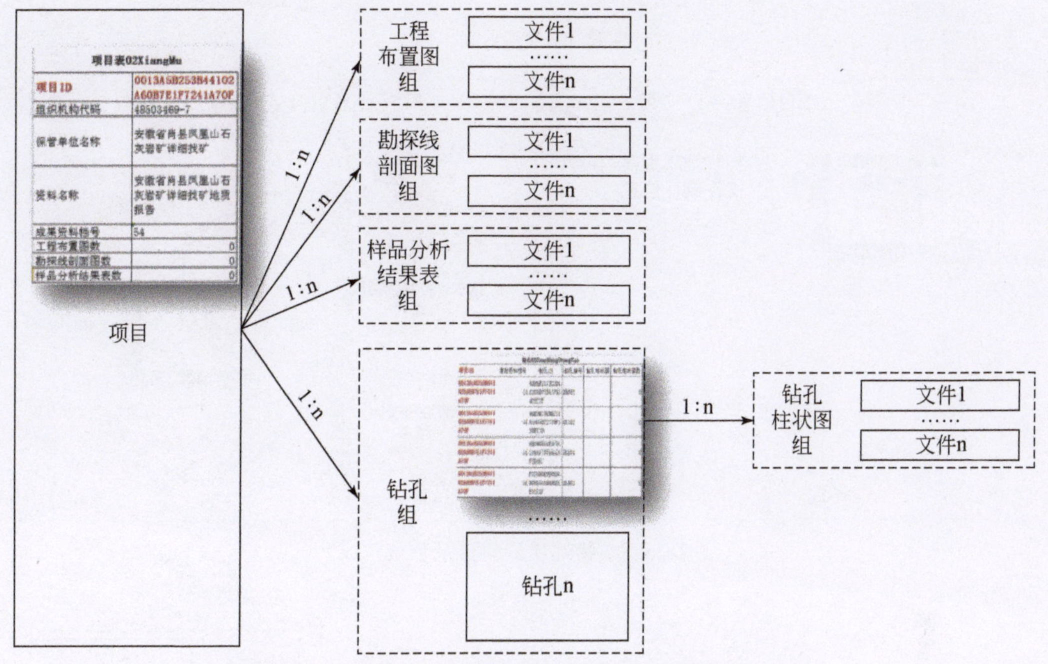

图 2-25　全国重要地质钻孔数据库服务平台数据实例分析

2.2.6　实物地质资料目录馆藏数据

2.2.6.1　系统概述

实物地质资料目录是依据《实物地质资料馆藏管理技术要求》（DD2010—05）建立的部署于实物地质资料中心的地质资料目录服务中心数据模型，该模型以 Excel 文件格式存储实物地质资料。

2.2.6.2　系统数据存储构成

实物地质资料目录包括项目信息和地质资料文件信息两大构成部分，其中项目信息包括实物地质资料基本信息和文件统计信息两部分；文件信息包括岩心、岩屑，样本、样品、光片、薄片，其他实物，相关资料目录 4 部分，具体如图 2-26 所示。

2.2.6.3　数据模型分析

实物地质资料目录主要管理实物地质资料数据，以项目为组织单位，根据项目不同分为区域地质调查工程项目和矿产勘查工程项目。每个区域地质调查工程项目下包括多个剖面组，每个剖面组由多个剖面构成，每个剖面又包括多个标本组、样本组、光片组、薄片组、相关资料组构成，每个标本组、样本组、光片组、薄片组、相关资料组由多个文件组成；矿产勘查工程项目下包括多个钻孔组，每个钻孔组由多个钻孔构成，每个钻孔又包括多个岩心组、岩屑组、相关资料组，每个岩心组、岩屑组、相关资料组由多个文件组成。具体如图 2-27 所示。

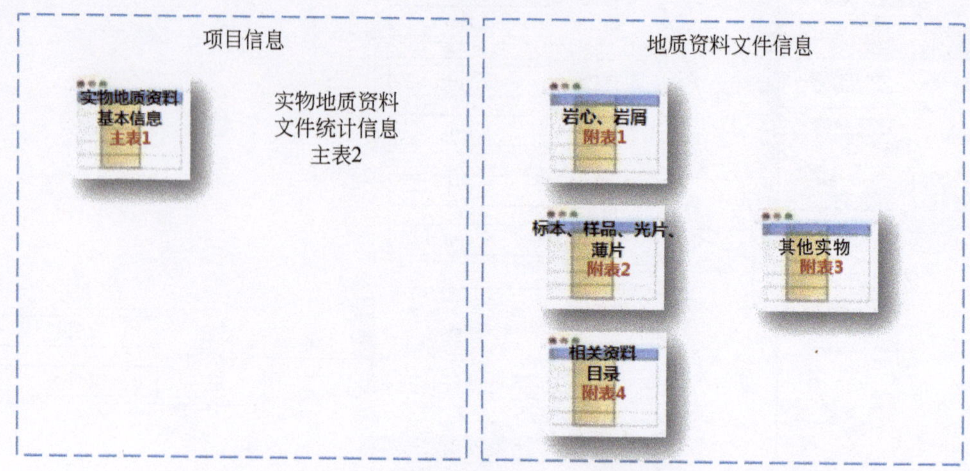

图 2-26　实物地质资料目录系统构成

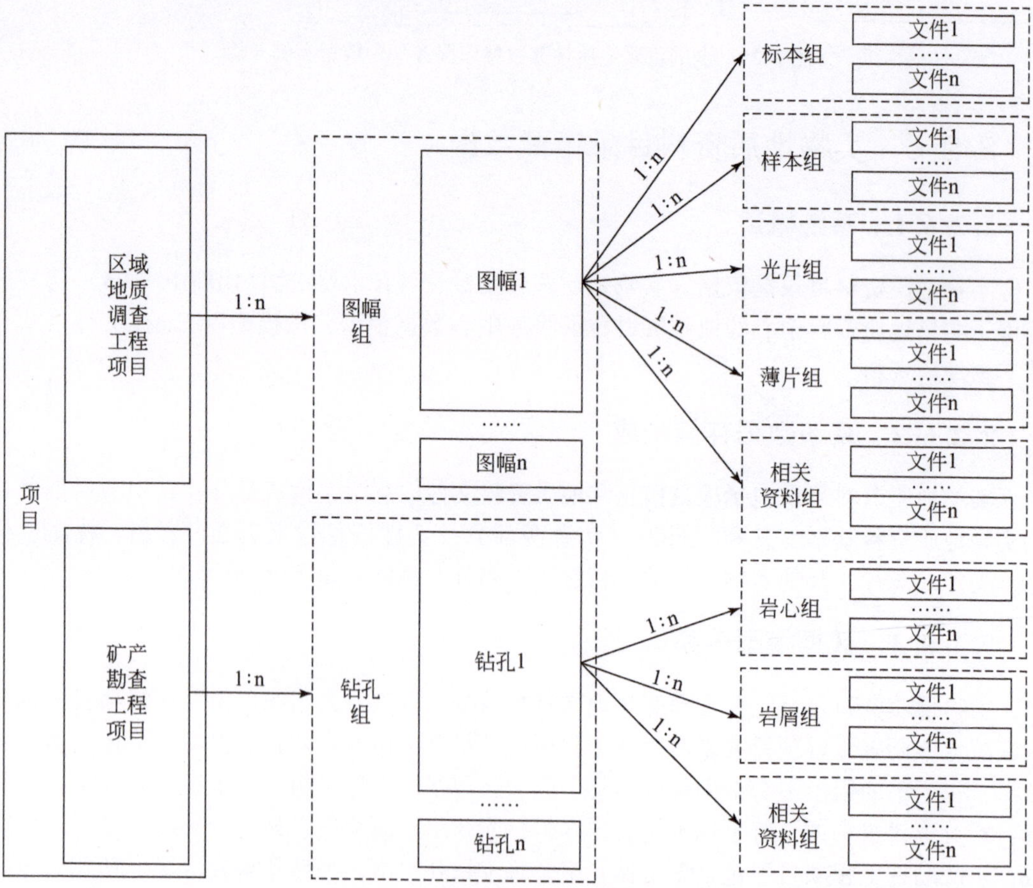

项目
区域地质调查工程项目
矿产勘查工程项目
1:n
图幅组
图幅1
……
图幅n
钻孔组
钻孔1
……
钻孔n
1:n
标本组
样本组
光片组
薄片组
相关资料组
岩心组
岩屑组
相关资料组
文件1
……
文件n

图 2-27　实物地质资料目录组织形式

2.2.6.4　数据实例分析

基于上述数据模型，选取资料类别为区域地质调查，档号为“000024”的实物地质资料进行实例分析。该档数据涵盖了实物地质资料著录表（主表），一张实物地质资料著录表涵盖多个样本、样品、光片、薄片著录表（副表2）和相关资料目录（副表4），其中主表包括馆藏机构、形成单位、汇交人等基本信息，副表2包括样本数量、样品数据、光片数量等信息，副表4包括资料名称、计量单位、数量等信息。此外，项目还包括档号为“000085”、题名为“湖南省永州市大坳钨锡矿岩心”的矿产勘查工程项目。该项目涵盖了实物地质资料著录表（主表），一张实物地质资料著录表涵盖岩心、岩屑著录表（副表1）和相关资料目录（副表4）。具体如图2-28所示。

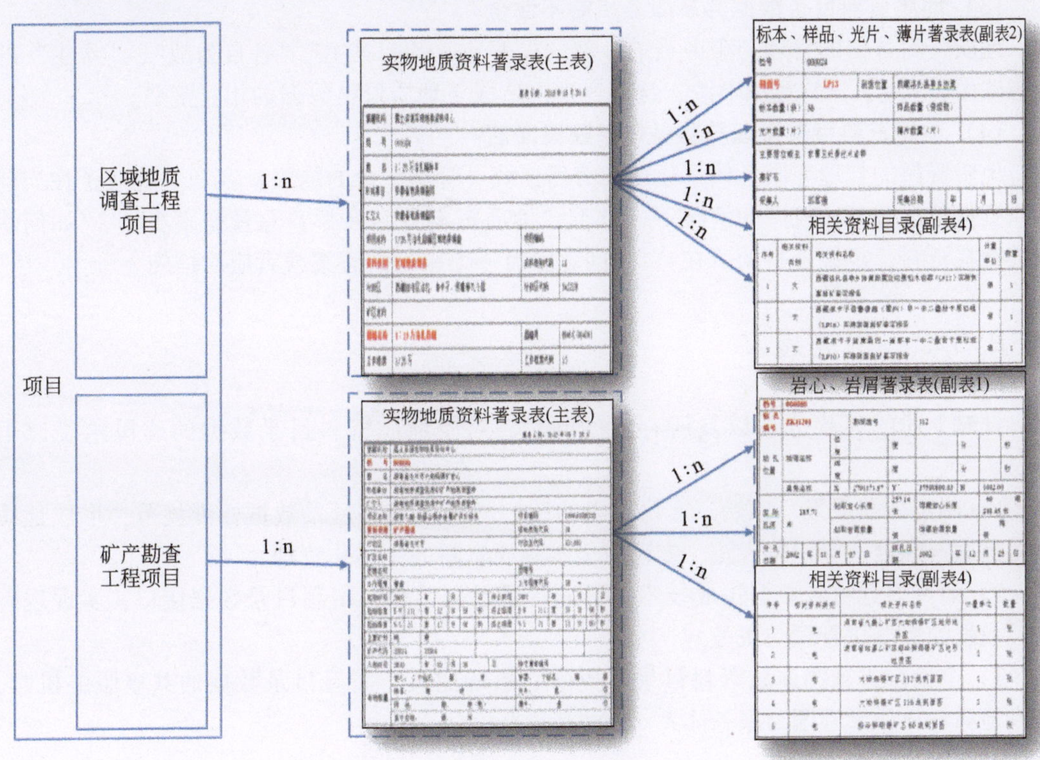

图2-28　实物地质资料目录数据实例分析

2.3　研究分析小结

2.3.1　问题综合分析

在调研分析地质资料目录数据标准规范和相关信息系统应用现状基础上进行综合分析，认为在地质资料目录数据项定制、目录数据集群、信息系统的统一构建和目录数据发布服务等方面还存在以下问题。

（1）各部门地质资料目录数据项标准不统一，集群程度低

地质资料主要分布于部省两级馆藏机构、地调系统、行业（油气、核工业）等部门，覆盖实物、原始、成果三大类。尽管目前已经有地质资料的著录细则及相关汇交办法，但是大部分是针对成果地质资料进行操作的，况且在馆藏部门与行业系统之间的成果地质资料目录数据库结构也存在着差异；再者，实物和原始地质资料目录结构标准的无推广、不确定性和不统一性，更增大了三类资料的集群难度。

（2）地质资料目录数据管理与服务信息系统较多，缺乏互联互通

当前运行的信息系统繁多，但是系统之间对于数据库架构、目录项设置和定义等都有着不同的理解和实践，这就客观上造成了系统之间较难定制接口，难以实现互联互通。

（3）地质资料目录数据共享服务机制不健全

地质资料数据的管理与服务当前一部分程度上“各归其主”“各自为战”，“共建”的思想缺失，“共享”的意识不浓，这就客观上造成了地质资料数据的相互壁垒。

（4）地质资料目录管理与服务体系建设滞后

地质资料的管理与服务体系建设的滞后，统一管理平台的缺失，客观上造成了在当前地质资料馆藏分布比较广的情况下，对于“地质资料分布在哪？总量是多少？”“如何快速的查找资料，定位资料的所在？”等问题没有一个很好的答案或者应对措施。

2.3.2 相关建议

针对上述的现状分析以及所存在的问题，对于地质资料目录数据的建设给予以下建议。

1）制定覆盖成果、原始、实物在内的统一的地质资料目录数据标准规范，形成地质资料数据资源唯一标识符规范，实现三大类地质资料的一体化管理。

2）研究多源目录数据集成技术，研究目录数据结构，定制目录数据接口，实现现有目录数据的集群化管理与服务。

3）全面推进全国地质资料目录服务中心系统建设，完善目录数据的共享服务机制，形成地质资料目录管理与服务体系。

第 3 章　全国地质资料目录服务中心标准规范建设

全国地质资料目录信息涉及大量的资料类型、数据类型，没有标准规范作为指导，就难以开展资料的整理和入库工作，难以进行系统的研制开发，也难以实现地质资料数据统一化规范化服务。因此，全国地质资料目录服务中心建设遵循“标准先行”理念，开展系统建设及数据服务需要的标准规范的研究与建立。

3.1　全国地质资料目录服务中心标准体系框架设计

依据现有的目录数据标准，基于充分利用现有数据基础、尽量减少资料保管单位数据加工量、同时保证平台可扩展性的原则，目录项统一、稳定、可扩展及通用指标统一展示、递进服务的原则，分析成果地质资料电子文件制作浏览系统、EDMaker 数据模型、全国涉密地质资料清理系统、石油天然气委托保管系统、全国重要地质钻孔数据库服务平

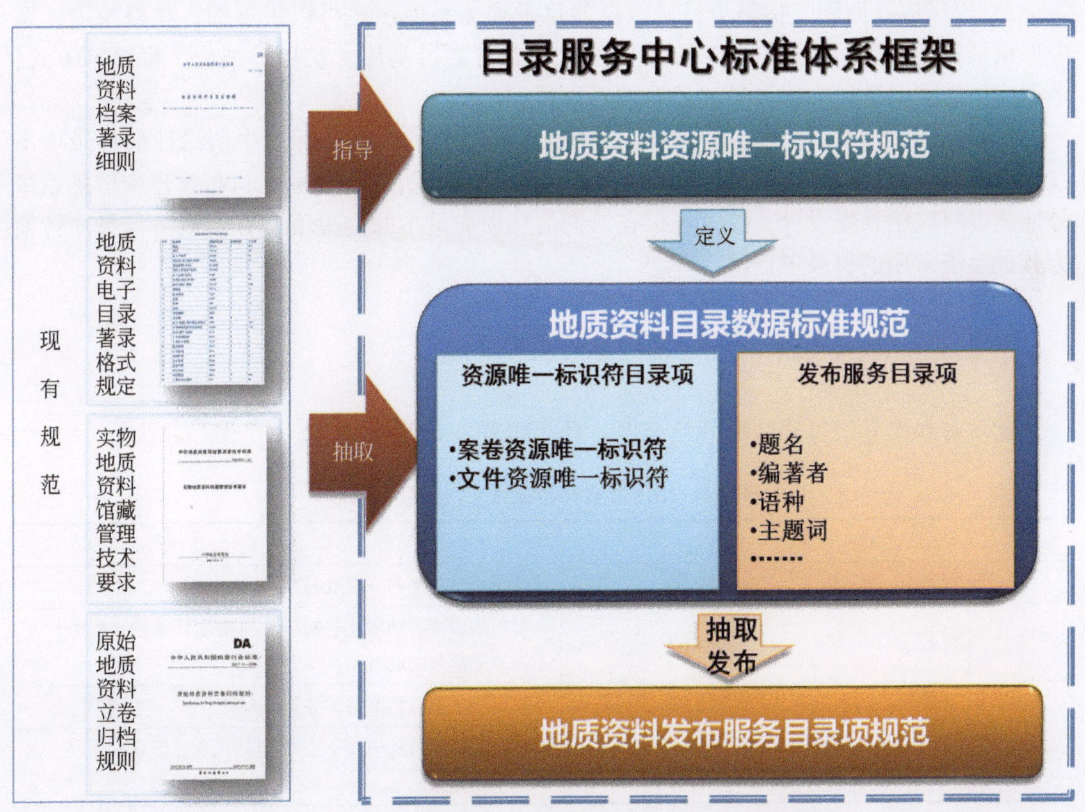

图 3-1　全国地质资料目录服务中心标准体系框架设计

台、实物地质资料馆藏管理标准等六类现状地质资料数据模型，编制《地质资料目录数据标准规范》，在选取关键目录项的基础上，确定地质资料资源唯一标识符的编码格式，编制《地质资料资源唯一标识符规范》，结合地质资料社会服务的需求，抽取、发布服务目录项，编制《地质资料发布服务目录项规范》，最终形成目录服务中心标准体系框架，保障了地质资料目录中心数据库建设和系统研发的顺利开展（图3-1）。

3.2 地质资料目录数据标准规范研究

3.2.1 研究思路

1）一致性原则。指在目录项设计过程中，尽量注意与现有的国家标准、行业标准或者其他政府标准、国际标准相一致。

2）稳定性原则。指目录数据标准的制定既要根据目前的需要，也要充分考虑将来的发展，避免过多的修改。因此在设计目录项时，将那些不同地质资料数据所基本的、共同的、必需的内容定义为一个通用目录项集合，通用目录项应能够保障应用需求的基本功能，具有相对的稳定性。

3）可扩展性原则。指整个目录数据的目录项体系应该是可以扩展的，在目录项体系中保留可扩充的空间以适应未来需求的变化，并可通过复用、扩展、细化、修改等方式，根据应用需求灵活地构建和扩展已有的目录项。

4）互操作原则。体现在对异构系统间互操作能力的支持，标准中所设计的目录项不仅可以从现有的应用系统所直接获得，而且还需要结合新的监管系统和业务管理信息系统等地质资料应用系统设计。并且，可在所携信息损失最小的前提下，方便地将目录项转换为其他系统常用的目录项标准。

3.2.2 地质资料案卷级目录数据构成

地质资料案卷级目录数据的目录项，具体如表3-1所示。

表3-1 地质资料案卷级目录数据目录项表

序号	目录项名称	标识	备注
1	资源唯一标识码	UUID	指赋予资料档案的一组唯一标识码
2	题名	PKIIA	一般指地质资料档案文件材料文首的题目或位于档案封面上方显著部位的题目
3	编著者	PKIIG	指形成地质资料档案的主要编制人员
4	资料来源	ZLLY	指地质资料接收的方式，主要包括汇交、形成、交换、购买、捐赠等

续表

序号	目录项名称	标识	备注
5	原始资料档号	Y-PKIIB	指各级地质资料档案馆（室）在对原始地质资料档案整理和管理过程中，赋予资料档案的一组代码
6	原始保存单位名称	Y-BCDWMC	指保存原始地质资料档案馆的名称
7	原始保存单位代码	Y-BCDWDM	依据《编制全国档案馆名称代码实施细则》
8	实物资料档号	S-PKIIB	指各级地质资料档案馆（室）在对实物地质资料档案整理和管理过程中，赋予资料档案的一组代码
9	实物保存单位名称	Y-BCDWMC	指保存实物地质资料档案馆的名称
10	实物保存单位代码	Y-BCDWDM	依据《编制全国档案馆名称代码实施细则》
11	成果资料档号	C-PKIIB	指各级地质资料档案馆（室）在对成果地质资料档案整理和管理过程中，赋予资料档案的一组代码
12	成果保存单位名称	Y-BCDWMC	指保存成果地质资料档案馆的名称
13	成果保存单位代码	Y-BCDWDM	依据《编制全国档案馆名称代码实施细则》
14	项目（矿权）名称	XMMC	指产生该档地质资料的地质工作项目或矿权名称，即汇交人汇交地质资料的地质工作项目或矿权的名称。无明确地质工作项目的，项目名称空缺
15	项目（矿权）编号	XMBH	指产生该档地质资料的地质工作项目或矿权的编号
16	资金来源名称	ZJLYMC	指投入地质工作项目的主要资金来源，按国家财政拨款、地方财政拨款、国内企事业投入、港澳台商投入、外商投入和其他投入六项，著录国家、地方、企事业、港澳台、外商和其他
17	资金来源代码	ZJLYDM	指投入地质工作项目的主要资金来源代码
18	形成单位	XCDW	指直接从事地质生产、科研活动，依法向有关机关或依照合同等要约向有关单位提交地质资料档案，并对所形成的地质资料档案负有主要责任的单位
19	形成时间	XCSJ	指地质资料档案形成时间
20	评审（批准）机构	PSJG	指负责对地质工作成果进行审查批准或认定、验收、鉴定和最终评估确认的机关、机构和单位，著录批准机构的名称
21	批准时间	PZSJ	著录批准机构正式下发给完成地质报告单位的批准文据的时间
22	资料类别名称	ZLLBMC	依据《中国档案分类法》（第二版）及有关地勘行业分类标准
23	资料类别代码	ZLLBDM	依据《中国档案分类法》（第二版）及有关地勘行业分类标准
24	工作起始时间	GZQSSJ	指著录地质工作项目开始的日期
25	工作终止时间	GZZZSJ	指著录地质工作项目完成的日期
26	行政区名称	XZQMC	依据 GB/T 2260 著录行政区划名称
27	行政区代码	XZQDM	依据 GB/T 2260 著录行政区划代码

续表

序号	目录项名称	标识	备注
28	矿产名称	KCMC	按重要程度最多可依次标引 15 个矿产名称
29	矿产代码	KCDM	按重要程度最多可依次标引 15 个矿产代码
30	地质工作程度名称	DZGZCDMC	指地质工作程度的名称，如概查、普查、详查、勘探等以及反映工作程度的各种比例尺
31	地质工作程度代码	DZGZCDDM	指地质工作程度的代码
32	起始经度	QSJD	指地质工作区所处的地理坐标的开始经度
33	终止经度	ZZJD	指地质工作区所处的地理坐标的终止经度
34	起始纬度	QSWD	指地质工作区所处的地理坐标的开始纬度
35	终止纬度	ZZWD	指地质工作区所处的地理坐标的终止纬度
36	语种	YZ	按照 GB/T 4880 著录中文名称或代码
37	主题词	ZTC	指地质资料档案标引和检索中用以表达地质资料档案主题内容的规范化的词或词组
38	内容提要	NRTY	指对地质资料档案内容的简介和评述，应反映各类地质资料档案的主要内容、成果及重要技术参数等
39	汇交单位	HJDW	指向国家汇交地质资料的单位名称，也可为个人
40	汇交时间	HJSJ	指汇交人向国家汇交地质资料时，由地质资料管理机关签发有关汇交证明文件的日期。没有签发地质资料汇交证明的，著录馆藏机构验收合格的日期
41	汇交联单号	HJLDH	
42	密级名称	MJMC	依据 GB/T 7156 划分的保密级别著录汉字或拼音
43	密级代码	MJDM	依据 GB/T 7156 划分的保密级别数据代码
44	保护期	BHQ	指为保护地质资料汇交义务人合法权益而制订的保护期限。著录保护期截止到年、月
45	盒（袋）数	HS	指地质资料分装的盒数（袋数）
46	电子文件总数据量	DZWJZS	指地质资料电子文件的总容量
47	电子文档号	DZWDH	指地质资料档案馆（室）管理电子文件的一组符号代码
48	文数	WS	地质资料文件的总个数
49	页数	YS	地质资料文件的总页数
50	附图数	FTS	地质资料总所包括附图的数量
51	附表数	FBS	地质资料总所包括附表的数量
52	图幅名称	TFMC	指地质工作项目所属的图幅的名称
53	图幅号	TFH	指地质工作项目所属的图幅的代码
54	矿区名称	KQMC	指地质工作项目所属的矿区的名称
55	入库时间	RKSJ	指地质资料资料馆接收地质资料入库并办理移交手续的时间
56	岩心钻孔数	YXZKS	岩心的钻孔数量

续表

序号	目录项名称	标识	备注
57	岩心箱数	YXXS	岩心的钻孔箱数
58	岩心米数	YXMS	岩心的总长度
59	岩屑钻孔数	YXZKS	岩屑的钻孔数量
60	岩屑箱数	YXXS	岩屑的钻孔箱数
61	岩屑袋数	YXDS	岩屑的钻孔袋数
62	标本箱数	BBXS	标本的箱数
63	标本块数	BBKS	标本的快数
64	光片盒数	GPHS	光片的盒数
65	光片件数	GPJS	光片的件数
66	样品箱数	YPXS	样品的箱数
67	样品袋/瓶数	YPDS	样品的袋数（瓶数）
68	薄片盒数	BPHS	薄片的盒数
69	薄片件数	BPJS	薄片的件数
70	其他实物箱数	QTSWXS	其他类型实物的箱数
71	其他实物件数	QTSWJS	其他类型实物的件数

3.2.3　地质资料文件级目录数据构成

3.2.3.1　实物地质资料

根据实物地质资料文件的分类，实物地质资料文件级目录数据，主要包括岩心、岩屑，样本、样品、光片、薄片，两类目录数据。

(1) 岩心、岩屑类

岩心、岩屑类实物地质资料文件级扩充目录数据的目录项，具体如表 3-2 所示。

表 3-2　岩心、岩屑类实物地质资料文件级目录数据目录项表

序号	指标项名称	标识	备注
1	资源唯一标识码	UUID	指赋予资料的一组唯一标识码
2	档号	DH	
3	钻孔编号	ZKBH	
4	勘探线号	KTXH	
5	经度	DLJD	地理坐标
6	纬度	DLWD	地理坐标
7	X	ZJX	直角坐标
8	Y	ZJY	直角坐标

续表

序号	指标项名称	标识	备注
9	H	ZJH	直角坐标
10	实际孔深	SJKS	
11	钻取岩心长度	ZQYXCD	
12	馆藏岩心长度（箱）	GCYXCDX	
13	馆藏岩心长度（米）	GCYXCDM	
14	钻取岩屑数量	ZQYXSL	
15	馆藏岩屑数量（箱）	GCYXSLX	
16	馆藏岩屑数量（袋）	GCYXSLD	
17	开孔日期	KKRQ	
18	终孔日期	ZKRQ	

（2）样本、样品、光片、薄片类

样本、样品、光片、薄片类实物地质资料文件级目录数据的目录项，具体如表3-3所示。

表3-3　样本、样品、光片、薄片类实物地质资料文件级目录数据目录项表

序号	指标项名称	标识	备注
1	资源唯一标识码	UUID	指赋予资料的一组唯一标识码
2	档号	DH	
3	剖面号	PMH	
4	剖面位置	PMWZ	
5	标本数量	BBSLK	
6	光片数量	GPSLP	
7	样品数量	YPSLD	
8	薄片数量	BPSLP	
9	主要层位或主要矿石	ZYCWHZYKS	
10	采集人	CJR	
11	采集日期	CJRQ	

（3）其他类

其他类实物地质资料文件级目录数据的目录项，具体如表3-4所示。

表3-4　其他类实物地质资料文件级目录数据目录项表

序号	指标项名称	标识	备注
1	资源唯一标识码	UUID	指赋予资料的一组唯一标识码
2	档号	DH	
3	实物类型	SWLX	
4	实物数量	SWSL	
5	采集人	CJR	
6	采集日期	CJRQ	

(4) 相关资料类

相关资料类实物地质资料文件级目录数据的目录项，具体如表3-5所示。

表3-5　相关资料类实物地质资料文件级目录数据目录项表

序号	指标项名称	标识	备注
1	资源唯一标识码	UUID	指赋予资料的一组唯一标识码
2	相关资料类别	XGZLLB	
3	相关资料名称	XGZLMC	
4	单位	DW	
5	数量	SL	

3.2.3.2　原始地质资料

原始地质资料文件级目录数据的目录项，具体如表3-6所示。

表3-6　原始地质资料文件级目录数据目录项表

序号	指标项名称	标识
1	资源唯一标识码	WJUUID
2	件号	SWJM
3	原件号	YWJM
4	档号	A_ PKIIB
5	盒（袋）数	HDS
6	电子文件总数据量	DZWJZSJL
7	文件题名	WJMC
8	文件类型	WJLX
9	载体数量	ZTSL
10	载体单位	ZTDW
11	载体类型	ZTLX
12	载体规格	ZTGG
13	密级	MJ
14	纸介质盒（袋）号	ZJZ
15	电磁载体编号	DCZTBH
16	文件字节数	WJZJS

3.2.3.3　成果地质资料

成果地质资料文件类型主要为报告，以及附图、附表等，其文件级目录数据的目录项基本上同原始地质资料。

3.2.4 地质资料目录数据规范化描述

为保持规范的一致性，建议采用全国馆地质资料业务管理系统的 XML 规范。其中不需要的目录项可以不填写。全国地质资料目录服务中心系统直接导入该 XML 数据。

3.3 地质资料资源唯一标识码研究

3.3.1 研究思路

在全国地质资料目录服务中心建设项目中，提出地质资料资源唯一标识码由四部分组成，第一部分为节点标识码，第二部分为案卷标识码，第三部分为子卷标识码，第四部分为文件标识码。全国地质资料目录服务中心建设项目中地质资料资源唯一标识码的基本编码格式如图 3-2 所示。

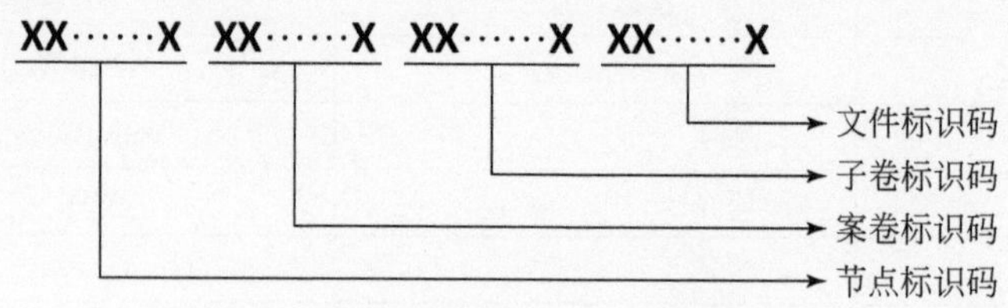

图 3-2 地质资料资源唯一标识码构成图

3.3.2 节点唯一标识码规范

节点标识码编码是指标识该地质资料的馆藏机构或个人的代码。节点标识码由两部分组成，共 5 位。其中，第 1 位为节点类型代码，第 2～5 位为节点编码，具体编码格式如图 3-3 所示。

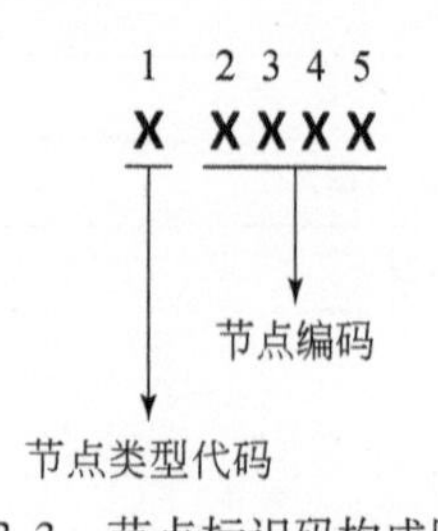

图 3-3 节点标识码构成图

节点类型代码是指地质资料保管单位的类型，如地质资料馆、地质调查局等，除此之外，还包括个人。

节点编码是指节点的注册码，节点类型若为全国地质资料馆时，注册码为 0001；若为省级地质资料馆时，注册码为 4 位省行政区划代码；若为行业馆藏机构，注册码为行业码（两位数字）+行业内顺序码（两位数字）；若为个人时，注册码为顺序码，由数字“1”起始，共 4 位，不足部分用“0”补足。

3.3.3 案卷唯一标识码规范

本规范中地质资料案卷级资源唯一标识码包括两部分，第一部分为节点标识码，第二部分为案卷标识码，其编码格式如图 3-4 所示。

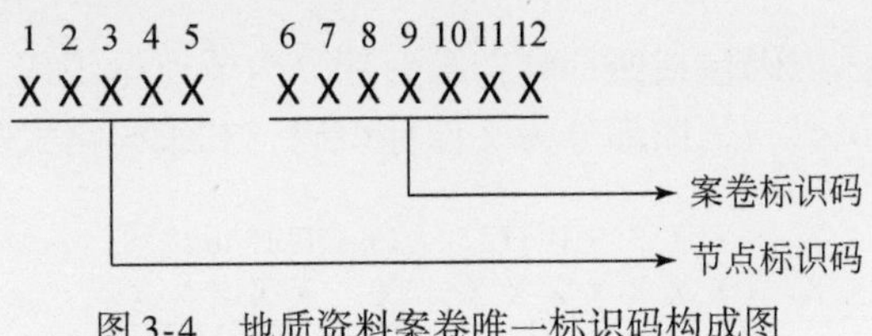

图 3-4 地质资料案卷唯一标识码构成图

3.3.3.1 案卷标识码字符集

本规范中案卷标识码字符集主要包括以下组成部分：

1）26 个英文字母，不区分大小写；

2）“0，1，2，3，4，5，6，7，8，9” 10 个数字。

3.3.3.2 案卷标识码编码规则

案卷标识码即案卷号，是指各级地质资料档案馆（室）在地质资料档案整理和管理过程中，赋予资料档案的一组代码。案卷号由一部分组成，共 7 位，其编码格式如图 3-5 所示。

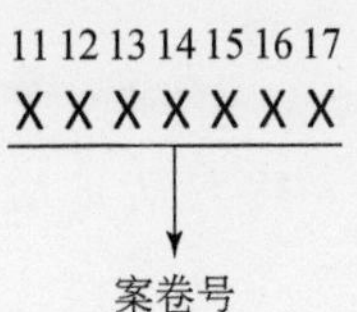

图 3-5 地质资料案卷标识码（案卷号）构成图

3.3.4 子卷唯一标识码规范

本规范中地质资料子卷级资源唯一标识码包括两部分，第一部分为节点标识码，第二部分为案卷标识码，第三部分为子卷标识码，其编码格式如图 3-6 所示。

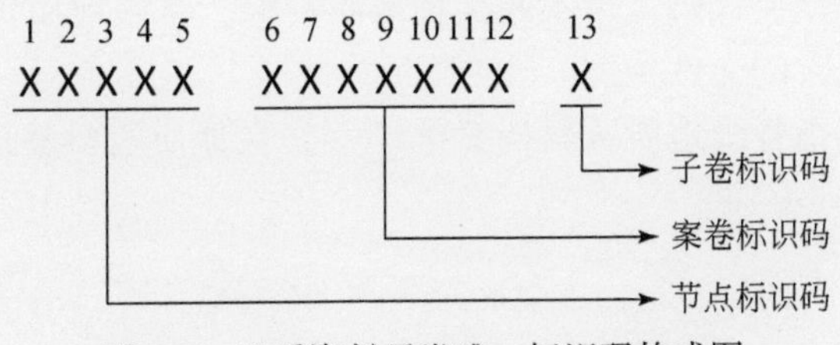

图 3-6 地质资料子卷唯一标识码构成图

子卷标识码由一部分组成，共 1 位，为地质资料内容分类代码。

地质资料内容分类代码是指地质资料按照内容进行分类主要包括实物地质资料、原始地质资料、成果地质资料三大类，分别用“S”“Y”“C”表示。

3.3.5 文件唯一标识码规范

本规范中文件唯一标识码包括四部分，第一部分为节点标识码，第二部分为案卷标识码，第三部分为子卷标识码，第四部分为文件标识码，其编码格式如图 3-7 所示。

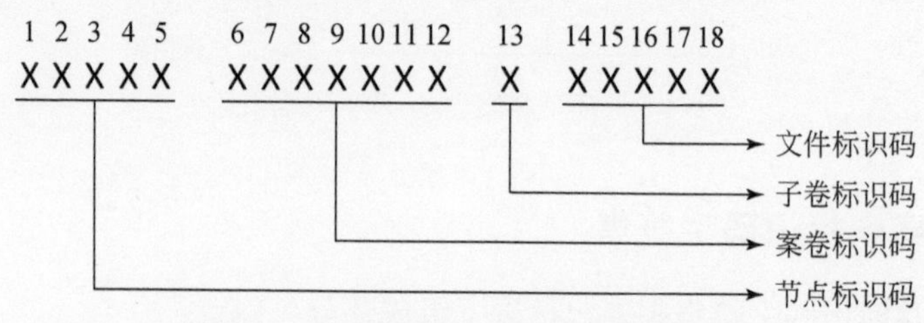

图 3-7 地质资料文件唯一标识码构成图

3.3.5.1 文件标识码字符集

本规范中文件标识码字符集主要包括以下组成部分：

1）26 个英文字母，不区分大小写；

2）“0，1，2，3，4，5，6，7，8，9”10 个数字。

3.3.5.2 文件标识码编码规则

文件标识码由两部分组成，共 5 位为文件唯一标识码的第 14 ~ 18 位。其中，第 14 位为地质资料文件类型分类代码，第 15 ~ 18 位为地质资料文件编码，其编码格式如图 3-8 所示。

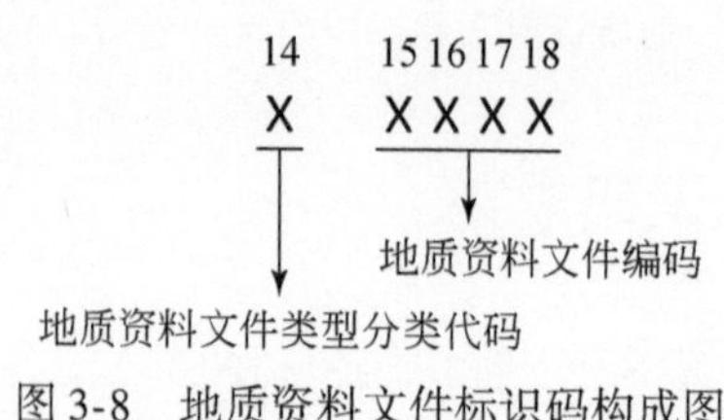

图 3-8 地质资料文件标识码构成图

地质资料文件类型分类代码是指不同实物地质资料、原始地质资料、成果地质资料等不同地质资料类型所包含的文件类型。

地质资料文件编码指各级地质资料档案馆（室）在地质资料整理和管理过程中，赋予文件级资料的一组代码。

3.4　地质资料目录服务发布项研究

3.4.1　研究思路

全国地质资料目录服务中心建设项目主要是以实现全国地质资料目录数据共享服务为目标，在动态汇聚各资料保管单位地质资料目录数据资源的基础上，以多元的服务方式对公众提供服务。

为更好地提供统一的在线目录服务，提出了发布服务目录项研究。在设计过程中，所遵循的思路，具体如下。

1）从通用指标项中选取。地质资料目录数据包含了各类地质资料的描述性信息。本项目中，将地质资料目录数据项分为通用目录项和扩展目录项。通用目录项包含了成果、实物和原始地质资料的共性目录项，扩展目录项包含和各类地质资料个性化的目录项。因发布服务的目录项不宜多、不宜复杂，因此发布服务的目录项从通用指标项中选取。

2）应确保信息准确，并可以从各个系统获取。因发布的目录项是为了对外提供服务过程中检索、查看等所用，并且要与实际保存的数据信息一致，因此所发布目录项的信息要尽可能准确，并且要可以从各个系统中获取。

3）需参考国际标准。因发布服务目录项是主要为了对外提供服务所用，因此在设计上应与国际相关标准对接，因此项目组在对《地质资料目录数据标准规范》中目录项分析的基础上，参考国际上影响较大的DC（Dublin core，DC）都柏林核心元素集标准，提出地质资料目录数据发布服务的目录项规范。

此外，因地质资料在保管过程中是以案卷为单位进行管理，一个案卷内包含了若干件地质资料文件，因此，发布服务的目录项包括案卷级发布目录项和文件级发布目录项。

3.4.2　案卷级目录服务发布项

案卷级目录数据发布目录项共14个，具体如表3-7所示。

表3-7　案卷级目录数据发布指标项表

序号	目录项名称	标识	定义	数据类型
1	项目名称	XMMC	指产生该档地质资料的地质工作项目名称，即汇交人汇交地质资料的地质工作项目名称，是经过审批的设计书中工作方案确定的地质工作项目名称，该名称应与汇交人报送给实物地质资料馆藏机构的地质资料目录清单上的项目名称一致。通过交换、购买、捐赠等其他方式接收入库的地质资料，有明确地质工作项目的按上述方法确定项目名称，无明确地质工作项目的，项目名称空缺	文本

续表

序号	目录项名称	标识	定义	数据类型
2	题名	PKIIA	一般指地质资料档案文件材料文首的题目或位于档案封面上方显著部位的题目。题名照原文著录，其中起语法、标点作用的空格应予保留	文本
3	档案馆（室）名称	DAGMC	指著录地质资料档案馆的名称	文本
4	档案馆（室）代码	DAGDM	指著录地质资料档案馆的代码，依据《编制全国档案馆名称代码实施细则》所赋予的代码著录	文本
5	形成（提交）时间	XCSJ	指地质资料档案形成（提交）时间	日期
6	编著者	PKIIG	指形成地质资料档案的主要编制人员。依序最多著录3个编著者的姓名，超过3个编著者应在最末一个编著者之后加“……”或“[等]”字	文本
7	语种	YUZ	应按照GB/T 4880著录中文名称或代码。单一语种的地质资料档案汉语可不著录，由多种语言文字形成的地质资料档案语种应全部著录	文本
8	主题词	ZTC	指地质资料档案标引和检索中用以表达地质资料档案主题内容的规范化的词或词组。关键词是在地质资料档案标引和检索中取自正文或文件材料题名用以表达地质资料档案主题并具有检索意义的词或词组。地质资料档案主题词或关键词按照《地质资料档案主题词表》及GB/T 9649进行标引	文本
9	内容提要	NRTY	指对地质资料档案内容的简介和评述，应反映各类地质资料档案的主要内容、成果及重要技术参数等。提要项置于载体形态项之后另起一段空两个汉字位置著录，一般应在300字以内	文本
10	起始经度	QSJD	指地质工作区所处的地理坐标的开始经度	文本
11	终止经度	ZZJD	指地质工作区所处的地理坐标的终止经度	文本
12	起始纬度	QSWD	指地质工作区所处的地理坐标的开始纬度	文本
13	终止纬度	ZZWD	指地质工作区所处的地理坐标的终止纬度	文本
14	类型名称	LXMC	指对地质资料按照内容进行分类的所属类型名称，主要包括成果地质资料、实物地质资料、原始地质资料三大类	文本

3.4.3 文件级目录服务发布项

文件级发布目录项共8个，具体如表3-8所示。

表 3-8　文件级目录数据发布指标项表

序号	目录项名称	标识	定义	数据类型
1	文件题名	WJMC	指原始、成果、实物文件的具体名称。可包含比例尺、图幅号、中外文等	文本
2	文件类型	WJLX	指按照文件的内容分类所属的类型的代码	
3	完成人	WCR	指该文件资料的著作人、采集人、分析人、制表人、编图人等等，最多选取3名，成员名称之间用逗号分隔，成员多于3名的在最后加“等”，如：“张×，李××，王×，等等”	文本
4	完成时间	WCSJ	指该文件资料的形成时间，用年月日表示	日期
5	载体数量	ZTSL	指载体的数量，用阿拉伯数字表示	数字
6	载体单位	ZTDW	指用不同载体统计单位（如份、页、卷、册、张、片、盒等）的代码著录	文本
7	载体类型	ZTLX	指载体的类型如实物、光盘、纸介质、胶片、磁带，等等	文本
8	电子文件链接	WJLJ	指用于网络发布或在线阅读的电子文件的读取链接，根据文件在介质上的存储数量可以有多个地址，每个地址用分号分隔	文本

3.4.4　地质资料目录数据发布去重规则

在地质资料日常汇交工作过程中，会出现同一地质资料在不同资料保管单位保存不同拷贝的情况，在网络检索查询中容易出现冗余，在数据统计时影响统计结果。为此就需要在地质资料目录服务中心中建立重复资料识别机制。

本项目中，拟采用结合“形成（提交）单位代码”“形成（提交）时间”“题名”“同题名序号”四部分信息作为重复数据识别的依据，对于形成（提交）单位编码、形成（提交）时间、题名、同题名序号均一致的地质资料，本系统则按照同一资料进行去重。

形成单位代码具体编码格式见“地质资料资源唯一标识码规范”。

形成时间标识码是指地质资料档案形成（提交）时间的代码，采用 YYYYMMDD 格式，共8位。其中，前四位为年数代码，中间两位为月数代码，末尾两位为日期代码。

题名是指地质资料档案文件材料文首的题目或位于案卷封面上方显著部位的题目。题名照原文著录，其中起语法、标点作用的空格应予保留的代码。

同题名序号是指对于地质资料档案文件中，如果形成单位代码、形成时间和题名均一致，而实际内容却为不同的资料，馆藏机构需编制同题名序号。序号由数字组成，共2位，从01开始，依次进行排序。

3.5　本 章 小 结

为了能够解决地质资料目录数据类型多、系统多、难以统筹等问题，本章分析了不同数据来源的地质资料数据模型，编制了《地质资料目录数据标准规范》，在选取关键目录项的基础上，确定了地质资料资源唯一标识符的编码格式，编制《地质资料资源唯一标识符规范》，结合地质资料社会服务的需求，抽取、发布服务目录项，编制《地质资料发布服务目录项规范》，最终形成目录服务中心标准体系框架，保障了地质资料目录中心数据库建设和系统研发的顺利开展。

第4章　全国地质资料目录服务中心数据库研究建设

全国地质资料目录服务中心是以实现全国地质资料目录数据共享服务为目标，面对地质资料数据当前的分散保管、多样异构、模型各异等特点造成的数据集成共享服务难度大的问题，本章在分析全国地质资料数据现状的基础上，构建成果+原始+实物地质资料的三合一地质资料集成管理与服务模型，并设计、研究搭建满足分布式运行的目录服务中心数据库。

4.1　总体数据模型研究

4.1.1　三合一地质资料目录数据管理模型研究

4.1.1.1　研究目标与内容

(1) 研究目标

全国地质资料目录服务中心系统以实现全国地质资料目录数据共享服务为总目标，在分析全国地质资料数据现状的基础上，构建三合一地质资料集成服务模型，整合汇聚各资料保管单位地质资料目录数据资源，依托全国地质资料目录服务中心系统统一对公众提供多元的地质资料服务。

因此，地质资料目录服务中心数据模型的研究目标为，通过厘清全国地质资料电子数据管理和存储现状，构建三合一地质资料集成服务模型，在模型基础上建立现有数据和三合一集成管理数据模型的映射关系。

(2) 研究内容

全国地质资料目录中心数据模型研究内容主要包括：构建三合一地质资料集成管理数据模型、构建现有系统中数据模型与三合一地质资料集成管理数据模型的映射关系等三部分。

A. 构建三合一地质资料集成管理数据模型

依据现状地质资料数据模型的分析结果，结合全国地质资料的特点，以资料卷为组织单元，集成原始地质资料、实物地质资料、成果地质资料三类地质资料的三合一地质资料集成管理数据模型。

B. 构建现有系统中数据模型与三合一地质资料集成管理数据模型的映射关系

以三合一地质资料集成管理数据模型为基础，分别构建成果地质资料电子文件制作浏览系统数据、EDMaker 数据、全国涉密地质资料清理系统数据、石油天然气委托保管系统数据、全国重要地质钻孔数据库服务平台数据、实物地质资料目录及其他等七类数据与三合一地质资料集成管理数据模型之间的映射关系。

4.1.1.2 三合一地质资料集成管理数据模型研究

(1) 总体思路

根据对现有数据模型的分析，可以归纳看出地质资料数据模型虽然各有不同，但是也存在的共性特点，具体如下：

1）地质资料主要是在各类地质工程中形成的资料；

2）地质工程往往同地质勘探研究项目或探矿权、采矿权相关，一个项目（矿权）在完成时分阶段提交不同类型地质资料；

3）总体上看地质资料分为原始、实物、成果地质资料三大类；

4）成果、原始、实物地质资料都是项目（矿权）等工作中产生的，并且相互关联；

5）根据以上共性特点，提出将原始、实物、成果地质资料合一化的管理数据模型，即：

6）以项目、矿权或者其他地质工作为逻辑资料卷，将在同一地质工作中形成的地质资料组成为“资料卷”；

7）将改项目、矿权等相关的文件资料直接挂接到该“资料卷”下；

8）在资料卷下，分别设立“原始卷”“实物卷”“成果卷”；

9）在实物资料下，根据实物资料特点，分别按“图幅”和“钻井钻孔”组织各类实物资料；

10）在各类案卷下，存放资料电子文件、电子文件元数据、案件级的元数据；并通过文件组，将具有共同特性的文件进行逻辑组织。

地质资料目录数据三合一集成模型组织形式如图 4-1 所示。

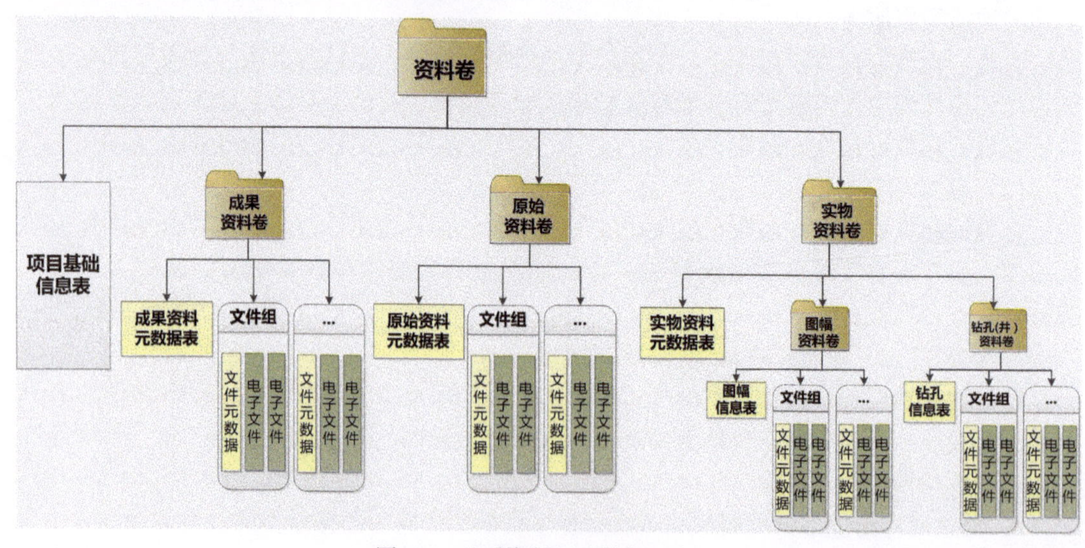

图 4-1 地质资料目录数据三合一

（2）组织形式

在组织形式方面，地质电子资料以案卷为单位，每档案卷由案卷级元数据、下级案卷及文件组构成；文件组由文件及文件元数据构成。

（3）内容构成

地质资料目录数据三合一集成模型以地质工作项目（矿权）为单位建立，由项目基础信息、成果地质资料、原始地质资料、实物地质资料四部分构成，具体如图 4-2 所示。

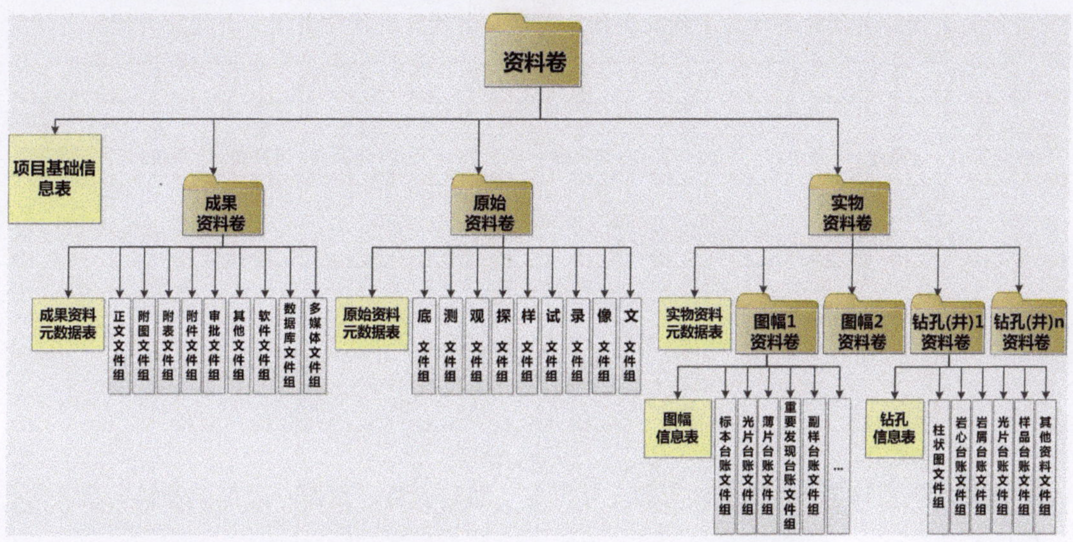

图 4-2　地质资料目录数据三合一集成模型组织形式

A. 资料基础信息

项目基础信息表包含项目基本属性、内容构成等信息。

B. 成果地质资料案卷

成果地质资料卷包含案卷级元数据表（案卷级目录数据）和各类资料文件组。文件组主要包括成果正文、附图、附表、附件、审批、其他、软件、数据库、多媒体等文件组，每类资料文件组由文件元数据（文件级目录数据）和电子文件构成，具体如图 4-3 所示。

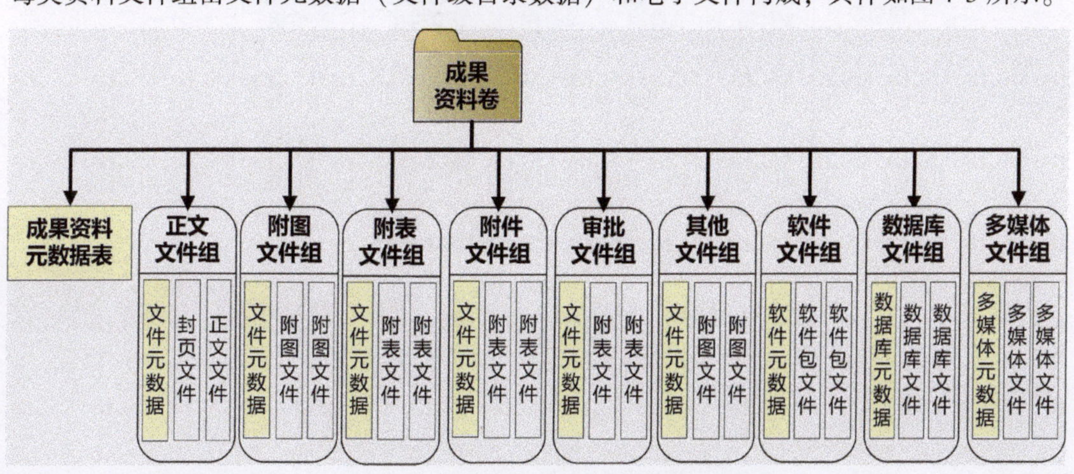

图 4-3　成果地质资料案卷内容构成

C. 原始地质资料卷

原始地质资料主要包含原始资料元数据表（案卷级目录数据）和“底、测、观、探、样、试、录、像、综、文”10 类文件组，每类文件组由各类原始纸质、磁带及其他介质文件及文件元数据（文件级目录数据）组成，具体如图 4-4 所示。

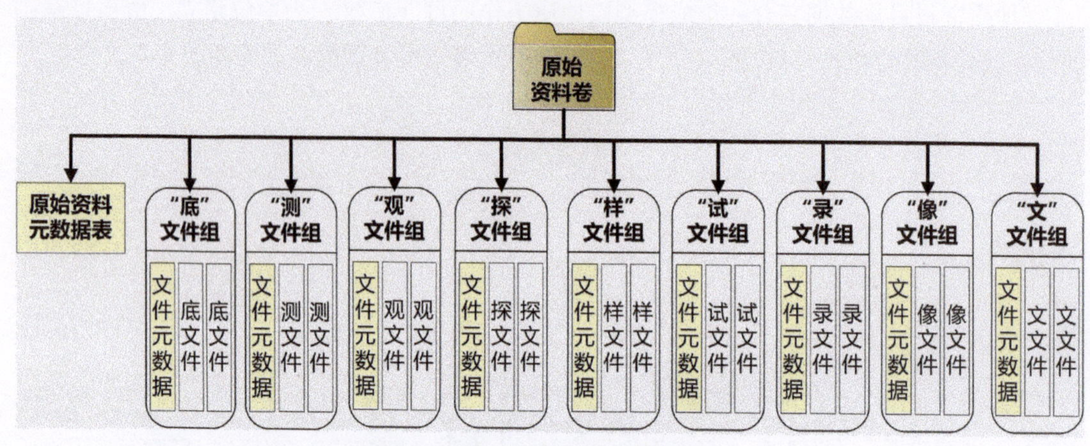

图 4-4　原始地质资料案卷内容构成

D. 实物地质资料卷

实物地质资料主要包含实物资料元数据表（案卷级目录数据）及区调资料案卷、钻孔（井）资料案卷。

区调资料以图幅为单位，每个图幅单独建档，每档案卷由图幅基本信息表及标本、光片、薄片、重要发现和副样等台账文件组（含目录数据）组成，具体如图 4-5 所示。

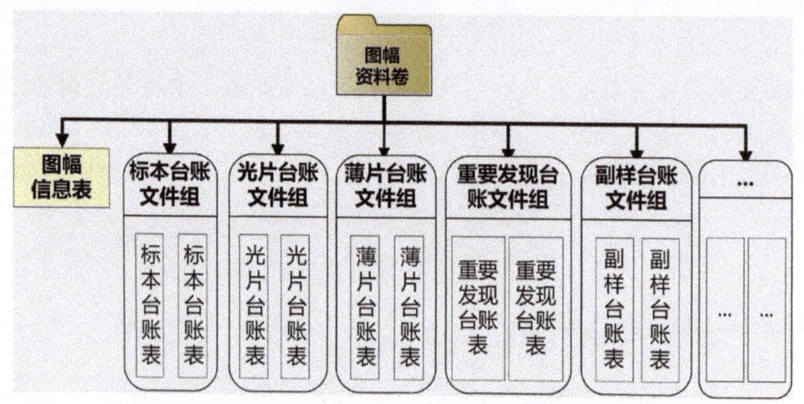

图 4-5　实物地质资料案卷—图幅资料卷内容构成

钻孔（井）资料以钻孔（井）为单位，每个钻孔（井）单独建档，每档案卷由钻孔（井）信息表及柱状图、岩心、岩屑、光片、样品等台账文件组（含目录数据）组成，具体如图 4-6 所示。

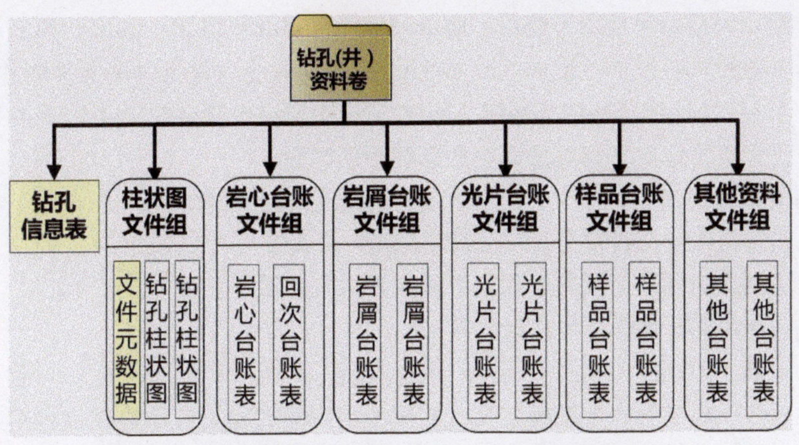

图 4-6　实物地质资料案卷—钻孔（井）资料卷内容构成

4.1.1.3　三合一集成管理模型同现有数据模型的映射关系

全国地质资料三合一集成管理数据模型设计包括项目基础信息、成果地质资料、原始地质资料、实物地质资料四个模块，建立与现状地质资料目录服务中心数据 6 个模型之间

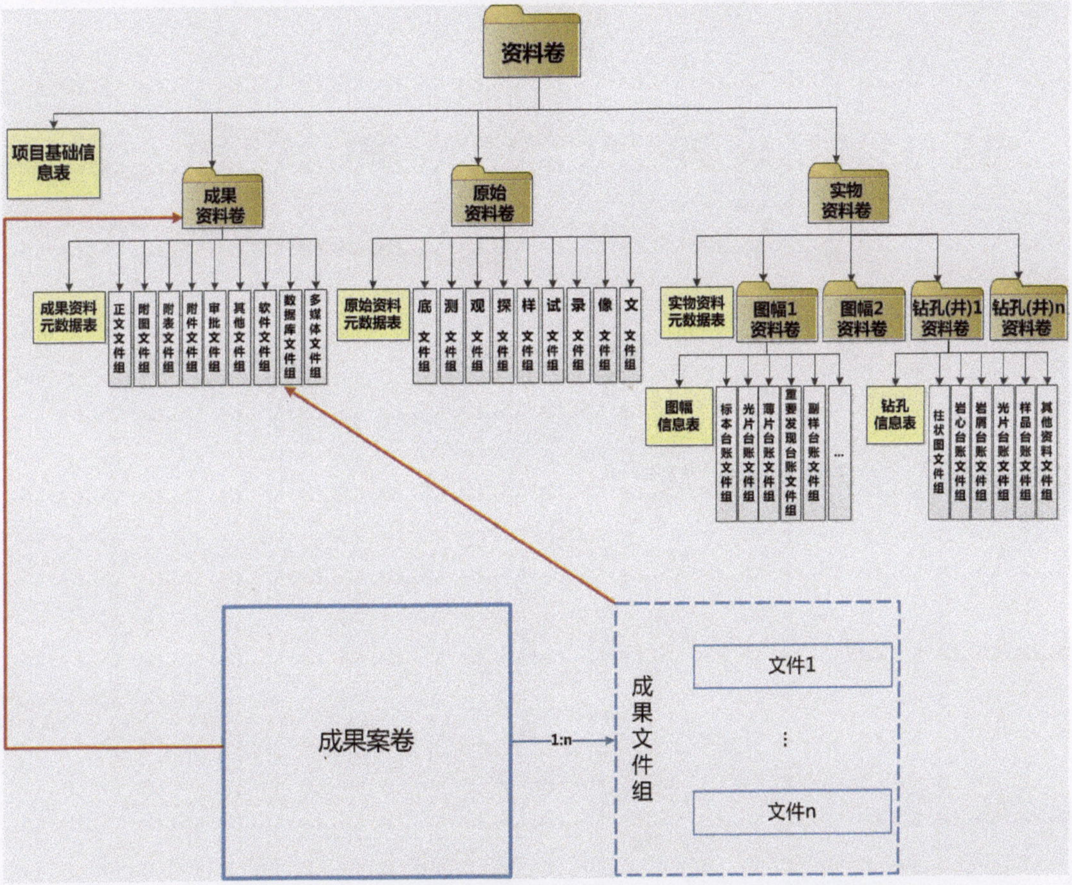

图 4-7　三合一集成管理数据模型与成果地质资料电子文件制作浏览系统数据模型映射关系

的映射，以目录中心集群系统为依托实现全国地质资料的集成服务。现状模型与三合一集成管理数据模型的映射包括，集成管理数据模型与成果地质资料电子文件制作浏览系统、EDMaker、全国涉密地质资料清理系统、石油天然气委托保管系统、全国重要地质钻孔数据库服务平台、实物地质资料目录6个数据模型的映射。

（1）与成果地质资料电子文件制作浏览系统数据模型映射关系

成果地质资料电子文件制作浏览系统以DBF格式文件存储成果地质资料，二者之间的映射包括成果案卷的映射及其文件组的映射两方面，具体如图4-7所示。

（2）与EDMaker数据模型映射关系

EDMaker以XML格式文件存储原始地质资料、成果地质资料、实物地质资料。EDMaker与三合一集成管理数据模型具有相同的组织形式，二者均以项目为组织单位，之间的映射包括原始资料案卷、成果地质资料案卷、实物地质资料案件的映射三方面，具体如图4-8所示。

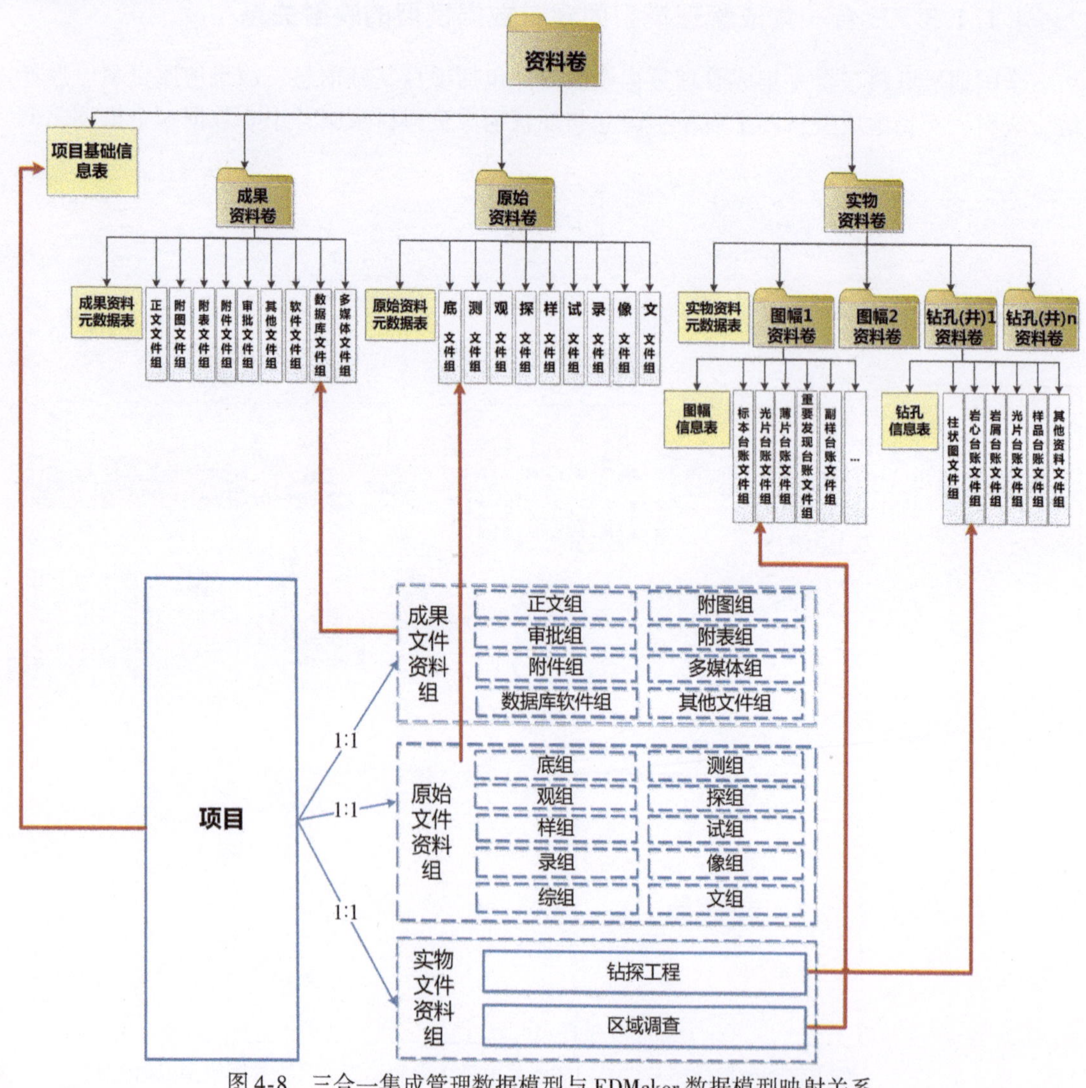

图4-8　三合一集成管理数据模型与EDMaker数据模型映射关系

(3) 与全国涉密地质资料清理系统数据模型映射关系

全国涉密地质资料清理系统以 MS SQLServer 数据库存储成果地质资料，与三合一集成管理数据模型之间的映射包括成果案卷的映射及其文件的映射两方面，具体如图 4-9 所示。

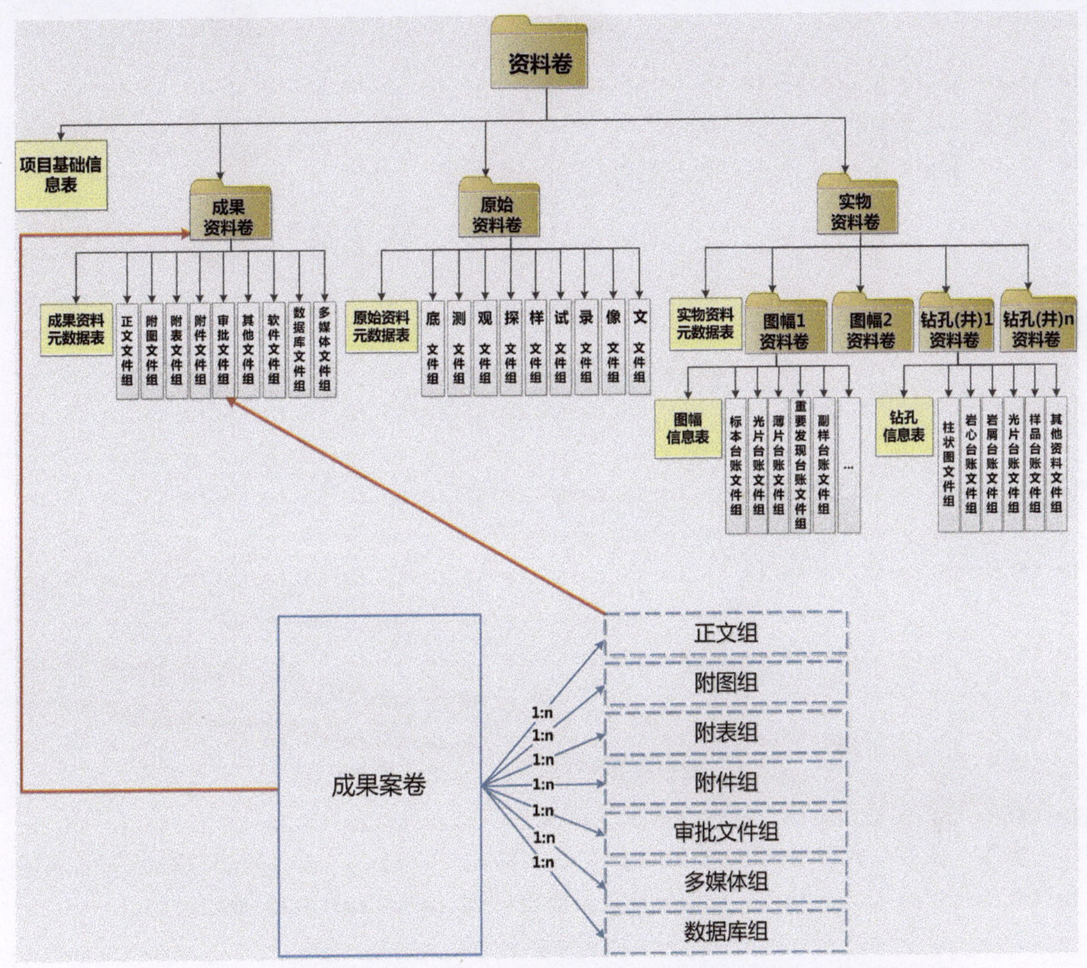

图 4-9 三合一集成管理数据模型与全国涉密地质资料清理系统数据模型映射关系

(4) 与石油天然气委托保管系统数据模型映射关系

石油天然气委托保管系统以 Oracle 数据库存储原始地质资料、成果地质资料、实物地质资料。石油天然气委托保管系统以探矿权为组织单位，包括单井、成果案卷、原始文件，二者之间的映射包括原始资料案卷、成果地质资料案卷、实物地质资料案件的映射三方面，具体如图 4-10 所示。

(5) 与全国重要地质钻孔数据库服务平台数据模型映射关系

全国重要地质钻孔数据库服务平台以 Access 数据库存储实物地质资料。二者之间的映射包括项目的映射与文件的映射两方面，具体如图 4-11 所示。

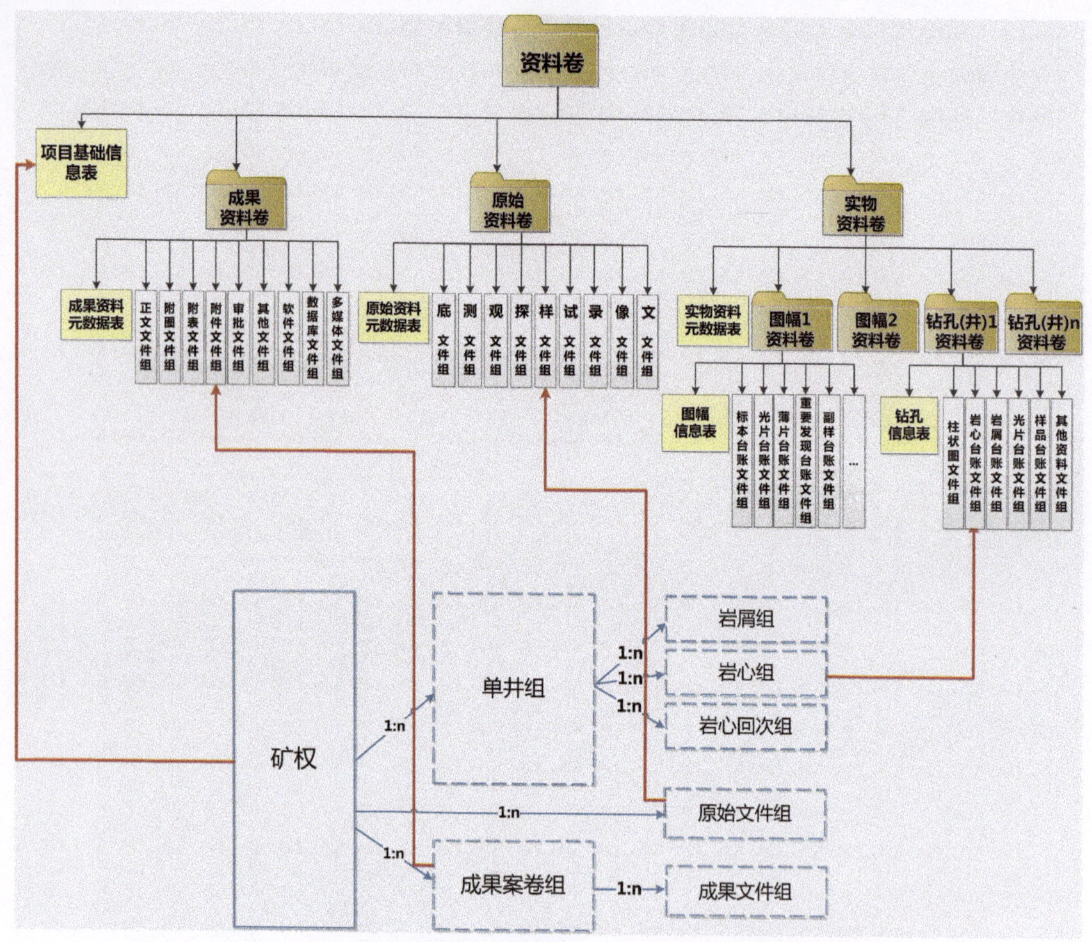

图 4-10　三合一集成管理数据模型与石油天然气委托保管系统数据模型映射关系

（6）与实物地质资料目录数据模型映射关系

实物地质资料目录以 Excel 格式文件存储实物地质资料。二者之间的映射包括区域地质调查工程项目和矿产勘查工程项目两种类型的映射，具体如图 4-12 所示。

4.1.2　三合一地质资料目录集成服务展示模型研究

4.1.2.1　研究目标与内容

（1）研究目标

地质资料目录服务中心展示模型研究是全国地质资料目录服务中心系统服务模型设计的重要组成内容。

通过对全国地质资料数据现状的分析，已经设计构建了三合一地质资料集成服务数据模型。展示模型的研究以上述模型为基础，依托全国地质资料目录服务中心系统，通过对六类现状地质资料数据模型的深入分析，结合地质资料集成服务需求，开展服务流程设计与展示页面模型的研究，实现六类现状地质资料与三合一地质资料集成服务模型的全面映

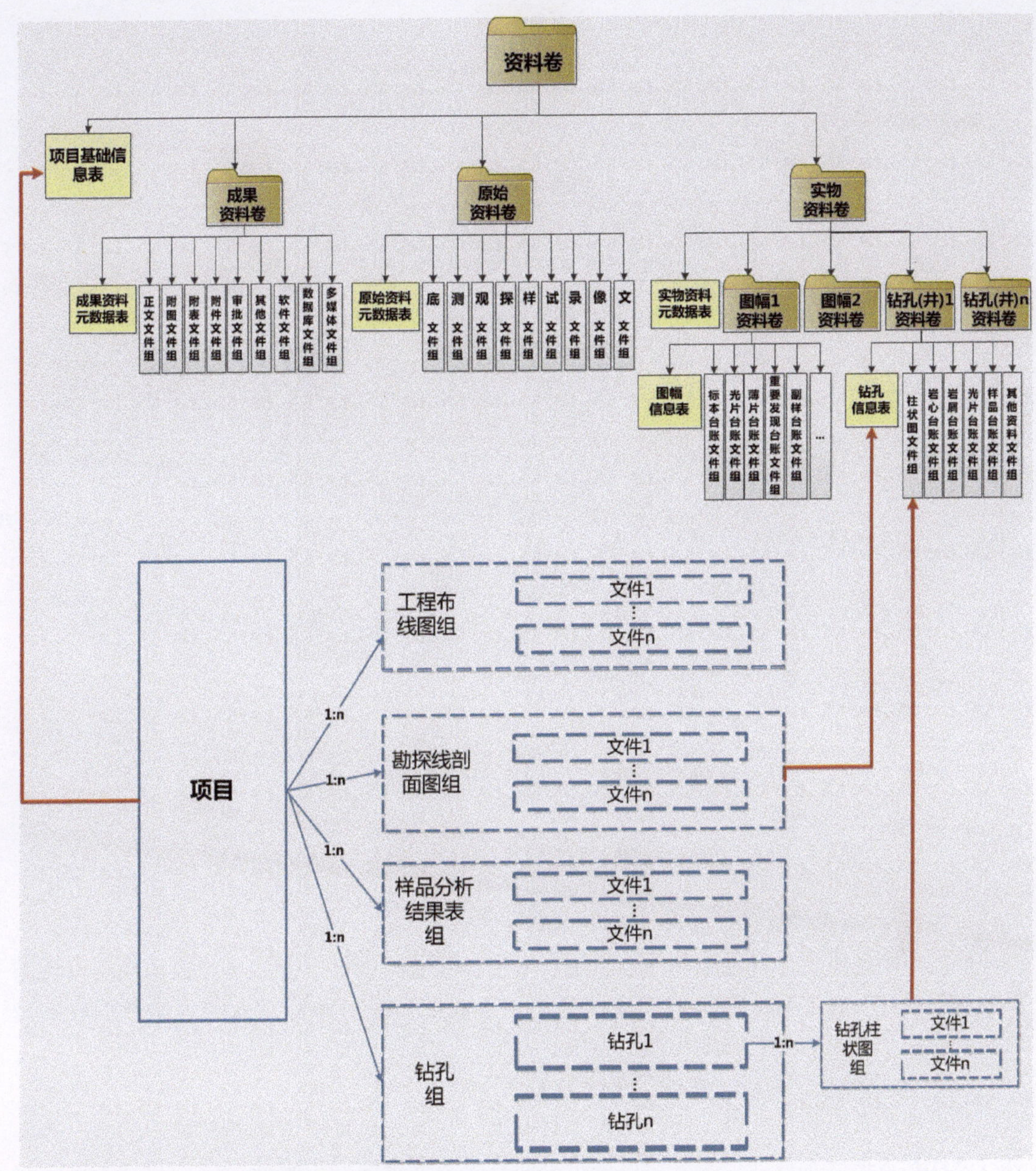

图 4-11　三合一集成管理数据模型与全国重要地质钻孔数据库服务平台数据模型映射关系

射，并据此实现数据的页面展示和查询关联。

（2）研究内容

展示模型研究包括三部分内容：三合一地质资料服务流程设计；三合一地质资料集成服务展示页面模型设计；展示页面模型与现有数据模型映射关系设计。

A. 三合一地质资料服务流程设计

通过梳理六类现状地质资料，结合集成服务的需求，设计三合一地质资料发布汇交、关联、服务的总体流程。

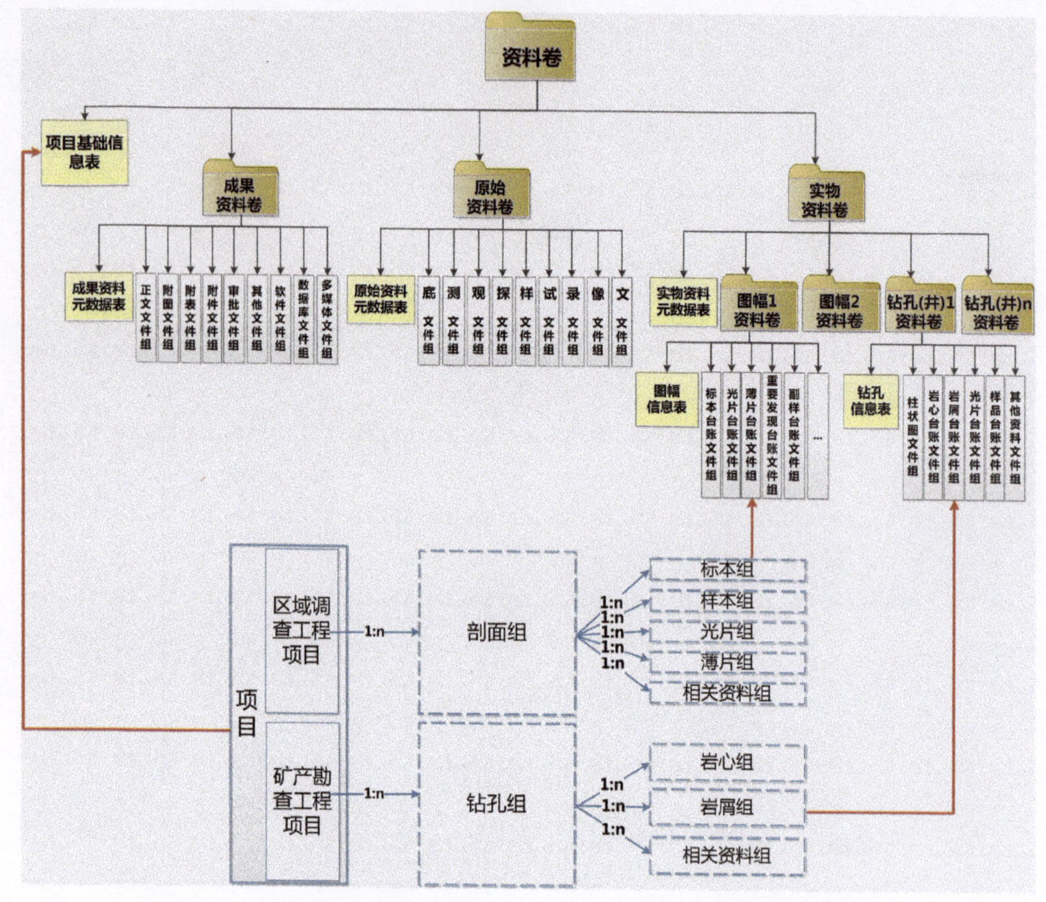

图 4-12 三合一集成管理数据模型与实物地质资料目录数据模型映射关系

B. 三合一地质资料集成服务展示页面模型设计

依托全国地质资料目录服务中心系统，基于全国地质资料三合一集成数据模型设计和服务流程设计，开展对地质资料集成服务展示界面的设计，并针对六类现状数据分别设计，明确展示页面的功能布局及展示字段。

C. 展示页面模型与现有数据模型映射关系设计

基于展示页面设计成果，设计与建立页面展示字段与数据模型之间的映射关系，并针对六类现状数据分别设计，实现通过展示页面提供数据查询展示服务。

4.1.2.2 三合一地质资料集成服务服务流程研究

三合一地质资料集成服务以成果资料案卷、实物资料案卷、原始资料案卷为基本服务单元，即用户查询结果为完整的一档案卷，而非单个文件或项目；通过建立资料之间的关联关系，将与该档资料关联的其他类型的资料显示在“关联资料列表”。

为了实现各类资料之间的关联，需将各保管单位负责保管的电子资料逐级发布汇交至全国目录中心，通过建库及预处理，最后建立成果资料、实物资料、原始资料之间的关联关系，具体如图 4-13 所示。

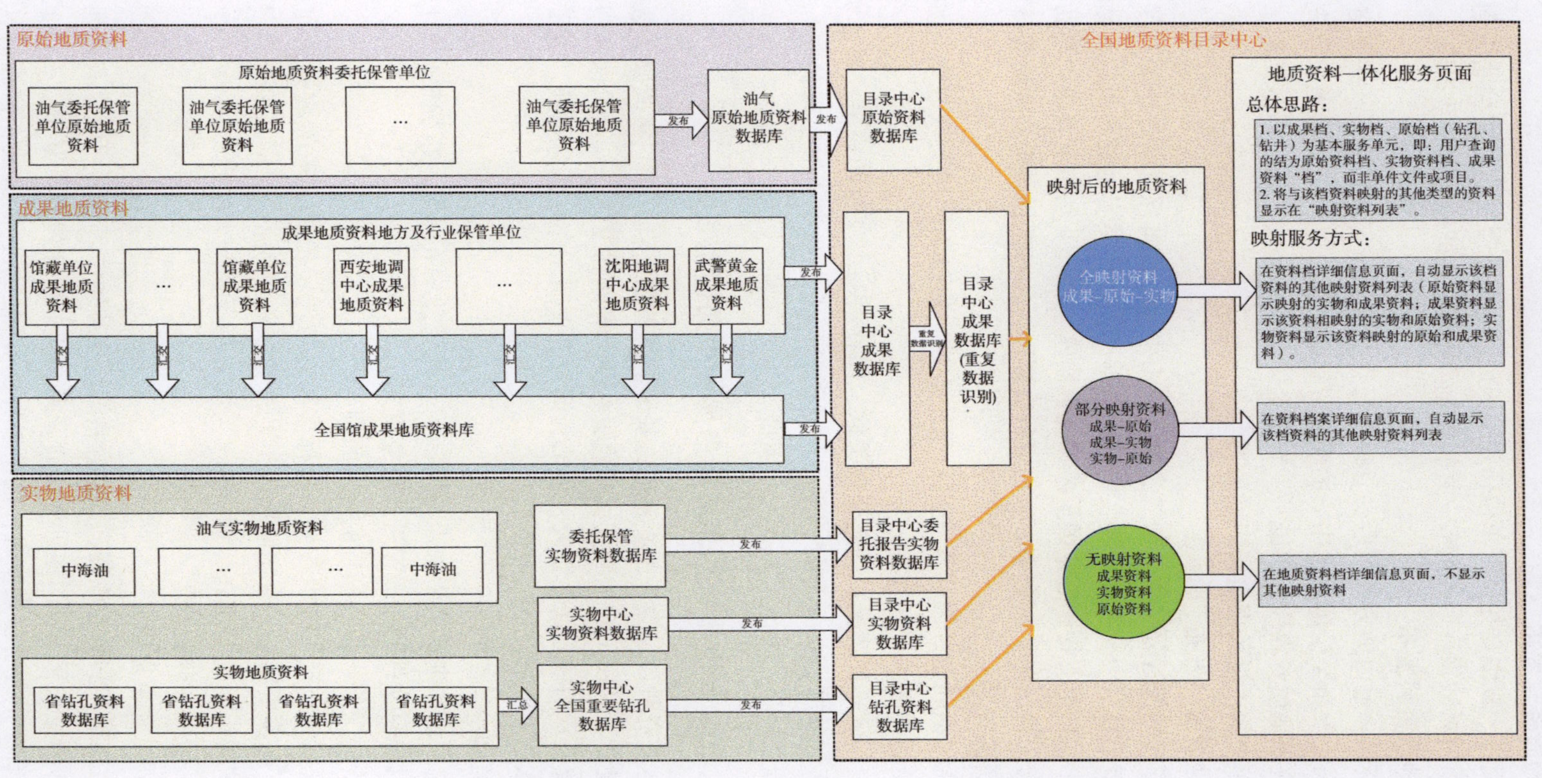

图4-13　三合一地质资料集成服务流程设计

（1）原始地质资料发布

原始地质资料一般由委托保管单位保管，因此需由各个委托保管单位将资料集中发布至“油气原地质资料数据库”，再统一发布至全国目录中心的原始资料数据库。

（2）成果地质资料发布

成果地质资料一般由地方及行业保管单位保管，其发布有两种途径：一是各保管单位可直接将资料集中发布至全国目录中心的成果资料数据库；二是各保管单位首先将至资料汇交至全国馆成果地质资料库，再统一发布至全国目录中心的成果资料数据库。最后，将成果资料数据库中的重复数据进行识别处理。

（3）实物地质资料发布

实物地质资料的保管分三类：油气实物资料由中海油负责保管，存于委托保管实物资料数据库，发布至目录中心委托报告实物资料数据库；钻孔类实物资料由各省钻孔资料数据库保管，首先汇总至实物中心全国重要钻孔数据库，再统一发布至目录中心钻孔资料数据库；其他实物资料保存于实物中心实物资料数据库，发布至目录中心实物资料数据库。

（4）地质资料关联

三类资料通过不同途径发布至全国目录中心后，通过不同的关联规则（如省份+档号）实现各类资料之间的关联查询。

关联后的资料分三种情况：一是全部关联，即针对一个项目的成果资料、实物资料、原始资料全部实现关联；二是部分关联，即三类资料中有两类能够实现关联；三是无关联，三类资料独立存在，无法关联至一个项目。

4.1.2.3　三合一地质资料集成服务展示页面模型设计

依托全国地质资料目录服务中心系统，基于全国地质资料三合一集成服务数据模型设计和服务流程设计，开展了对地质资料集成服务展示界面的设计。展示页面模型明确了展示页面的布局及展示的核心属性字段，包括查询列表页面、详细信息页面、电子文件浏览三个页面，具体如下所示：

（1）设计原则

展示页面模型设计主要基于两点原则：一是基于“5+n”统一指标模型的展示原则；二是基于列表+详情+文件的三级递进式服务原则。

A. 基于“5+n”统一指标模型的展示原则

由于各类现状地质资料结构各异、指标多样，为便于提供统一的数据查询和展示服务，我们提取了各类资料的共有字段形成5类通用的核心指标，并将其他若干字段作为每类数据特有的扩展指标，即建立所谓“5+n”统一指标模型，实现“共性”指标与“特性”指标的统一服务和分别展示。

B. 三级递进式服务原则

根据现有数据模型和服务流程，并结合系统结构和操作习惯，明确了查询列表页、详细信息页、文件浏览页三级页面递进展示的原则。其中查询列表页基于“分布式检索+全文检索+结果聚合”的复合检索模式，提供多类检索和二次过滤方式；详细信息页针对现有六类资源，实现不同类型属性的自适应展示，并提供“关联资料+相似资料”的资料推荐服务；电子文件浏览页通过文件预处理和流媒体技术，提供文件的在线快速浏览。

（2）查询列表页面

查询列表页面由查询区、条件过滤区、查询列表区等内容构成。查询区提供多种检索条件，并可选择模糊查询或者全文匹配检索方式。输入关键字、选择检索条件均可进行检索，并可通过点击“更多”进行多条件组合查询，查询结果还可进行自动分组汇聚，如形成年度、工作程度、矿种类型等。条件过滤区提供按资料类别、数据来源、资料类型三种维度的资源组织检索。查询列表区显示的查询结果，可显示馆藏于多个机构的资料，同时显示案卷级和文件级两级资料。页面设计效果如图 4-14 所示。

图 4-14　查询列表页面

（3）详细信息页面

详细信息页面由项目信息区、成果资料信息区、原始资料信息区、实物资料信息区 4 部分组成。其中项目信息区包括项目-矿权名称、项目-矿权编号、负责单位、项目起止时间 4 个字段。基本信息区包括题名、项目名称、形成（提交）时间、责任者、行政区划 5 个字段。成果资料信息区、原始资料信息区、实物资料信息区分别包含成果、原始、实物资料。页面设计效果如图 4-15 所示。

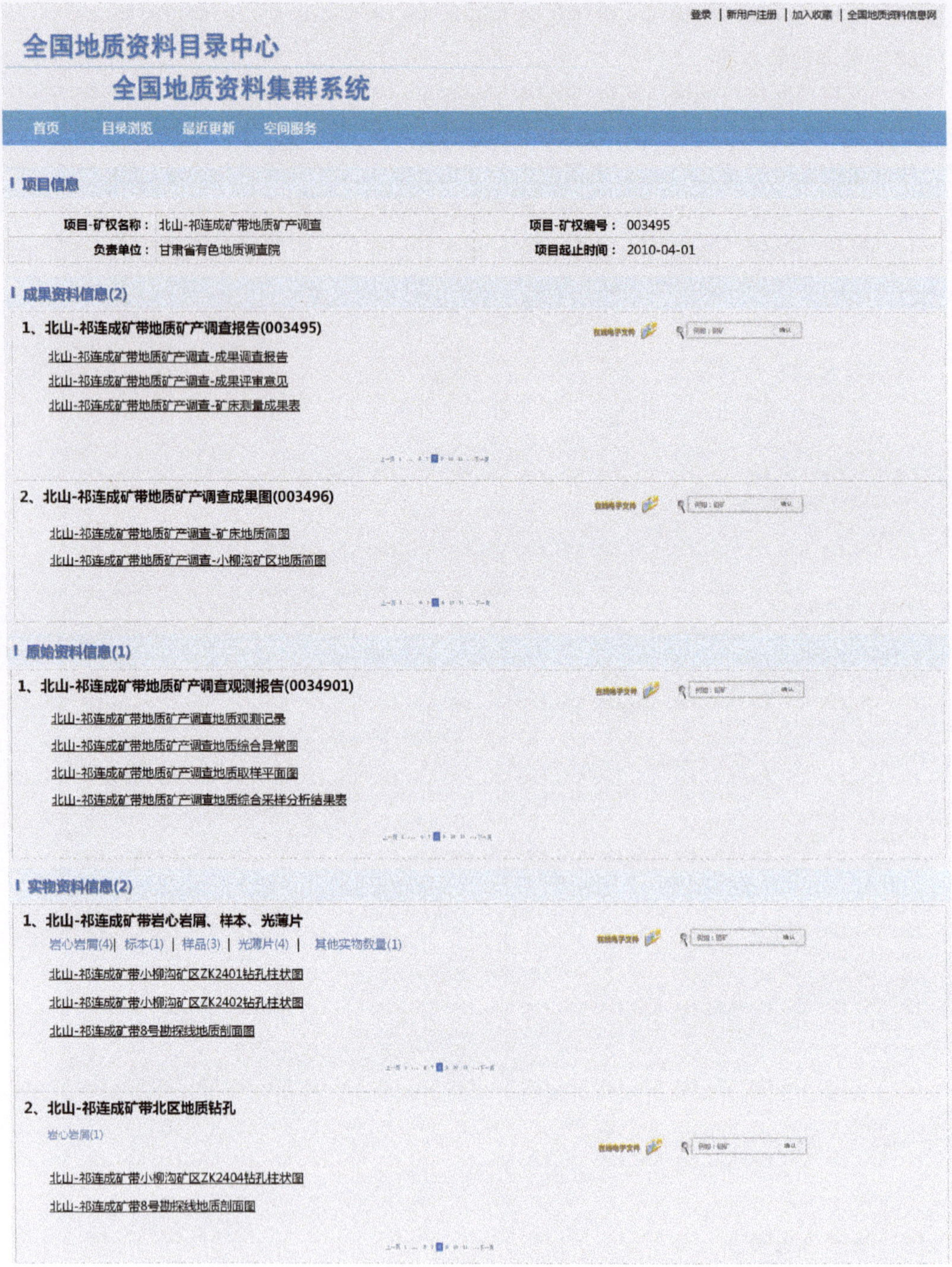

图 4-15　详细信息页面

(4) 电子文件浏览页

A. 图件类文件浏览页面

图件类文件浏览页面提供各类附图资料的在线浏览功能，可查看图件的基本信息及其电子文件，并提供图件放大、缩小、全屏、平移、漫游及图件下载等功能。页面设计如图

4-16 所示。

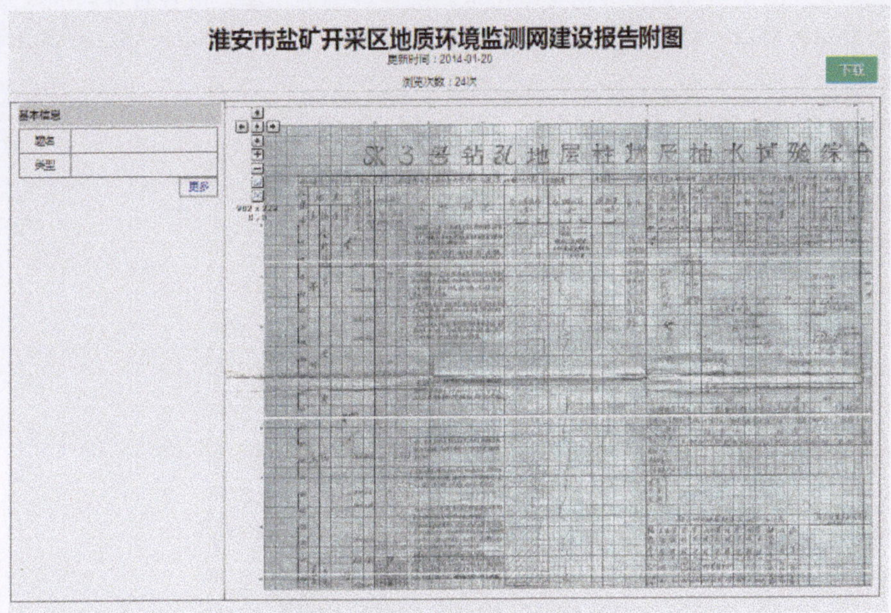

图 4-16　图件类文件浏览页面

B. 非图件类文件浏览页面

非图件类文件浏览页面提供非图件类电子资料的在线浏览功能。可查看资料的基本信息、目录及文档正文，可按目录点击查看文档，并支持打印、多页显示、缩放、页码跳转、页面拖动、页面查询等功能，页面设计如图 4-17 所示。

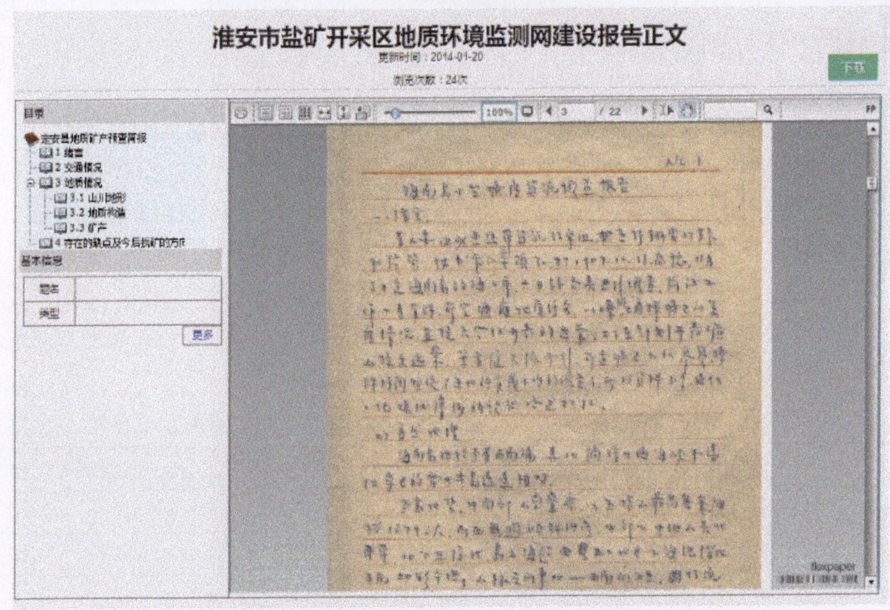

图 4-17　非图件类文件浏览页面

C. 表格类文件浏览页面

表格类文件浏览页面提供表格类电子资料的在线浏览功能。可查看资料的基本信息及全部的相关列表资料，页面设计如图 4-18 所示。

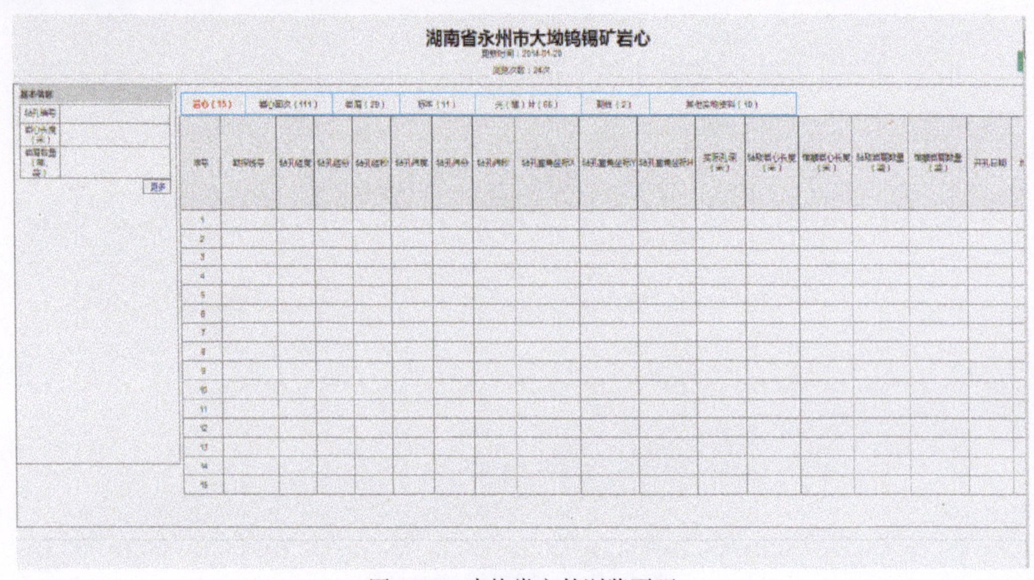

图 4-18　表格类文件浏览页面

4. 1. 2. 4　展示页面模型与现有数据模型映射设计

该项工作主要是建立三合一集成数据模型中项目基础信息、成果地质资料、原始地质资料、实物地质资料等四部分内容，与现有六类数据展示页面中数据指标之间的映射关系。具体而言，是以展示页面模型设计中确定的各页面、各功能区的数据指标为基础，从现有六类数据中分别抽取相应指标，与之对应，进而明确“5+n”统一指标模型对应的具体字段，以及详情页中各功能区对应的具体字段。

（1）与成果地质资料电子文件制作浏览系统数据模型映射关系

三合一地质资料集成服务展示页面模型与成果地质资料电子文件制作浏览系统数据模型详细信息页面的映射关系包括查询列表页面的结果列表区，以及详细信息页面的标题区信息、基本信息区信息、成果资料信息等，具体如下所示。

A. 查询列表-结果列表区信息

成果地质资料电子文件制作浏览系统数据模型数据在查询列表-结果列表区信息映射关系如表 4-1 所示。

表 4-1　DBF 数据详细查询列表-结果列表区信息映射关系展示设计表

序号	展示名称	对应 DBF 数据名称	备注
1	题名	题名	
2	馆藏机构	上传机构名称（档号）	
3	形成时间	形成（提交）时间	

B. 详细信息–标题区信息

成果地质资料电子文件制作浏览系统数据模型数据在标题区信息映射关系如表 4-2 所示。

表 4-2　DBF 数据详细信息页面–标题区信息映射关系展示设计表

序号	展示名称	对应 DBF 数据名称	示例数据
1	题名	题名	—
2	更新时间	系统生成的资料上传时间	—
3	浏览次数	系统生成次数	—

C. 详细信息–基本信息区信息

成果地质资料电子文件制作浏览系统数据模型数据在基本信息区信息映射关系如表 4-3 所示。

表 4-3　DBF 数据详细信息页面–基本信息区映射关系展示设计表

序号	展示名称	对应 DBF 数据名称	示例数据
1	题名	题名	—
2	项目名称	—	—
3	形成（提交）时间	形成（提交）时间	—
4	责任者	形成单位、编著者	形成单位；编著者
5	行政区划	行政区 1（代码 1） 行政区 2（代码 2） 行政区 3（代码 3）	—

D. 详细信息–成果资料信息

成果地质资料电子文件制作浏览系统数据模型数据在成果资料信息区信息映射关系如表 4-4 所示。

表 4-4　DBF 数据详细信息页面–成果资料信息映射关系展示设计表

序号	展示名称	对应 DBF 数据名称	示例数据
1	题名	题名	—
2	类型	类型	—

（2）与 EDMaker 数据模型映射关系

三合一地质资料集成服务展示页面模型与 EDMaker 数据模型详细信息页面的映射关系包括查询列表页面的结果列表区信息，以及详细信息页面的标题区信息、基本信息区信息、卷内资料信息区信息（成果、原始、实物资料信息）等，具体如下所示。

A. 查询列表–结果列表区信息

EDMaker 数据模型数据在查询列表–结果列表信息映射关系如表 4-5 所示。

表 4-5　EDMaker 数据查询列表-结果列表区映射关系展示设计表

序号	展示名称	对应 EDMaker 数据名称	备注
1	题名	题名	
2	馆藏机构	上传机构名称（汇交人档号）	
3	形成时间	形成时间	

B. 详细信息-标题区信息

EDMaker 数据模型数据在标题区信息映射关系如表 4-6 所示。

表 4-6　EDMaker 数据详细信息页面-标题区映射关系展示设计表

序号	展示名称	对应 EDMaker 数据名称	示例数据
1	题名	题名	—
2	更新时间	系统生成的资料上传时间	—
3	浏览次数	系统生成次数	—

C. 详细信息-基本信息区信息

EDMaker 数据模型数据在基本信息区信息映射关系如表 4-7 所示。

表 4-7　EDMaker 数据详细信息页面-基本信息区映射关系展示设计表

序号	展示名称	对应 EDMaker 数据名称	示例数据
1	题名	题名	甘肃省肃南县祁青钼矿调查报告
2	项目名称	项目名称	北山-祁连城矿带地质矿产调查
3	形成（提交）时间	形成时间	2013-8-1
4	责任者	形成单位名称、编著者	甘肃省有色金属地质勘查局张掖矿产勘察院
5	行政区划	省名称 1、市名称 1、区名称 1、有值最后一级代码 1 省名称 2、市名称 2、区名称 2、有值最后一级代码 2 省名称 n、市名称 n、区名称 n、有值最后一级代码 n	省市区（有值最后一级代码）1 省市区（有值最后一级代码）2 省市区（有值最后一级代码）n

D. 详细信息-卷内资料信息区信息

a. 详细信息-成果资料信息

EDMaker 数据模型数据在成果资料信息映射关系如表 4-8 所示。

表 4-8　EDMaker 数据详细信息页面-成果资料信息映射关系展示设计表

序号	展示名称	对应 EDMaker 数据名称	示例数据
1	题名	文件题名	测量成果表
2	类型	文件类型	附表类（正文、审批、附表、附图、附件、多媒体、数据库和软件、其他、插图）

b. 详细信息-原始资料信息

EDMaker 数据模型数据在原始资料信息映射关系如表 4-9 所示。

表 4-9　EDMaker 数据详细信息页面-原始资料信息映射关系展示设计表

序号	展示名称	对应 EDMaker 数据名称	示例数据
1	题名	文件名称	甘肃省北祁连山西段区域地质矿产图
2	类型	表达方式	成果底稿、地图类（底组、观组、样组、录组、综组、测组、探组、试组、像组、文组）

c. 详细信息-实物资料信息

EDMaker 数据模型详细信息展示页面的实物资料信息划分为钻孔信息和图幅信息两种类型。

Ⅰ. 钻孔信息

EDMaker 数据模型数据在实物资料钻孔信息映射关系如表 4-10 所示。

表 4-10　EDMaker 数据详细信息页面-实物资料钻孔信息映射关系展示设计表

序号	展示名称	对应 EDMaker 数据钻孔资料名称	示例数据
1	钻孔编号	钻孔名称	ZKQ16-0
2	岩心长度（米）	总进尺	850. 4
3	岩屑数量（箱）	岩屑	850. 4

Ⅱ. 光薄片信息

EDMaker 数据模型数据在实物资料光薄片信息映射关系如表 4-11 所示。

表 4-11　EDMaker 数据详细信息页面-实物资料钻孔信息映射关系展示设计表

序号	展示名称	对应 EDMaker 数据图幅资料名称	示例数据
1	图幅编号	—	—
2	图幅名称	图幅名称	—
3	实测剖面名称	实测剖面名称	—
4	光薄片编号	—	—

Ⅲ. 标本信息

EDMaker 数据模型数据在实物资料标本信息映射关系如表 4-12 所示。

表 4-12　EDMaker 数据详细信息页面-实物资料钻孔信息映射关系展示设计表

序号	展示名称	对应 EDMaker 数据图幅资料名称	示例数据
1	图幅编号	—	—
2	图幅名称	图幅名称	—
3	实测剖面名称	实测剖面名称	—
4	标本编号	—	—

Ⅳ. 样品信息

EDMaker 数据模型数据在实物资料样品信息映射关系如表 4-13 所示。

表 4-13　EDMaker 数据详细信息页面–实物资料钻孔信息映射关系展示设计表

序号	展示名称	对应 EDMaker 数据图幅资料名称	示例数据
1	图幅编号	—	—
2	图幅名称	图幅名称	—
3	实测剖面名称	实测剖面名称	—
4	样品编号	—	—

Ⅴ. 其他信息

EDMaker 数据模型数据在实物资料样品信息映射关系如表 4-14 所示。

表 4-14　EDMaker 数据详细信息页面–实物资料钻孔信息映射关系展示设计表

序号	展示名称	对应 EDMaker 数据图幅资料名称	示例数据
1	图幅编号	—	—
2	图幅名称	图幅名称	—
3	实测剖面名称	实测剖面名称	—
4	相关资料名称	—	—

（3）与全国涉密地质资料清理系统数据模型映射关系

三合一地质资料集成服务展示页面模型与全国涉密地质资料清理系统数据模型详细信息页面的映射关系包括查询列表页面的结果列表区，以及详细信息页面的标题区信息、基本信息区信息、成果资料信息等，具体如下所示。

A. 查询列表–结果列表区信息

全国涉密地质资料清理系统数据模型数据在查询列表–结果列表信息映射关系如表 4-15 所示。

表 4-15　涉密地质资料数据查询列表–结果列表区映射关系展示设计表

序号	展示名称	对应涉密资料名称
1	题名	题名
2	馆藏机构	上传机构名称（档号）
3	形成时间	形成（提交）时间

B. 详细信息–标题区信息

全国涉密地质资料清理系统数据模型数据在标题区信息映射关系如表 4-16 所示。

表4-16 涉密资料详细信息页面–标题区映射关系展示设计表

序号	展示名称	对应涉密资料名称	示例数据
1	题名	题名	广西都安铝矿区地质踏勘普查报告
2	更新时间	系统生成的资料上传时间	—
3	浏览次数	系统生成次数	—

C. 详细信息–基本信息区信息

全国涉密地质资料清理系统数据模型数据在基本信息区信息映射关系如表4-17所示。

表4-17 涉密资料详细信息页面–基本信息区映射关系展示设计表

序号	展示名称	对应涉密资料名称	示例数据
1	题名	题名	广西都安铝矿区地质踏勘普查报告
2	项目名称	—	—
3	形成（提交）时间	形成（提交）时间	2008–1–1
4	责任者	形成（提交）时间、编著者	广西地质局黎塘地质队：32009
5	行政区划	—	—

D. 详细信息–成果资料信息

全国涉密地质资料清理系统数据模型数据在成果资料信息映射关系如表4-18所示。

表4-18 涉密资料数据详细信息页面–成果资料信息映射关系展示设计表

序号	展示名称	对应涉密资料名称	示例数据
1	题名	名称	广西上林县大罗砂金矿区含金品位计算表
2	类型	类型	附表ZLQLDJ_ FB（正文、审批、附表、附图、附件、多媒体、数据库和软件、其他、插图）

（4）与石油天然气委托保管系统数据模型映射关系

三合一地质资料集成服务展示页面模型与石油天然气委托保管系统数据模型详细信息页面的映射关系包括标题区信息、基本信息区信息、卷内资料信息区信息（成果、原始、实物资料信息）三方面，具体如下所示。

A. 查询列表–结果列表区信息

油气委托数据在查询列表–结果列表信息映射关系如表4-19所示。

表4-19 油气委托数据查询列表–结果列表区映射关系展示设计表

序号	展示名称	对应油气数据名称
1	题名	矿权名称
2	馆藏机构	矿业权人（矿权ID）
3	形成时间	有效期止

B. 详细信息–标题区信息

石油天然气委托保管系统数据模型数据在标题区信息映射关系如表4-20所示。

表4-20　油气委托保管数据详细信息页面–标题区映射关系展示设计表

序号	展示名称	对应油气数据名称	示例数据
1	题名	矿权名称	陕西韩城南区块煤层气勘查
2	更新时间	系统生成的资料上传时间	—
3	浏览次数	系统生成次数	—

C. 详细信息–基本信息区信息

石油天然气委托保管系统数据模型数据在基本信息区信息映射关系如表4-21所示。

表4-21　油气委托保管数据详细信息页面–基本信息区映射关系展示设计表

序号	展示名称	对应油气数据名称	示例数据
1	题名	矿权名称	陕西韩城南区块煤层气勘查
2	项目名称	矿权名称	陕西韩城南区块煤层气勘查
3	形成（提交）时间	有效期止	2012/12/30
4	责任者	矿业权人（公司名称）	中国石油天然气股份有限公司
5	行政区划	行政区域	陕西

D. 详细信息–卷内资料信息区信息

a. 详细信息–成果资料信息

石油天然气委托保管系统数据模型数据在成果资料信息映射关系如表4-22所示。

表4-22　油气委托保管数据详细信息页面–成果资料信息映射关系展示设计表

序号	展示名称	对应油气数据名称	示例数据
1	题名	资料名称	WL1井完井柱状剖面图（1：200）
2	类型	文件类别	附图

b. 详细信息–原始资料信息

石油天然气委托保管系统数据模型数据在原始资料信息映射关系如表4-23所示。

表4-23　油气委托保管数据详细信息页面–原始资料信息映射关系展示设计表

序号	展示名称	对应油气数据名称	示例数据
1	题名	资料名称	WL1井完井柱状剖面图（1：200）
2	类型	文件类型	附图

c. 详细信息–实物资料信息

石油天然气委托保管系统数据模型数据在实物资料信息映射关系如表4-24所示。

表 4-24 油气委托保管数据详细信息页面–实物资料钻井信息映射关系展示设计表

序号	展示名称	对应油气数据名称	示例数据
1	钻井编号	井号	WL1 井
2	总进尺（米）	总心长	32.79
3	取心数量（次）	取心次数	11

(5) 与全国重要地质钻孔数据库服务平台数据模型映射关系

三合一地质资料集成服务展示页面模型与全国重要地质钻孔数据库服务平台数据模型详细信息页面的映射关系包括查询列表页面的结果列表区，以及详细信息页面的标题区信息、基本信息区信息、卷内资料信息区信息（成果、实物资料信息）等。

A. 查询列表–结果列表区信息

钻孔数据在查询列表–结果列表信息映射关系如表 4-25 所示。

表 4-25 钻孔数据查询列表–结果列表区映射关系展示设计表

序号	展示名称	对应钻孔数据名称	备注
1	题名	项目名称	
2	馆藏机构	上传机构名称（档号）	
3	形成时间	终孔日期	

B. 详细信息–标题区信息

全国重要地质钻孔数据库服务平台数据模型数据在标题区信息映射关系如表 4-26 所示。

表 4-26 钻孔数据详细信息页面–标题区映射关系展示设计表

序号	展示名称	对应钻孔数据名称	示例数据
1	题名	项目名称	安徽省萧县凤凰山石灰岩矿详细找矿地质报告
2	更新时间	系统生成的资料上传时间	—
3	浏览次数	系统生成次数	—

C. 详细信息–基本信息区信息

全国重要地质钻孔数据库服务平台数据模型数据在基本信息区信息映射关系如表 4-27 所示。

表 4-27 钻孔数据详细信息页面–基本信息区映射关系展示设计表

序号	展示名称	对应钻孔数据名称	示例数据
1	题名	项目名称	安徽省萧县凤凰山石灰岩矿详细找矿地质报告
2	项目名称	项目名称	安徽省萧县凤凰山石灰岩矿详细找矿地质报告
3	形成（提交）时间	项目结束时间	1978/07/29
4	责任者	保管单位名称	安徽省萧县凤凰山石灰岩矿详细找矿
5	行政区划	—	—

D. 详细信息-卷内资料信息区信息

a. 详细信息-成果资料信息

全国重要地质钻孔数据库服务平台数据模型数据在成果资料信息映射关系如表4-28所示。

表4-28 钻孔数据详细信息页面-成果资料信息映射关系展示设计表

序号	展示名称	对应钻孔数据	示例数据
1	题名	读取磁盘文件的名称	—
2	类型	3图1表（工程部署图、勘探线剖面图、样品分析结果表、钻孔柱状图）	—

b. 详细信息-实物资料信息

全国重要地质钻孔数据库服务平台数据模型数据在实物资料钻孔信息映射关系如表4-29所示。

表4-29 钻孔数据详细信息页面-实物资料钻孔信息映射关系展示设计表

序号	展示名称	对应钻孔数据名称	示例数据
1	钻孔编号	项目名称-钻孔编号	安徽省萧县凤凰山石灰岩矿详细找矿地质报告-ZK001
2	柱状图数量（个）	系统自动计算	—

（6）与实物地质资料目录数据模型映射关系

三合一地质资料集成服务展示页面模型与实物地质资料目录数据模型详细信息页面的映射关系包括查询列表页面的结果列表区，以及详细信息页面的标题区信息、基本信息区信息、卷内资料信息区信息（成果、实物资料信息）等。

A. 查询列表-结果列表区信息

实物地质资料数据在查询列表-结果列表信息映射关系如表4-30所示。

表4-30 钻孔数据查询列表-结果列表区映射关系展示设计表

序号	展示名称	对应实物地质资料目录数据名称	备注
1	题名	题名	
2	馆藏机构	上传机构名称（档号）	
3	形成时间	形成时间	

B. 详细信息-标题区信息

实物地质资料目录数据模型数据在标题区信息映射关系如表4-31所示。

表4-31 实物地质资料数据详细信息页面-标题区映射关系展示设计表

序号	展示名称	对应实物地质资料目录数据名称	示例数据
1	题名	题名	湖南省永州市大坳钨锡矿岩心
2	更新时间	系统生成的资料上传时间	—
3	浏览次数	系统生成次数	—

C. 详细信息–基本信息区信息

实物地质资料目录数据模型数据在基本信息区信息映射关系如表 4-32 所示。

表 4-32　实物地质资料数据详细信息页面–基本信息区映射关系展示设计表

序号	展示名称	对应实物地质资料目录数据名称	示例数据
1	题名	题名	湖南省永州市大坳钨锡矿岩心
2	项目名称	项目名称	湖南九嶷–姑婆山锡多金属矿评价报告
3	形成（提交）时间	终止时间	2002 年 12 月 25 日
4	责任者	形成单位	安徽省地质调查院
5	行政区划	行政区名称 1（代码 1） 行政区名称 2（代码 2） 行政区名称 n（代码 n）	西藏自治区洛扎、浪卡子、贡嘎等九个县（542228）

D. 详细信息–卷内资料信息区信息

a. 详细信息–成果资料信息

实物地质资料目录数据模型数据在成果资料信息映射关系如表 4-33 所示。

表 4-33　实物地质资料数据详细信息页面–成果资料信息映射关系展示设计表

序号	展示名称	对应实物地质资料目录数据名称	示例数据
1	题名	文件题名	
2	类型	文件类型	

b. 详细信息–实物资料信息

实物地质资料目录数据模型详细信息展示页面的实物资料信息划分为钻孔信息和图幅信息两种类型。

Ⅰ. 钻孔信息

实物地质资料目录数据模型数据在实物资料钻孔信息映射关系如表 4-34 所示。

表 4-34　实物地质资料数据详细信息页面–实物资料钻孔信息映射关系展示设计表

序号	展示名称	对应实物地质资料目录数据名称	示例数据
1	钻孔编号	钻孔编号	ZK11201
2	岩心长度（米）	岩心长度	—
3	岩屑数量（袋）	馆藏岩屑数量	—

Ⅱ. 光（薄）片信息

实物地质资料目录数据模型数据在实物资料光（薄）片信息映射关系如表 4-35 所示。

表 4-35　实物地质资料数据详细信息页面–实物资料光（薄）片信息映射关系展示设计表

序号	展示名称	对应实物地质资料目录数据名称	示例数据
1	图幅编号	图幅号	H46 C 004001
2	图幅名称	图幅名称	1：25 万洛扎县幅
3	实测剖面名称		
4	光（薄）片编号		

Ⅲ. 标本信息

实物地质资料目录数据模型数据在实物资料标本信息映射关系如表 4-36 所示。

表 4-36　实物地质资料数据详细信息页面–实物资料标本信息映射关系展示设计表

序号	展示名称	对应实物地质资料目录数据名称	示例数据
1	图幅编号	图幅号	H46 C 004001
2	图幅名称	图幅名称	1：25 万洛扎县幅
3	实测剖面名称		
4	标本编号		

Ⅳ. 样品信息

实物地质资料目录数据模型数据在实物资料样品信息映射关系如表 4-37 所示。

表 4-37　实物地质资料数据详细信息页面–实物资料样品信息映射关系展示设计表

序号	展示名称	对应实物地质资料目录数据名称	示例数据
1	图幅编号	图幅号	H46 C 004001
2	图幅名称	图幅名称	1：25 万洛扎县幅
3	实测剖面名称		
4	光薄片编号		

Ⅴ. 其他信息

实物地质资料目录数据模型数据在实物资料其他信息映射关系如表 4-38 所示。

表 4-38　实物地质资料数据详细信息页面–实物资料其他信息映射关系展示设计表

序号	展示名称	对应实物地质资料目录数据名称	示例数据
1	图幅编号	图幅号	H46 C 004001
2	图幅名称	图幅名称	1：25 万洛扎县幅
3	实测剖面名称		
4	相关资料名称		

4.2　全国地质资料目录中心数据库设计

4.2.1　数据库总体设计

4.2.1.1　数据架构设计

信息是基础性的服务资源，是支撑应用与服务的基础，按照数据分级管理的要求，地质资料目录服务中心系统的数据主要划分为两级，即①全国地质资料馆目录服务中心主中心；②全国地质资料馆、实物地质资料中心；31 个省级地质资料馆、地调系统资料馆(六大区)、委托保管单位和行业系统资料馆等分中心。本项目中所包含信息资源规划的数据架构设计，如图 4-19 所示。

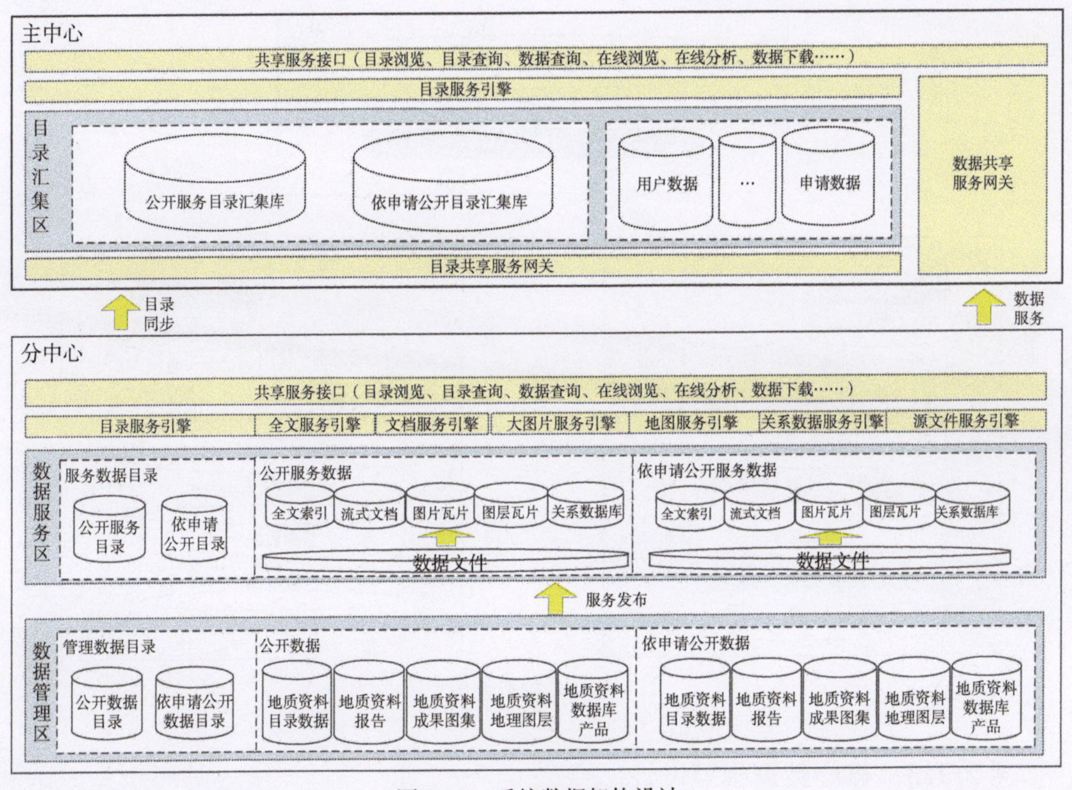

图 4-19　系统数据架构设计

分中心数据主要划分为数据管理区和数据服务区两个区。数据管理区主要包括各类数据的源文件，并通过各类工具生成数据目录，进行存储，由与管理数据目录相关的公开服务目录库，与公开数据源文件相关的地质资料目录库、地质资料图片报告库、地质资料成果图集库、地质资料地理图层和地质资料数据库产品库，与依申请公开数据源文件相关的地质资料目录库、地质资料图片报告库、地质资料成果图集库、地质资料地理图层和地质资料数据库产品库等组成。数据服务区主要包括各个分中心对源文件审核之后，对主中心发布的可对外提供服务的数据，由与服务数据目录相关的公开服务目录库和依申请公开目录库，与公开服务数据相关的全文索引库、流式文档库、图片瓦片库、图层瓦片库和关系数据库，与依申请公开服务数据相关的公开服务数据相关的全文索引库、流式文档库、图片瓦片库、图层瓦片库和关系数据库等组成。

主中心数据主要包括目录汇集区，通过目录共享服务网关连接、管理各个分中心，并按照一定的标准，对各个分中心的目录数据进行抽取、审核和集成，支撑对外的目录服务，由公开服务目录汇集库和依申请公开目录汇集库组成。同时，主中心还将存储用户身份数据等。

4.2.1.2 数据流程设计

地质资料目录服务中心系统的数据流程，如图 4-20 所示：

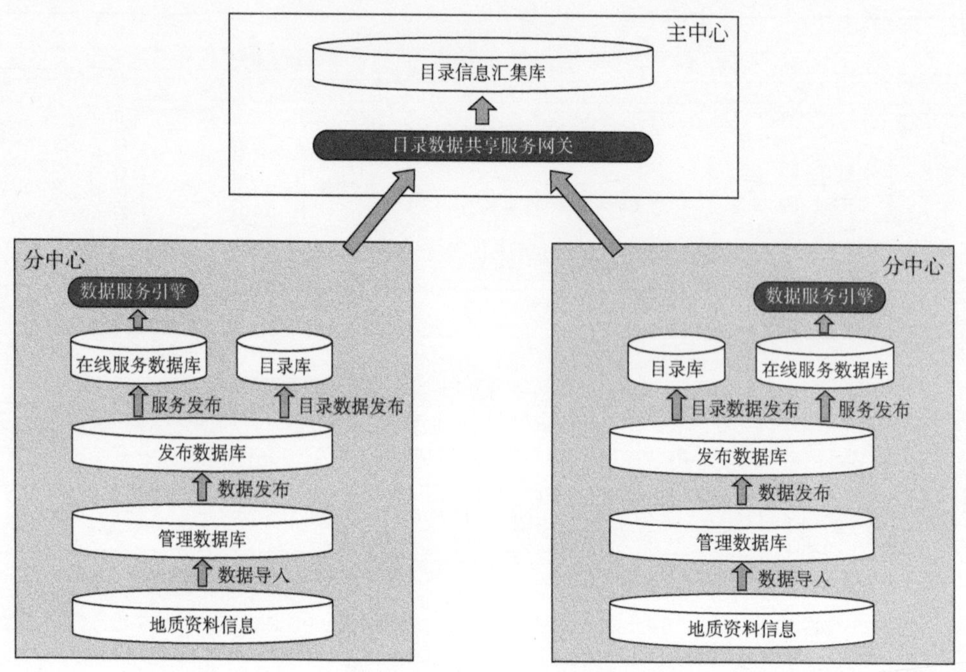

图 4-20　系统数据流程图

4.2.1.3 核心数据模型设计

本系统中，各类数据是重要的管理对象，为实现对目录数据、报告数据、图集数据、地图数据、数据库数据的统一管理，有必要建立核心的数据模型。下面将以 E-R 图的形式对核心数据模型进行描述，如图 4-21 所示。

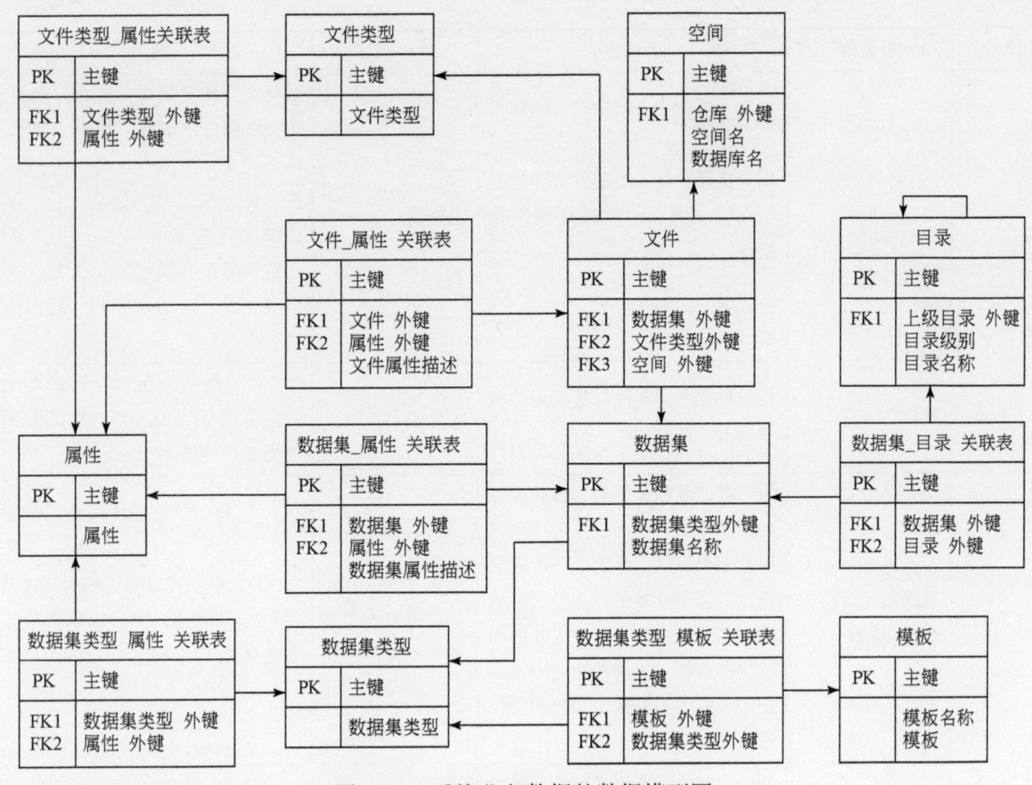

图 4-21　系统业务数据的数据模型图

系统数据库核心数据库表的设计如表 4-39 所示。

表 4-39　数据库核心表设计

序号	表名称	表描述	外键描述	举例
1	数据集	一个数据集是由一组文件组成的、作为一个整体对外提供服务的文件集合	包含指向数据集类型的外键	一个地质资料数据集，可以由 4 部分组成，包括：①案卷级目录信息，②文件级目录信息，③文件信息，④实物信息
2	文件	文件是数据集的组成元素，一个文件就是可以单独存储于文件系统中一个数据单元	包含指向空间属性的外键	地质资料数据文件有 3 类文件组成：①文件目录数据，②电子文件：成果、原始地质资料电子文件，③其他介质文件：光盘、纸质介质文件等
3	数据集类型	用于描述数据集的类型，数据集类型定义了一类数据集的通用属性和特点	无外键	地质资料数据集类型主要有成果地质资料、实物地质资料、原始地质资料等类型

续表

序号	表名称	表描述	外键描述	举例
4	文件类型	用于描述文件的类型，文件类型定义了一类文件的通用属性和特点	无外键	成果类文件类型有：正文、附图、副表、附件、审批、封面、其他。原始类文件类型有：底、观、测、探、样、试、录、像、文等；实物类文件类型有：钻孔柱状图、工程部署图、勘探线剖面图、岩心台账表、岩屑台账表、样品分析表等
5	属性	用于描述各种文件和数据集的属性及其特征	无外键	“档号”是一个属性，它的英文对应字段是“PKIIB”，它的数据类型是“字符串”
6	数据集类型-属性-关联表	用于存储数据集类型具备的属性的数据库表，一个数据集类型可以有多个属性。将属性和数据集通过关联表联系使得一个数据集类型的属性可以在不改变数据库结构的前提下实现动态的添加和扩展，极大的提高了系统的可扩展性	包含2个外键，分别指向数据集类型和属性库表	“成果资料”可以有“档号”“题名”“资料类别”“形成单位”等多个属性
7	文件类型-属性-关联表	用于存储文件类型具备的属性的数据库表，一个文件类型可以有多个属性。将属性和数据集通过关联表联系使得一个文件类型的属性可以在不改变数据库结构的前提下实现动态的添加和扩展，极大地提高了系统的可扩展性	包含2个外键，分别指向文件类型和属性库表	“正文”可以有“文件名称”“大小”“份数”多个属性
8	数据集-属性-关联表	用于存储数据集的具体属性的表（数据集类型-属性-关联表指定了一个数据集类型必须有那些属性，而本表记录了每个数据集的具体属性的值）	包含2个外键，分别指向数据集和属性库表	
9	文件-属性-关联表	用于实现文件和属性的关联关系	包含2个外键，分别指向文件和属性库表	
10	目录	逻辑上对数据集进行组织和分类的单元，一个目录可以包括多个数据集，一个目录也可以是另外一个目录的子节点（目录支持树形结构）	包含指向库表自身主键的外键，用于实现树型结构	如：区域地质调查、区域矿产调查、区域物化探调查、区域水工环调查、城市地质调查、区域农业地质调查、其他专项区调等

续表

序号	表名称	表描述	外键描述	举例
11	数据集-目录-关联表	一个数据集可以出现在多个分类目录中，一个分类目录也可以包含多个数据集，这些关联关系在本表中		
12	模板	保存对不同数据集类型进行控制的模板信息，例如页面显示模板、查询请求模板等	无外键	对“成果资料”数据集类型可以定制一个表格式的、包含“题名”“档号”“形成时间”“形成单位”“关键字”“内容提要”等若干属性的列表型显示模板，对“实物岩心”可以定制一个 表格式包含“钻孔编号”“起始井深”“坐标”等属性列表显示模板
13	数据集类型-模板-关联表	用于存储一个数据集类型的多个模板，将这一关系存储与一个单独表中使得将来添加其他模板更为方便	包含 2 个外键，分别指向数据集类型和模板库表	
14	空间	空间是存储文件数据的容器，对于非结构化数据（如扫描文件、PDF 文件等），一个空间就是磁盘上的一个目录；对于结构化的空间，一个空间就是一个数据库		d：\ 2000 年前资料，d：\ 区调数据是两个存储非结构化数据的数据库空间

4.2.2　主中心数据库设计

4.2.2.1　数据模型设计

主中心数据库的数据模型，如图 4-22 所示。

4.2.2.2　数据表设计

主中心的数据库中，主要包括了数据集、属性、目录、文件、用户、角色等信息，共包含 40 张数据库表，如表 4-40 所示。

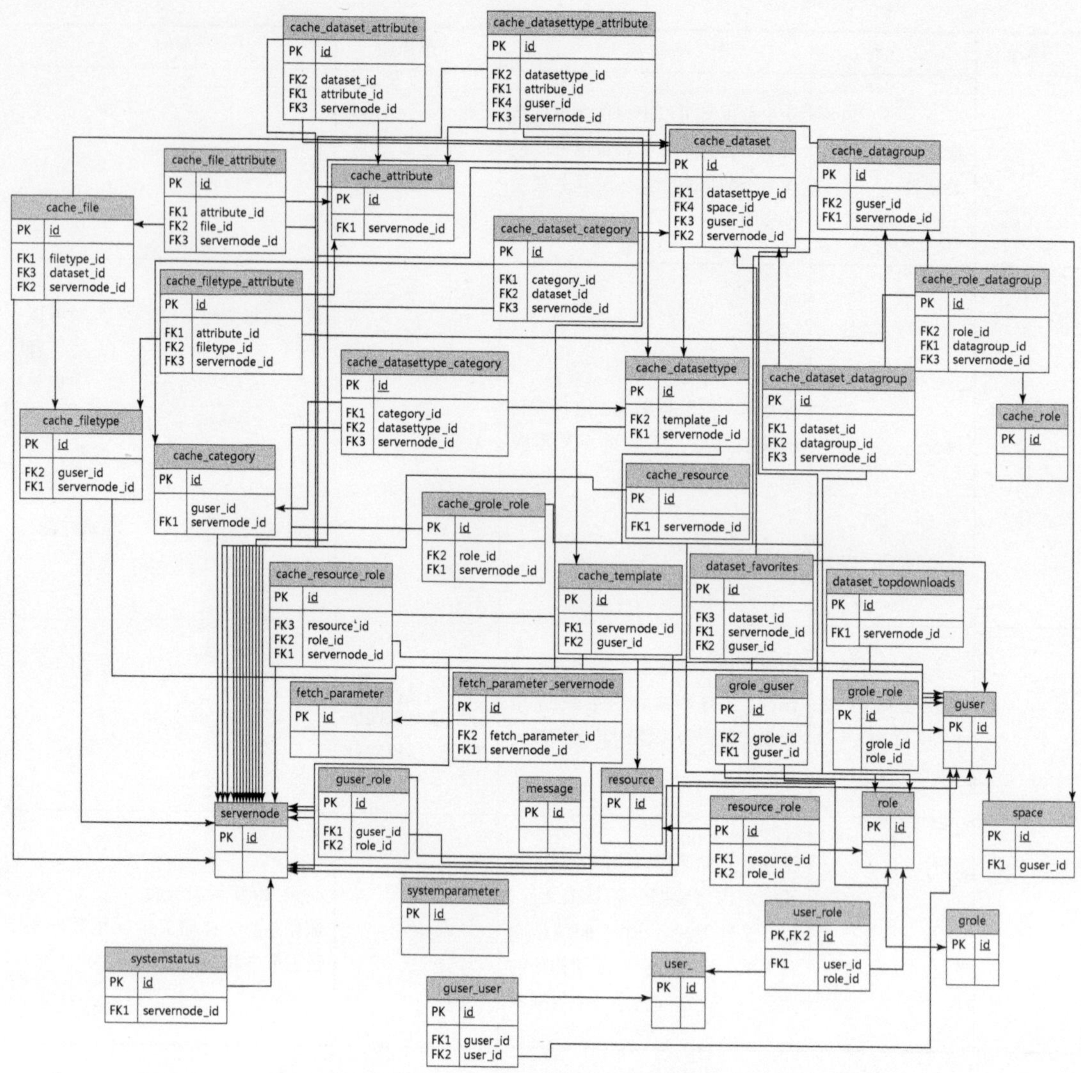

图 4-22 主中心数据库的数据模型

表 4-40 主中心数据库表功能说明表

序号	表名称	功能说明
1	cache_attribute	属性表
2	cache_category	目录表
3	cache_datagroup	共享数据组表
4	cache_dataset	数据集表
5	cache_dataset_attribute	数据集-属性关联表
6	cache_dataset_category	数据集-目录关联表
7	cache_dataset_datagroup	数据集-共享数据组关联表
8	cache_datasettype	数据集类型表

续表

序号	表名称	功能说明
9	cache_datasettype_attribute	数据集类型-属性关联表
10	cache_datasettype_category	数据集类型-目录关联表
11	cache_file	文件表
12	cache_file_attribute	文件-属性关联表
13	cache_filetype	文件类型表
14	cache_filetype_attribute	文件类型-属性关联表
15	cache_grole_role	主中心角色-单点角色映射表
16	cache_resource	功能点表
17	cache_resource_role	功能点-角色关联表
18	cache_role	角色表
19	cache_role_datagroup	角色-数据共享组关联表
20	cache_template	模板表
21	dataset_favorites	数据收藏表
22	dataset_topdownloads	数据下载排行表
23	fetch_parameter	抓取参数表
24	fetch_parameter_servernode	抓取参数-节点关联表
25	grole	单点角色表
26	grole_guser	单点角色-单点用户关联表
27	grole_role	单点角色-主中心角色关联表
28	guser	单点用户表
29	guser_role	单点用户-角色关联表
30	guser_user	单点用户-用户关联表
31	message	消息表
32	resource	主中心本地功能表
33	resource_role	主中心本地功能-角色关联表
34	role	本地角色表
35	servernode	分中心节点表
36	space	空间表
37	systemparameter	系统参数表
38	systemstatus	系统状态表
39	user_	本地用户表
40	user_role	本地用户-本地角色关联表

4.2.2.3　数据处理和存储设计

主中心主要存储地质资料服务目录数据、依申请公开服务和产品服务申请审批数据、用户数据等，数据量相对较小。根据需求分析初步结果，考虑稳定性和效率，建议采用SAN存储，存储可用容量200GB。SAN存储建议采用双控制器，作为数据库集中存储平台作为文件高性能系统。同时建议配置数据库备份软件，定期对数据进行备份存储。

4.2.3 分中心数据库设计

4.2.3.1 数据模型设计

分中心数据库的数据模型，如图4-23所示。

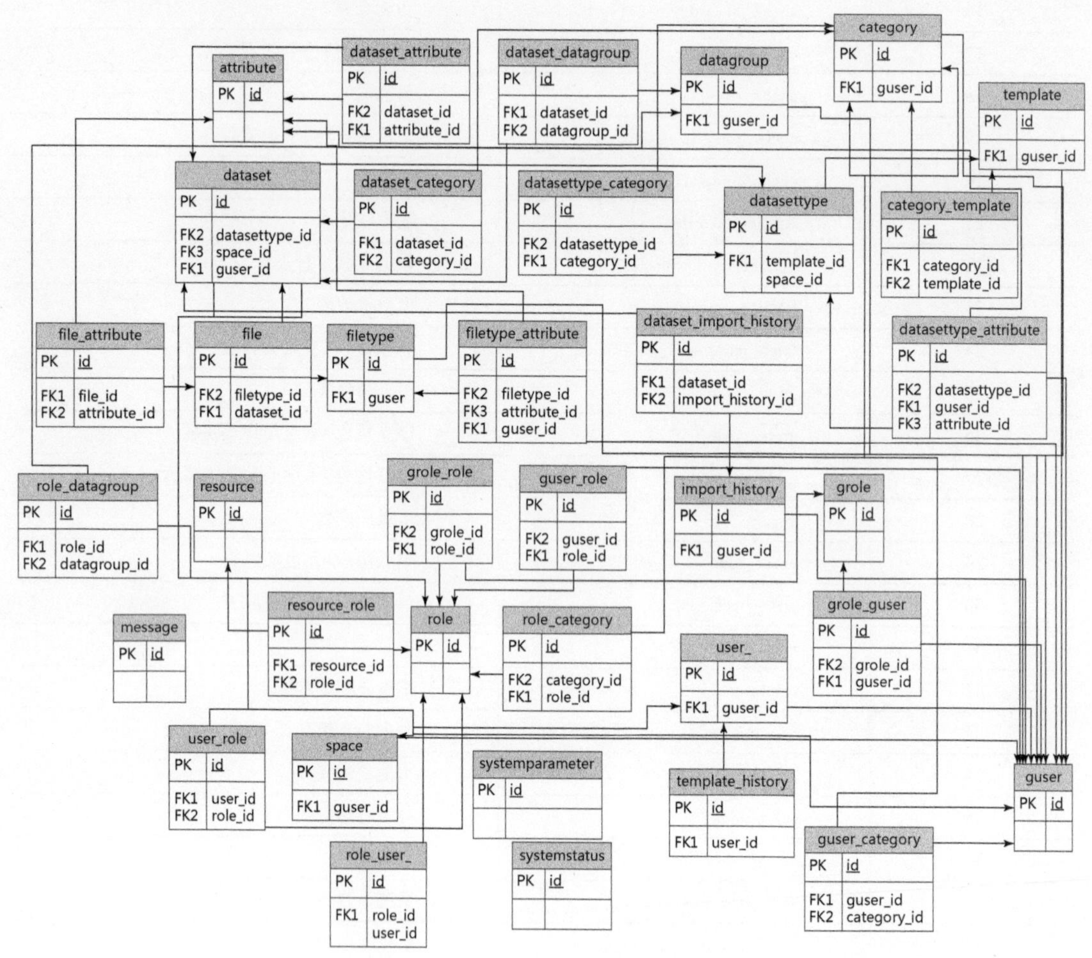

图4-23　分中心数据库的数据模型

4.2.3.2 数据表设计

分中心数据库中，主要包括数据集类型、数据集、文件类型、文件、属性、目录、用户、角色等信息，共包含37张数据库表，如表4-41所示。

表4-41　分中心数据库表功能说明表

序号	表名称	功能说明
1	attribute	属性表
2	category	目录表
3	category_template	目录-模板关联表
4	datagroup	数据共享组表
5	dataset	数据集表
6	dataset_attribute	数据集-属性关联表
7	dataset_category	数据集-目录关联表
8	dataset_datagroup	数据集-数据共享组关联表
9	dataset_import_history	数据集导入历史表
10	datasettype	数据集类型表
11	datasettype_attribute	数据集类型-属性关联表
12	datasettype_category	数据集类型-目录关联表
13	file	文件表
14	file_attribute	文件-属性关联表
15	filetype	文件类型表
16	filetype_attribute	文件类型-属性关联表
17	grole	单点角色表
18	grole_guser	单点角色-单点用户关联表
19	grole_role	单点角色-本地角色关联表
20	guser	单点用户表
21	guser_category	单点用户-目录关联表
22	guser_role	单点用户-本地角色关联表
23	import_history	数据集导入批次表
24	message	消息表
25	resource	功能点表
26	resource_role	功能点-角色关联表
27	role	角色表
28	role_category	角色-目录关联表
29	role_datagroup	角色-数据共享组关联表
30	role_user_	角色-用户关联表
31	space	数据空间表
32	systemparameter	系统参数表
33	systemstatus	系统状态表
34	template	模板表
35	template_history	模板创建历史表
36	user_	本地用户表
37	user_role	本地用户-本地角色关联表

4.2.3.3 数据处理和存储设计

分中心地质资料数据。根据前期需求分析可采用SAN可用容量，具体存储空间需根据分中心数据量情况确定，但一般不建议低于2TB。SAN存储建议采用双控制器，作为数据库集中存储平台作为文件高性能系统，存放视频文件、音频文件、图片文件、文本文件以及结构化文件。

建议分中心存储系统架构方案如图4-24所示。

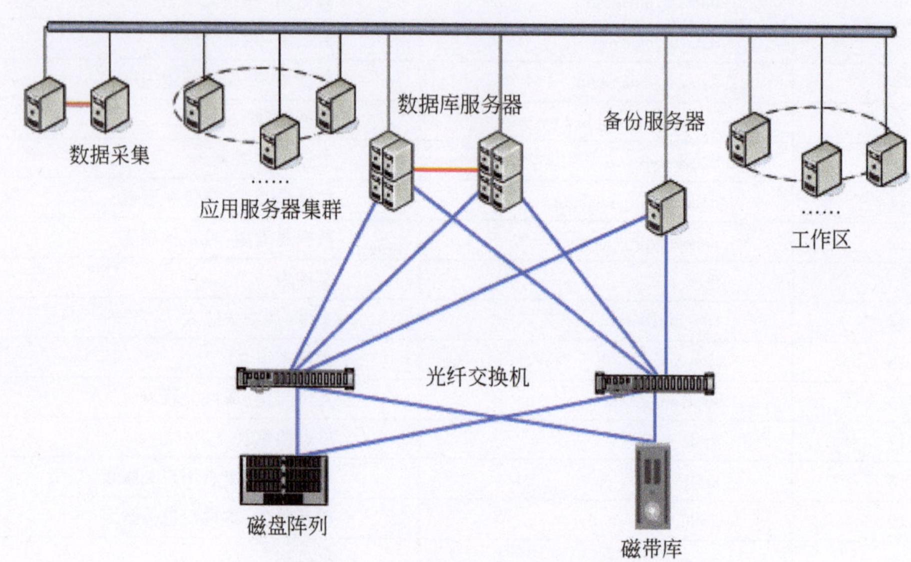

图4-24 项目数据存储系统示意图

4.3 本章小结

本章在分析全国地质资料数据现状的基础上，研究提出了成果、原始、实物地质资料目录数据“核心+扩展+补充”的存储模型和“三合一”集成管理与服务模型，完成全国地质资料目录服务中心系统数据库设计，实现了三大类地质资料目录数据的关联和集成管理。

第 5 章　多源异构地质资料目录数据集成建库

目前现有的六类地质资料数据模型存储的数据及数据格式不同，这就决定了不同来源的目录数据，在最终集成环境下，保留的目录数据表格、目录数据核心属性信息均不相同。本章基于“核心+扩展+补充”的开放式存储模型，按照既定的数据库结构，开展多源异构地质资料目录数据集成建库。

5.1　数据集成整理要求与质量控制

为确保目录数据整理建库质量，根据标准规范设计研究、数据标准研究、数据模型研究等成果，经综合编制研究全国地质资料目录服务中心系统地质资料目录数据整合技术规范，从基础操作层面明确定义了目录数据整理的统一技术要求，包括数据项要求、唯一编码要求、涉密数据整理要求、去重要求、六类数据整理集成要求以及代码表。

目录数据的整理集成工作首先开展数据采集入库和唯一编码，完成空间数据、涉密数据预处理和数据去重识别，再根据数据模型和展示模型开展数据梳理、关联匹配、索引优化等清理整合，最终建库形成新的地质资料目录数据。

5.1.1　数据采集

数据采集工作分为数据分类抽取、数据入库以及唯一表示编码 3 个步骤。

先利用数据加工工具，将六套不同的地质资料数据分类抽取到中间库中，再按统一的数据标准抽取入库，并根据唯一编码规范对入库数据进行唯一标识编码，完成最初的数据采集。

5.1.2　预处理

数据预处理主要针对三类地质资料数据，一是涉密数据，二是空间数据，三是重复数据。

涉密地质资料包括目录数据和图文资料，一般以删除的方式处理，对于密级、保护期的元信息，在内网系统中需予以隐藏，在互联网系统中要全部替换为空。

空间数据预处理包括对其空间范围的核查、坐标系核查、空间拓扑核查等基本的空间数据校验，以确保空间数据的正确存储与展示。

重复数据主要指同一份地质资料同时保存于多个机构的情况，应利用数据加工工具，在唯一标识编码的基础上，按照“形成（提交）单位代码”“形成（提交）时间”“题名”“同题名序号”四部分组合信息作为重复数据识别的依据。对于“形成（提交）单位代码”“形成（提交）时间”“题名”“同题名序号”均一致的地质资料，则按照相同资料进行去重。

5.1.3 数据清理

地质资料目录数据清理包括案卷级目录数据清理和文件级目录数据清理，依据数据整合规程的技术要求开展数据清理，按照三合一集成数据模型所的数据组织形式对各类地质资料目录数据进行重新组织梳理。

案卷级目录数据清理主要针对矿权及项目资料，依据数据整合规程中划定的案卷级目录数据的构成范围，按梳理形成的数据映射关系，通过数据抽取、转换，形成案卷级目录数据。清理后的案卷级目录数据应由资料基础信息及钻孔工程信息、钻井工程信息、钻井工程信息、区调工程信息构成，基础信息中又包含项目基本属性、内容构成等信息，其他三类信息包含其各自的文件元数据和电子文件。

文件级目录数据的整理根据原始地质资料、成果地质资料、实物地质资料三类的文件组构成及格式的不同，其整理内容也有所不同。

其中，原始地质资料的整理以目录数据为主，主要包含案卷元数据表和“底、测、观、探、样、试、录、像、综、文”10类文件组，每类文件组由各类原始纸质、磁带及其他介质文件数字化后形成的电子文件以及文件元数据组成；成果地质资料的整理除目录数据外，还包括成果正文、附图、附表、附件、审批等纸质资料的扫描件或电子版，以及软件、数据库、多媒体文件；实物资料的整理以目录数据为主，包含基本信息及区调资料、钻孔（井）资料，具体包括岩心岩屑类资料目录数据、样本（品）、光（薄）片类资料目录数据以及其他目录数据。

通过上述数据清理，形成目录数据清理结果库。

5.1.4 数据整合

目录数据整合主要实现各类资料之间的关联匹配，再通过建立全文检索、优化数据索引等方式提高数据服务能力。

各类资料之间的关联匹配是将各保管单位的电子资料逐级发布汇交至全国目录中心，基于数据清理建库成果，通过不同的关联规则（如省份+档号）实现各类资料之间的关联查询，从而建立成果资料、实物资料、原始资料之间的关联关系。首先，以项目、矿权或者其他地质工作为逻辑资料卷，将在同一地质工作中形成的地质资料组成为“资料卷”；将项目、矿权等相关的文件资料直接挂接到该“资料卷”下；在资料卷下，分别设立“原始卷”“实物卷”“成果卷”；在实物资料下，根据实物资料特点，分别按“图幅”和“钻井钻孔”组织各类实物资料；在各类案卷下，存放资料电子文件、电子文件元数据、案件级的元数据；最后，通过文件组，将具有共同特性的文件进行逻辑组织。

通过资料的整合关联，可实现在预览或检索某条资源时，自动推送展示与当前资料同属一个项目或一个矿权的其他资料。

5.2　多源地质资料目录数据集成

六类现状地质资料数据模型存储的数据及数据格式不同，保留的目录数据表格、目录数据核心属性信息不同，以下按照六类现状数据模型，对目录数据的整理进行逐个说明。

5.2.1　成果地质资料电子文件制作浏览系统目录数据整理

成果地质资料电子文件制作浏览系统目录数据的整理保留成果地质资料案卷信息及成果地质资料文件统计信息。

5.2.1.1　成果地质资料案卷信息目录数据整理

成果地质资料案卷信息目录数据整理如表 5-1 所示。

表 5-1　成果地质资料案卷信息目录数据整理

序号	标准目录数据	标准目录数据代码	目录数据名称	目录数据代码
1	唯一标识	PKIIB	档号	PKIIB
2	题名	PKIIA	题名	PKIIA
3	电子文档号	DZWDH	电子文档号	DZWDH
4	档案馆（室）名称	DAGMC	档案馆（室）名称	DAGMC
5	档案馆（室）代码	DAGMC_ DM	档案馆（室）代码	DAGMC_ DM
6	资料类别名称	ZLLBMC	资料类别名称	ZLLBMC
7	资料类别代码	ZLLBDM	资料类别代码	ZLLBDM
8	地质工作程度名称	GZCDMC	地质工作程度名称	GZCDMC
9	地质工作程度代码	GZCDDM	地质工作程度代码	GZCDDM
10	矿产名称	KCMC	矿产名称	KCMC1
11	矿产代码	KCDM	矿产代码	KCDM1
12	矿产名称	KCMC	矿产名称	KCMC2
13	矿产代码	KCDM	矿产代码	KCDM2
14	矿产名称	KCMC	矿产名称	KCMC3
15	矿产代码	KCDM	矿产代码	KCDM3
16	矿产名称	KCMC	矿产名称	KCMC4
17	矿产代码	KCDM	矿产代码	KCDM4
18	矿产名称	KCMC	矿产名称	KCMC5
19	矿产代码	KCDM	矿产代码	KCDM5
20	矿产名称	KCMC	矿产名称	KCMC6

续表

序号	标准目录数据	标准目录数据代码	目录数据名称	目录数据代码
21	矿产代码	KCDM	矿产代码	KCDM6
22	矿产名称	KCMC	矿产名称	KCMC7
23	矿产代码	KCDM	矿产代码	KCDM7
24	矿产名称	KCMC	矿产名称	KCMC8
25	矿产代码	KCDM	矿产代码	KCDM8
26	矿产名称	KCMC	矿产名称	KCMC9
27	矿产代码	KCDM	矿产代码	KCDM9
28	矿产名称	KCMC	矿产名称	KCMC10
29	矿产代码	KCDM	矿产代码	KCDM10
30	矿产名称	KCMC	矿产名称	KCMC11
31	矿产代码	KCDM	矿产代码	KCDM11
32	矿产名称	KCMC	矿产名称	KCMC12
33	矿产代码	KCDM	矿产代码	KCDM12
34	矿产名称	KCMC	矿产名称	KCMC13
35	矿产名称	KCMC	矿产代码	KCDM13
36	矿产代码	KCDM	矿产名称	KCMC14
37	矿产名称	KCMC	矿产代码	KCDM14
38	矿产代码	KCDM	矿产名称	KCMC15
39	矿产名称	KCMC	矿产代码	KCDM15
40	行政区名称	XZQMC	行政区名称	XZQMC1
41	行政区代码	XZQDM	行政区代码	XZQDM1
42	行政区名称	XZQMC	行政区名称	XZQMC2
43	行政区代码	XZQDM	行政区代码	XZQDM2
44	行政区名称	XZQMC	行政区名称	XZQMC3
45	行政区代码	XZQDM	行政区代码	XZQDM3
46	形成（提交）单位	PKIIF	形成（提交）单位	PKIIF
47	编著者	PKIIG	编著者	PKIIG
48	批准机构	PZJG	批准机构	PZJG
49	类型	LEIX	类型	LEIX
50	语种	YUZ	语种	YUZ
51	密级名称	PKIID_ MC	密级名称	PKIID_ MC
52	密级	PKIID	密级	PKIID
53	保管期限	BGQX	保管期限	BGQX
54	保护期	BHQ	保护期	BHQ

续表

序号	标准目录数据	标准目录数据代码	目录数据名称	目录数据代码
55	原本（成果）保存单位及地点	YBBC	原本（成果）保存单位及地点	YBBC
56	实物资料保存单位及地点	YKXBC	实物资料保存单位及地点	YKXBC
57	形成（提交）时间	XCSJ	形成（提交）时间	XCSJ
58	工作起始时间	QSSJ	工作起始时间	QSSJ
59	工作终止时间	ZZSJ	工作终止时间	ZZSJ
60	批准时间	PZSJ	批准时间	PZSJ
61	汇交时间	HJSJ	汇交时间	HJSJ
62	起始经度	QSJD	起始经度	QSJD0
63	起始经度	QSJD	起始经度	QSJD1
64	起始经度	QSJD	起始经度	QSJD2
65	起始经度	QSJD	起始经度	QSJD3
66	终止经度	ZZJD	终止经度	ZZJD0
67	终止经度	ZZJD	终止经度	ZZJD1
68	终止经度	ZZJD	终止经度	ZZJD2
69	终止经度	ZZJD	终止经度	ZZJD3
70	起始纬度	QSWD	起始纬度	QSWD0
71	起始纬度	QSWD	起始纬度	QSWD1
72	起始纬度	QSWD	起始纬度	QSWD2
73	起始纬度	QSWD	起始纬度	QSWD3
74	终止纬度	ZZWD	终止纬度	ZZWD0
75	终止纬度	ZZWD	终止纬度	ZZWD1
76	终止纬度	ZZWD	终止纬度	ZZWD2
77	终止纬度	ZZWD	终止纬度	ZZWD3
78	内容提要	NRTY	内容提要	NRTY
79	主题词或关键词	ZTC	主题词或关键词	ZTC
80	主题词矿种	ZTC_ KCH	主题词矿种	ZTC_ KCH
81	省档号	A_ PKIIB	省档号	A_ PKIIB
82	汇交类别	HJLB	汇交类别	HJLB
83	汇交联单号	HJLD	汇交联单号	HJLD
84	汇交打完代码	HJDWDM	汇交打完代码	HJDWDM
85	汇交单位	HJDW	汇交单位	HJDW
86	全国馆档号	S_ PKIIB	全国馆档号	S_ PKIIB

5.2.1.2 成果地质资料文件统计信息目录数据整理

成果地质资料文件统计信息目录数据整理如表5-2所示。

表5-2 成果地质资料文件统计信息目录数据整理

序号	标准目录数据	标准目录数据代码	目录数据名称	目录数据代码
1	载体类型	ZTLX	载体类型	ZTLX
2	载体数量	ZTSL	数量	SL
3	文数	WENS	文数	WENS
4	页数	YES	页数	YES
5	附图数	FUTS	附图数	FUTS
6	附表数	FUBS	附表数	FUBS

5.2.2 EDMaker 目录数据整理

EDMaker数据进行目录数据整理保留原始地质资料、成果地质资料、实物地质资料案卷信息及相关的文件统计信息。

5.2.2.1 EDMaker 数据地质资料案卷信息目录数据整理

EDMaker数据地质资料案卷信息目录数据整理如表5-3所示。

表5-3 EDMaker数据地质资料案卷信息目录数据整理

序号	标准目录数据	标准目录数据代码	类型	目录数据名称	目录数据代码
1	题名	PKIIA	字符型	题名	TM
2	唯一标识	UID	字符型	唯一标识	BS
3	汇交联单号	HJLDH	日期	汇交人档号	HJRDH
4	汇交时间	HJSJ	字符型	汇交时间	HJSJ
5	密级	PKIID	字符型	密级	MJ
6	保存单位名称形成（提交）单位	BCDWMC PKIIF	字符型	编著者	BZZ
7	语种	YUZ	字符型	语种	YZ
8	资料类别代码	ZLLBDM	字符型	资料类别	ZLLB
9	形成（提交）时间	XCSJ	日期	形成时间	XCSJ
10	地质工作程度代码	GZCDDM	字符型	工作程度	GZCD
11	资金来源名称	ZJLYMC	字符型	资金来源	ZJLY
12	编著者	PKIIG	字符型	工作方法	GZFF
13	保护期	BHQ	日期	保护期	BHQ
14	评审（批准）机构	PSJG	字符型	评审机构	PSJG

续表

序号	标准目录数据	标准目录数据代码	类型	目录数据名称	目录数据代码
15	批准时间	PZSJ	日期	评审时间	PSSJ
16	内容提要	NRTY	字符型	内容提要	NRTY
17	项目名称	XMMC	字符串	项目名称	XMMC
18	项目（矿权）编号	XMBH	字符串	项目编号	XMBH
19	工作起始时间	GZQSSJ	日期	项目起始时间	XMQSSJ
20	工作终止时间	GZZZSJ	日期	项目终止时间	XMZZSJ
21	行政区代码	XZQDM	字符串	省代号	ProvinceCode
22	行政区名称	XZQMC	字符串	省名	Province
23	行政区代码	XZQDM	字符串	市代号	DistrictCode
24	行政区名称	XZQMC	字符串	市	District
25	行政区代码	XZQDM	字符串	区代号	County Code
26	行政区名称	XZQMC	字符串	区	County
27	矿产代码	KCDM	字符串	矿产代码	DM
28	矿产名称	KCMC	字符串	矿产名称	MC
29	起始经度	QSJD	字符型	起始经度类型	QSJDLX
30	起始经度	QSJD	字符型	起始经度-度	QSJDDu
31	起始经度	QSJD	字符型	起始经度-分	QSJDFen
32	起始经度	QSJD	字符型	起始经度-秒	QSJDMiao
33	起始维度	QSWD	字符型	起始纬度类型	QSWDLX
34	起始维度	QSWD	字符型	起始纬度-度	QSWDDu
35	起始维度	QSWD	字符型	起始纬度-分	QSWDFen
36	起始维度	QSWD	字符型	起始纬度-秒	QSWDMiao
37	终止经度	ZZJD	字符型	终止经度类型	ZZJDLX
38	终止经度	ZZJD	字符型	终止经度-度	ZZJDDu
39	终止经度	ZZJD	字符型	终止经度-分	ZZJDFen
40	终止经度	ZZJD	字符型	终止经度-秒	ZZJDMiao
41	终止维度	ZZWD	字符型	终止纬度类型	ZZWDLX
42	终止维度	ZZWD	字符型	终止纬度-度	ZZWDDu
43	终止维度	ZZWD	字符型	终止纬度-分	ZZWDFen
44	终止维度	ZZWD	字符型	终止纬度-秒	ZZWDMiao

5.2.2.2　EDMaker 数据地质资料文件统计信息目录数据整理

EDMaker 数据地质资料文件统计信息目录数据整理包括原始地质资料、成果地质资料、实物地质资料文件三方面。具体整理如下。

(1) 原始地质资料文件

EDMaker 数据原始地质资料文件统计信息目录数据整理如表 5-4 所示。

表 5-4 EDMaker 数据原始地质资料文件统计信息目录数据整理

序号	标准目录数据	标准目录数据代码	类型	目录数据名称	目录数据代码
1	原始资料档号	Y-PKIIB	字符串	原始档号	YSDH
2	题名	PKIIA	字符串	案卷题名	AJTM
3	原始保存单位名称	Y-BCDWMC	字符串	保存单位	BCDW
4	资料类别名称	ZLLBMC	字符串	类别	LB
5	资料类别代码	ZLLBDM	字符串	代字	DZ
6	纸介质盒（袋）号	ZJZ	字符串	纸介质盒号	ZJZHH
7	电磁载体编号	DCZTBH	字符串	电子介质盒号	DZJZHH
8	文件题名	WJMC	字符串	文件名称	WJMC
9	资料类别代码	ZLLBDM	字符串	类别代字	LBDZ
10	文件类型	WJLX	字符串	表达方式	BDFS
11	载体类型	ZTLX	字符串	介质类型	JZLX
12	纸介质盒（袋）号	ZJZ	字符串	纸介质袋号	ZJZDH
13	电磁载体编号	DCZTBH	字符串	电磁载体编号	DCZTBH
14	文件字节数	WJZJS	浮点型	文件字节数	WJZJS

(2) 成果地质资料文件

EDMaker 数据成果地质资料文件统计信息目录数据整理如表 5-5 所示。

表 5-5 EDMaker 数据成果地质资料文件统计信息目录数据整理

序号	标准目录数据	标准目录数据代码	类型	目录数据名称	目录数据代码
1	成果保存单位代码	Y-BCDWDM	子集	成果文件册节点	CGWJCList
2	文件类型	WJLX	类	文件类型	WJLX
3	件号	SWJM	整型	件号	JH
4	文件题名	WJMC	字符串	文件题名	WJBT
5	文件字节数	WJZJS	浮点型	文件大小	WJDX

(3) 实物地质资料文件

EDMaker 数据实物地质资料文件统计信息目录数据包括钻孔文件、光（薄）片文件、标本文件、样品文件及其他文件，钻孔文件统计信息目录数据整理如表 5-6 所示。

表 5-6 EDMaker 数据实物地质资料–钻孔文件统计信息目录数据整理

序号	标准目录数据	标准目录数据代码	类型	目录数据名称	目录数据代码
1	钻取岩屑数量	ZQYXSL	整型	实物岩屑	SWYX
2	标本数量	BBSLK	整型	实物标本	SWBB

续表

序号	标准目录数据	标准目录数据代码	类型	目录数据名称	目录数据代码
3	样品数量	YPSLD	整型	实物样品	SWYP
4	光片数量	GPSLP	整型	实物光片	SWGP
5	薄片数量	BPSLP	整型	实物薄片	SWBP
6	实物数量	SWSL	整型	实物其他	SWQT
7	矿产名称	KCMC	字符串	主要矿种	ZYKZ
8	题名	PKIIA	字符串	钻孔名称	ZKMC
9	起始经度、终止经度	QSJD/ZZJD	字符串	横坐标	HZB
10	起始维度、终止维度	QSWD/ZZWD	字符串	纵坐标	ZZB
11	馆藏岩心长度（米）	GCYXCDM	整型	总进尺	ZJC
12	馆藏岩心长度（箱）	GCYXCDX	整型	取心数量	QXSL
13	馆藏岩屑数量（箱）	GCYXSLX	整型	岩屑	YX

EDMaker 数据实物地质资料光（薄）片文件统计信息目录数据整理如表 5-7 所示。

表 5-7　EDMaker 数据实物地质资料光（薄）片文件统计信息目录数据整理

序号	标准目录数据	标准目录数据代码	类型	目录数据名称	目录数据代码
1	题名	XMMC+（TFMC）= PKIIA	字符串	图幅名称	TFMC
2	图幅编号	TFH	字符串	图幅编号	TFH
3	图幅名称	TFMC	字符串	图幅名称	TFMC
4	实测剖面名称	SCPMMC	字符串		
5	光薄片编号	GBPBH	字符串		

EDMaker 数据实物地质资料标本文件统计信息目录数据整理如表 5-8 所示。

表 5-8　EDMaker 数据实物地质资料标本文件统计信息目录数据整理

序号	标准目录数据	标准目录数据代码	类型	目录数据名称	目录数据代码
1	题名	XMMC+（TFMC）= PKIIA	字符串	图幅名称	TFMC
2	图幅编号	TFH	字符串	图幅编号	TFH
3	图幅名称	TFMC	字符串	图幅名称	TFMC
4	实测剖面名称	SCPMMC	字符串		
5	标本编号	BBBH	字符串		

EDMaker 数据实物地质资料样品文件统计信息目录数据整理如表 5-9 所示。

表 5-9 EDMaker 数据实物地质资料样品文件统计信息目录数据整理

序号	标准目录数据	标准目录数据代码	类型	目录数据名称	目录数据代码
1	题名	XMMC+（TFMC）= PKIIA	字符串	图幅名称	TFMC
2	图幅编号	TFH	字符串	图幅编号	TFH
3	图幅名称	TFMC	字符串	图幅名称	TFMC
4	实测剖面名称	SCPMMC	字符串		
5	样品编号	YPBH	字符串		

EDMaker 数据实物地质资料其他文件统计信息目录数据整理如表 5-10 所示。

表 5-10 EDMaker 数据实物地质资料其他文件统计信息目录数据整理

序号	标准目录数据	标准目录数据代码	类型	目录数据名称	目录数据代码
1	题名	XMMC+（TFMC）= PKIIA	字符串	图幅名称	TFMC
2	图幅编号	TFH	字符串	图幅编号	TFH
3	图幅名称	TFMC	字符串	图幅名称	TFMC
4	实测剖面名称	SCPMMC	字符串		
5	相关资料名称	ZLMC	字符串		

5.2.3 全国涉密地质资料清理系统目录数据整理

全国涉密地质资料清理系统数据进行目录数据整理保留原始地质资料、成果地质资料、实物地质资料案卷信息及相关的文件统计信息。

5.2.3.1 涉密地质资料案卷信息目录数据整合要求

涉密地质资料案卷信息目录数据整理如表 5-11 所示。

表 5-11 涉密地质资料成果案卷信息目录数据整理

序号	标准目录数据	标准目录数据代码	目录数据名称	目录数据代码
1	唯一标识	UID	档号	PKIIB
2	题名	PKIIA	题名	PKIIA
3	档案馆名称	DAGMC	档案馆名称	DAGMC
4	资料类别名称	ZLLBMC	资料类别名称	ZLLBMC
5	资料类别代码	ZLLBDM	资料类别代码	ZLLBDM
6	工作程度名称	GZCDMC	工作程度名称	GZCDMC
7	工作程度代码	GZCDDM	工作程度代码	GZCDDM
8	形成（提交）单位	PKIIF	形成（提交）单位	PKIIF

续表

序号	标准目录数据	标准目录数据代码	目录数据名称	目录数据代码
9	编著者	PKIIG	编著者	PKIIG
10	批准机构	PZJG	批准机构	PZJG
11	类型	LEIX	类型	LEIX
12	语种	YUZ	语种	YUZ
13	密级名称	PKIID_ MC	密级名称	PKIID_ MC
14	密级代码	PKIID	密级代码	PKIID
15	保管期限	BGQX	保管期限	BGQX
16	保护器	BHQ	保护器	BHQ
17	实物资料保存单位及地点	YKXBC	实物资料保存单位及地点	YKXBC
18	形成（提交）时间	XCSJ	形成（提交）时间	XCSJ
19	工作起始时间	QSSJ	工作起始时间	QSSJ
20	工作终止时间	ZZSJ	工作终止时间	ZZSJ
21	批准时间	PZSJ	批准时间	PZSJ
22	汇交时间	HJSJ	汇交时间	HJSJ
23	起始经度	QSJD	起始经度	QSJD1+QSJD2+QSJD3 QSJD
24	终止经度	ZZJD	终止经度	ZZJD1+ZZJD2+ZZJD3 ZZJD
25	起始纬度	QSWD	起始维度	QSWD1+QSWD2+QSWD3 QSWD
26	终止纬度	ZZWD	终止维度	ZZWD1+ZZWD2+ZZWD3 ZZWD
27	主题词	ZTC	主题词	ZTC
28	内容提要	NRTY	内容提要	NRTY
29	矿产主题词	ZTC_ KCH	矿产主题词	ZTC_ KCH
30	省档号	A_ PKIIB	省档号	A_ PKIIB
31	汇交类别	HJLB	汇交类别	HJLB
32	汇交联单号	HJLD	汇交联单号	HJLD
33	汇交单位代码	HJDWDM	汇交单位代码	HJDWDM
34	汇交单位	HJDW	汇交单位	HJDW
35	全国馆档号	S_ PKIIB	全国馆档号	S_ PKIIB
36	附注	FUZHU	附注	FUZHU
37	矿产代码	KCDM	矿产代码	KCDM1
38	矿产代码	KCDM	矿产代码	KCDM2
39	矿产代码	KCDM	矿产代码	KCDM3
40	矿产代码	KCDM	矿产代码	KCDM4
41	矿产代码	KCDM	矿产代码	KCDM5
42	矿产代码	KCDM	矿产代码	KCDM6

续表

序号	标准目录数据	标准目录 数据代码	目录数据名称	目录数据代码
43	矿产代码	KCDM	矿产代码	KCDM7
44	矿产代码	KCDM	矿产代码	KCDM8
45	矿产代码	KCDM	矿产代码	KCDM9
46	矿产代码	KCDM	矿产代码	KCDM10
47	矿产代码	KCDM	矿产代码	KCDM11
48	矿产代码	KCDM	矿产代码	KCDM12
49	矿产代码	KCDM	矿产代码	KCDM13
50	矿产代码	KCDM	矿产代码	KCDM14
51	矿产代码	KCDM	矿产代码	KCDM15
52	矿产名称	KCMC	矿产名称	KCMC1
53	矿产名称	KCMC	矿产名称	KCMC2
54	矿产名称	KCMC	矿产名称	KCMC3
55	矿产名称	KCMC	矿产名称	KCMC4
56	矿产名称	KCMC	矿产名称	KCMC5
57	矿产名称	KCMC	矿产名称	KCMC6
58	矿产名称	KCMC	矿产名称	KCMC7
59	矿产名称	KCMC	矿产名称	KCMC8
60	矿产名称	KCMC	矿产名称	KCMC9
61	矿产名称	KCMC	矿产名称	KCMC10
62	矿产名称	KCMC	矿产名称	KCMC11
63	矿产名称	KCMC	矿产名称	KCMC12
64	矿产名称	KCMC	矿产名称	KCMC13
65	矿产名称	KCMC	矿产名称	KCMC14
66	矿产名称	KCMC	矿产名称	KCMC15

5.2.3.2 涉密地质资料文件统计信息目录数据整理

涉密地质资料文件统计信息目录数据包括正文文件、附表文件、附图文件、审批文件、其他文件五类，依据文件类型的不同，文件统计信息目录数据的整合要求不同，正文文件统计信息目录数据整理如表 5-12 所示。

表 5-12 涉密地质资料成果正文文件统计信息目录数据整理

序号	标准目录数据	标准目录数据代码	目录数据名称	目录数据代码
1	文件题名	WJMC	名称	ZW_ MC
2	密级名称	MJMC	涉密种类	ZW_ SMZL
3	密级	MJ	原定密级	ZW_ YDMJ
4	档号+文件类型+件号	A_ PKIIB+WJLX+SWJM	档号+文件类型+序号	BH

涉密地质资料附表文件统计信息目录数据整理如表 5-13 所示。

表 5-13　涉密地质资料成果–附表文件统计信息目录数据整理

序号	标准目录数据	标准目录数据代码	目录数据名称	目录数据代码
1	文件题名	WJMC	名称	FB_ MC
2	密级名称	MJMC	涉密种类	FB_ SMZL
3	密级	MJ	原定密级	FB_ YDMJ
4	档号+文件类型+件号	A_ PKIIB+WJLX+SWJM	档号+文件类型+序号	BH

涉密地质资料附图文件统计信息目录数据整理如表 5-14 所示。

表 5-14　涉密地质资料成果–附图文件统计信息目录数据整理

序号	标准目录数据	标准目录数据代码	目录数据名称	目录数据代码
1	文件题名	WJMC	名称	MC
2	密级名称	MJMC	涉密种类	SMZL
3	密级	MJ	原定密级	YDMJ
4	档号+文件类型+件号	A_ PKIIB+WJLX+SWJM	档号+文件类型+序号	BH

涉密地质资料审批文件统计信息目录数据整理如表 5-15 所示。

表 5-15　涉密地质资料成果–审批文件统计信息目录数据整理

序号	标准目录数据	标准目录数据代码	目录数据名称	目录数据代码
1	文件题名	WJMC	名称	MC
2	密级名称	MJMC	涉密种类	SMZL
3	密级	MJ	原定密级	YDMJ
4	档号+文件类型+件号	A_ PKIIB+WJLX+SWJM	档号+文件类型+序号	BH

涉密地质资料其他文件统计信息目录数据整理如表 5-16 所示。

表 5-16　涉密地质资料成果–其他文件统计信息目录数据整理

序号	标准目录数据	标准目录数据代码	目录数据名称	目录数据代码
1	文件题名	WJMC	名称	MC
2	密级名称	MJMC	涉密种类	SMZL
4	密级	MJ	原定密级	YDMJ
8	档号+文件类型+件号	A_ PKIIB+WJLX+SWJM	档号+文件类型+序号	BH

5.2.4　石油天然气委托保管系统目录数据整理

石油天然气委托保管系统数据进行目录数据整理保留矿权信息表，单井基础信息表，成果地质资料与原始地质资料的案卷信息表及相关文件信息、汇交信息表，实物地质资料的岩心、岩屑、岩心回次信息表及实物汇交信息表等。

5.2.4.1 油气委托地质资料案卷信息目录数据整理

油气委托地质资料案卷信息目录数据包括项目（矿权）案卷信息和单井案卷信息两类，项目（矿权）案卷信息的整理如表5-17所示。

表5-17 油气委托地质资料项目或矿权案卷信息目录数据整理

序号	标准目录数据	标准目录数据代码	类型	目录数据名称	目录数据代码
1	唯一标识	UID	VARCHAR2	唯一标识	KQID
2	项目（矿权）名称题名	XMMCPKIIA	VARCHAR2	矿权名称	KQMC
3	唯一标识	UID	VARCHAR2	许可证号	XKZH
4	矿产名称	KCMC	VARCHAR2	开采矿种	KCKZ
5	行政区名称	XZQMC	VARCHAR2	行政区域	XZQY
6	形成（提交）单位	PKIIF	VARCHAR2	矿业权人（公司名称）	KYQR
7	原始保存单位名称/实物保存单位名称/成果保存单位名称	Y- BCDWMC/Y- BCDWMC/Y-BCDWMC	VARCHAR2	馆藏名称	GCMC
8	编著者	PKIIG	VARCHAR2	录入人	LRR
9	入库时间	RKSJ	VARCHAR2	入库时间	RKSJ

油气委托地质资料单井案卷信息的整理如表5-18所示。

表5-18 油气委托地质资料单井案卷信息目录数据整理

序号	标准目录数据	标准目录数据代码	类型	目录数据名称	目录数据代码
1	唯一标识	UID	VARCHAR2	汇交清单ID（唯一标识）	A. HJQDID
2	项目（矿权）名称	XMMC	VARCHAR2	矿权名称	D. KQMC
3	岩心钻孔数	YXZKS	VARCHAR2	取心次数	B. QXCS
4	岩心米数	YXMS	VARCHAR2	总心长	B. ZXC
5	岩心箱数	YXXS	VARCHAR2	岩心箱数	B. YXINXS
6	岩屑袋数	YXDS	VARCHAR2	岩屑包数	B. YXBS
7	岩屑箱数	YXXS	VARCHAR2	岩屑箱数	B. YXIEXS
8	形成（提交）时间	XCSJ	VARCHAR2	形成时间	B. XCSJ
9	形成（提交）单位	PKIIF	VARCHAR2	形成单位	B. XCDW
10	题名	KQMC+JH=PKIIA	VARCHAR2	井号	C. JH
11	行政区名称	XZQMC	VARCHAR2	省	C. SHENG
12	行政区名称	XZQMC	VARCHAR2	市	C. SHI
13	行政区名称	XZQMC	VARCHAR2	县	C. XIAN

续表

序号	标准目录数据	标准目录数据代码	类型	目录数据名称	目录数据代码
14	矿区名称	KQMC	VARCHAR2	详细位置	C. XXWZ
15	起始经度/终止经度	QSJD/ZZJD	VARCHAR2	X 坐标	C. XXGZ
16	起始纬度/终止纬度	QSWD/ZZWD	VARCHAR2	Y 坐标	C. XZB
17	H	ZJH	VARCHAR2	完钻井深	C. YZB
18	开孔日期	KKRQ	VARCHAR2	开钻时间	C. WZCW
19	终孔日期	ZKRQ	VARCHAR2	完钻时间	C. KZSJ

5.2.4.2　油气委托地质资料文件统计信息目录数据整合要求

油气委托地质资料文件统计信息目录数据包括原始地质资料、成果地质资料、实物地质资料三类，具体整理如表 5-19 ~ 表 5-23 所示。

(1) 原始地质资料文件

油气委托原始地质资料文件统计信息目录数据整合要求如表 5-19 所示。

表 5-19　油气委托原始地质资料文件统计信息目录数据整合要求

序号	标准目录数据	标准目录数据代码	类型	目录数据名称	目录数据代码
1	唯一标识	UID	VARCHAR2	汇交清单 ID（唯一标识）	A. HJQDID
2	项目（矿权）名称	XMMC	VARCHAR2	矿权名称	K. KQMC
3	唯一标识	UID	VARCHAR2	全国统编号	B. QGTBH
4	载体类型	ZTLX	VARCHAR2	载体类型	B. ZTLX
5	形成（提交）时间 完成时间	XCSJ WCSJ	VARCHAR2	形成时间	B. XCSJ
6	形成（提交）单位	PKIIF	VARCHAR2	形成单位	B. XCDW
7	档号	A_ PKIIB	VARCHAR2	档号	C. DH
8	文件题名	WJMC	VARCHAR2	资料名称	C. ZLMC
9	文件类型	WJLX	VARCHAR2	文件类型	C. WJLX
10	行政区名称	XZQMC	VARCHAR2	省	C. SHENG
11	行政区名称	XZQMC	VARCHAR2	市	C. SHI
12	行政区名称	XZQMC	VARCHAR2	县	C. XIAN
13	完成人	WCR	VARCHAR2	编制人	C. BZR
14	编著者	PKIIG	VARCHAR2	著录人	C. ZLR
15	载体类型	ZTLX	VARCHAR2	载体类型	C. ZTLX
16	保护期	BHQ	VARCHAR2	保护期限	C. BHQX
17	原始保存单位名称	Y-BCDWMC	VARCHAR2	保存单位	C. BCDW

(2) 成果地质资料文件

油气委托成果地质资料文件统计信息目录数据整合要求如表 5-20 所示。

表 5-20 油气委托成果地质资料文件统计信息目录数据整合要求

序号	标准目录数据	标准目录数据代码	类型	目录数据名称	目录数据代码
1	唯一标识	UID	VARCHAR2	汇交清单 ID（唯一标识）	A. HJQDID
2	项目（矿权）名称	XMMC	VARCHAR2	矿权名称	K. KQMC
3	唯一标识	UID	VARCHAR2	全国统编号	B. QGTBH
4	电子文件总数据量	DZWJZSJL	VARCHAR2	份数	B. FS
5	文件类型	WJLX	VARCHAR2	正文	B. ZW
6	文件类型	WJLX	VARCHAR2	审批	B. SP
7	文件类型	WJLX	VARCHAR2	附图	B. FT
8	文件类型	WJLX	VARCHAR2	附表	B. FB
9	文件类型	WJLX	VARCHAR2	附件	B. FJ
10	文件类型	WJLX	VARCHAR2	其他	B. QT
11	形成（提交）时间 完成时间	XCSJ WCSJ	VARCHAR2	形成时间	B. XCSJ
12	形成（提交）单位	PKIIF	VARCHAR2	形成单位	B. XCDW
13	载体数量	ZTSL	VARCHAR2	资料总件数	C. ZLZJS
14	保护期	BHQ	VARCHAR2	保管期限	C. BGQX
15	行政区名称	XZQMC	VARCHAR2	省	C. SHENG
16	行政区名称	XZQMC	VARCHAR2	市	C. SHI
17	行政区名称	XZQMC	VARCHAR2	县	C. XIAN
18	矿区名称	KQMC	VARCHAR2	详细位置	C. XXWZ
19	档号	A_ PKIIB	VARCHAR2	档号	D. DH
20	文件题名	WJMC	VARCHAR2	资料名称	D. ZLMC
21	文件类型	WJLX	VARCHAR2	文件类别	D. WJLB
22	语种	YZ	VARCHAR2	语种	D. YZ
23	页数	YS	VARCHAR2	页数	D. YS
24	文数	WS	VARCHAR2	件数	D. JS
25	形成单位	XCDW	VARCHAR2	编制单位	D. BZDW
26	完成人	WCR	VARCHAR2	编制人	D. BZR
27	形成时间	XCSJ	VARCHAR2	编制时间	D. BZSJ
28	载体类型	ZTLX	VARCHAR2	载体类型	D. ZTLX

(3) 实物地质资料文件

油气委托实物地质资料文件统计信息包括岩心文件、岩屑文件、岩心回次文件等，岩心文件统计信息目录数据整理如表 5-21 所示：

表 5-21　油气委托实物地质资料岩心文件统计信息目录数据整理

序号	标准目录数据	标准目录数据代码	类型	目录数据名称	目录数据代码
1	唯一标识	UID	VARCHAR2	岩心台账 ID（唯一标识）	SELECT D. YXTZID
2	项目（矿权）名称	XMMC	VARCHAR2	矿权名称	K. KQMC
3	唯一标识	UID	VARCHAR2	取心井段	B. QXINJD
4	钻取岩心长度	ZQYXCD	NUMBER	总心长	B. ZXC
5	馆藏岩心长度（箱）	GCYXCDX	NUMBER	岩心箱数	B. YXINXS
6	馆藏岩屑数量（袋）	GCYXSLD	NUMBER	岩屑包数	B. YXBS
7	馆藏岩屑数量（箱）	GCYXSLX	NUMBER	岩屑箱数	B. YXIEXS
8	终孔日期	ZKRQ	VARCHAR2	形成时间	B. XCSJ
9	文件名称	KQMC#JH（QSJS ~ JSJS）= WJMC	VARCHAR2	井号（外键关联单井基础信息井号字段）	C. JH

油气委托实物地质资料岩屑文件统计信息目录数据整理如表 5-22 所示。

表 5-22　油气委托实物地质资料岩屑文件统计信息目录数据整理

序号	标准目录数据	标准目录数据代码	类型	目录数据名称	目录数据代码
1	唯一标识	UID	VARCHAR2	岩屑台账 ID（唯一标识）	SELECT D. YXTZID
2	项目（矿权）名称	XMMC	VARCHAR2	矿权名称	K. KQMC
3	唯一标识	UID	VARCHAR2	取心井段	B. QXINJD
4	钻取岩心长度	ZQYXCD	NUMBER	总心长	B. ZXC
5	馆藏岩心长度（箱）	GCYXCDX	NUMBER	岩心箱数	B. YXINXS
6	馆藏岩屑数量（袋）	GCYXSLD	NUMBER	岩屑包数	B. YXBS
7	馆藏岩屑数量（箱）	GCYXSLX	NUMBER	岩屑箱数	B. YXIEXS
8	终孔日期	ZKRQ	VARCHAR2	形成时间	B. XCSJ
9	文件名称	KQMC#JH（QSJS ~ JSJS）= WJMC	VARCHAR2	井号（外键关联单井基础信息井号字段）	C. JH

油气委托实物地质资料岩心回次文件统计信息目录数据整理如表 5-23 所示。

表 5-23　油气委托实物地质资料岩心回次文件统计信息目录数据整理

序号	标准目录数据	标准目录数据代码	类型	目录数据名称	目录数据代码
1	唯一标识	UID	VARCHAR2	岩屑台账 ID（唯一标识）	SELECT D. YXTZID
2	项目（矿权）名称	XMMC	VARCHAR2	矿权名称	K. KQMC
3	唯一标识	UID	VARCHAR2	取心井段	B. QXINJD
4	钻取岩心长度	ZQYXCD	NUMBER	总心长	B. ZXC

续表

序号	标准目录数据	标准目录数据代码	类型	目录数据名称	目录数据代码
5	馆藏岩心长度（箱）	GCYXCDX	NUMBER	岩心箱数	B. YXINXS
6	馆藏岩屑数量（袋）	GCYXSLD	NUMBER	岩屑包数	B. YXBS
7	馆藏岩屑数量（箱）	GCYXSLX	NUMBER	岩屑箱数	B. YXIEXS
8	终孔日期	ZKRQ	VARCHAR2	形成时间	B. XCSJ
9	文件名称	KQMC#JH（QSJS ~ JSJS）= WJMC	VARCHAR2	井号（外键关联单井基础信息井号字段）	C. JH

5.2.5　全国重要地质钻孔数据库服务平台目录数据整理

全国重要地质钻孔数据库服务平台数据进行目录数据整理保留项目信息表、钻孔信息表及保管单位信息等。

5.2.5.1　钻孔地质资料案卷信息目录数据整合要求

钻孔地质资料案卷信息目录数据包括案卷信息和钻孔案卷信息，案卷信息整理如表5-24所示。

表5-24　钻孔地质资料案卷信息目录数据整理

序号	标准目录数据	标准目录数据代码	目录数据名称	目录数据代码
1	唯一标识	XMID	项目 ID	XMID
2	保存单位名称保管单位名称	BCDWMC ZK_ XM_ XMMC	保管单位名称	JJMEK
3	题名项目名称	PKIIA ZK_ XM_ XMMC	项目名称	XMMC
4	资料名称	ZK_ XM_ ZLMC	资料名称	ZLMCH
5	成果资料档号	CGZLDH	成果资料档号	ZLDH
6	项目结束时间	ZK_ XM_ JSSJ	项目结束时间	JJMEM
7	工作程度代码	ZK_ XM_ GZCDDM ZK_ XM_ GZCDMC	工作程度	PKD
8	比例尺	ZK_ XM_ BLCDM ZK_ XM_ BLCMC	比例尺	PKIGD
9	矿产名称	KCMC	主要矿种	PKAC
10	省馆成果资料档号	ZK_ XM_ SGZLDH	省馆成果资料档号	PKIIA
14	工程布置图数	ZK_ XM_ ZKPMT	工程布置图数	ZKBZTNUM
15	勘探线剖面图数	ZK_ XM_ FXJGB	勘探线剖面图数	ZKPMTNUM
16	样品分析结果表数	ZK_ XM_ YPFXJGB	样品分析结果表数	YPFXBGNUM
17	密级	PKIID	密级	ZKMJ

钻孔地质资料案卷信息目录数据案卷信息整理如表5-25所示。

表5-25　钻孔地质资料钻孔案卷信息目录数据整理

序号	标准目录数据	标准目录数据代码	目录数据名称	目录数据代码
1	原始资料档号	YSZLDH	原始资料档号	PKIIN
2	项目ID	ZK_ XM_ XMID	项目ID	XMID
3	项目名称	XMMC	项目名称	XMMC
4	保存单位名称	BCDWMC	保管单位名称	JJMEK
5	钻孔ID	ZK_ ZKID	钻孔ID	ZKID
6	题名 钻孔编号	XMMC+TKALA=PKIIA ZK_ ZKBH	钻孔编号	TKALA
7	勘探线号	ZK_ ZKKTX	勘探线号	ZKKTX
8	钻孔名	ZK_ TKMC	钻孔名	TKMC
9	钻孔类型	ZK_ ZKLX	钻孔类型	ZKLX
10	工作区名称	ZK_ GZQMC	工作区名称	JJDAE
11	钻孔位置	ZK_ ZKWZ	钻孔位置	TKWZ
16	起始经度、终止经度	QSJD/ZZJD	孔口经度	DWAAC
17	起始维度、终止维度	QSWD/ZZWD	孔口维度	DWAAD
18	孔口高程H	ZK_ XM_ KKGC	孔口高程H	TKGC
19	终孔深度Z	ZK_ XM_ ZKSD	终孔深度Z	TKACCA
20	形成时间	XCSJ	终孔日期	TKALF
21	形成（提交）单位	PKIIF	施工单位	TKALD
22	测井报告	ZK_ XM_ CJBG	测井报告	TKCJBG
23	原始地质记录表	ZK_ XM_ YSDZJLB	原始地质记录表	TKDZJL
24	钻孔岩心	ZK_ XM_ ZKYX	钻孔岩心	TKYX
26	钻孔柱状图数	ZK_ ZKZZTNUM	钻孔柱状图数	ZKZZTNUM

5.2.5.2　钻孔地质资料文件统计信息目录数据整理

钻孔地质资料文件统计信息目录数据包括“三图一表”，即钻孔柱状图、工程部署图、勘探线剖面图、样品分析结果表，钻孔柱状图统计信息目录数据整理如表5-26所示。

表5-26　钻孔柱状图统计信息目录数据整理

序号	标准目录数据	标准目录数据代码	目录数据名称	目录数据代码
1	项目名称	XMMC	项目名称	XMMC
2	保存单位名称	BCDWMC	保管单位名称	JJMEK
3	钻孔题名	XMMC+TKALA=PKIIA	钻孔编号	TKALA
4	文件名称	WJMC	读取磁盘文件的名称	WJMC
5	文件类型	WJLX	固定值：钻孔柱状图	WJLX

工程部署图、勘探线剖面图、样品分析结果表统计信息目录数据整理如表5-27所示。

表5-27　工程部署图、勘探线剖面图、样品分析结果表统计信息目录数据整理

序号	标准目录数据	标准目录数据代码	目录数据名称	目录数据代码
1	项目名称	XMMC	项目名称	XMMC
2	保存单位名称	BCDWMC	保管单位名称	JJMEK
3	文件名称	WJMC	读取磁盘文件的名称	WJMC
4	文件类型	WJLX	固定值：工程部署图/勘探线剖面图/样品分析结果表	WJLX

5.2.6　实物地质资料目录数据整理

实物地质资料目录数据进行目录数据整理保留案卷级目录主表及各类信息附表等。

5.2.6.1　实物地质资料案卷信息目录数据整合要求

实物地质资料案卷信息目录数据整理如表5-28所示。

表5-28　实物地质资料案卷信息目录数据整理

序号	标准目录数据	标准目录数据代码	目录数据名称	目录数据代码
1	保管单位名称	GCJG	保管单位名称	GCJG
2	档号（唯一标识）	PKIIB	档号	PKIIB
3	题名	PKIIA	题名	PKIIA
4	形成单位	PKIIF	形成单位	PKIIF
5	汇交人	HJR	汇交人	HJR
6	项目名称	XMMC	项目名称	XMMC
7	项目编号	XMBM	项目编号	XMBM
8	资料类别	ZLLBMC	资料类别	ZLLBMC
9	资料类别代码	ZLLBDM	资料类别代码	ZLLBDM
10	行政区	XZQMC	行政区	XZQMC
11	行政区代码	XZQDM	行政区代码	XZQDM
12	图幅名称	TFMC	图幅名称	TFMC
13	图幅编号	TFH	图幅编号	TFH
14	工作程度	GZCDMC	工作程度	GZCDMC
15	工作程度代码	GZCDDM	工作程度代码	GZCDDM
16	起始时间	QSSJ	起始时间	QSSJ
17	终止时间	ZZSJ	终止时间	ZZSJ
18	起始经度	QSJD	起始经度	QSJD

续表

序号	标准目录数据	标准目录数据代码	目录数据名称	目录数据代码
19	终止经度	ZZJD	终止经度	ZZJD
20	起始纬度	QSWD	起始纬度	QSWD
21	终止纬度	ZZWD	终止纬度	ZZWD
22	主要矿种	KCMC	主要矿种	KCMC
23	矿种代码	KCDM	矿种代码	KCDM
24	入库时间	RKSJ	入库时间	RKSJ
25	移交清单编号	YJQDBH	移交清单编号	YJQDBH
26	钻孔数量	YXZK	钻孔数量	YXZK
27	岩心箱数	YXXS	岩心箱数	YXXS
28	岩心长度	YXM	岩心长度	YXM
29	岩屑箱数	YXD	岩屑箱数	YXD
30	标本数量	BBK	标本数量	BBK
31	副样数量	YPD	副样数量	YPD
32	光片数量	GPJ	光片数量	GPJ
33	薄片数量	BPJ	薄片数量	BPJ
34	密级	MJ	密级	MJ
35	密级代码	MJDM	密级代码	MJDM
36	保护期	BHQ	保护期	BHQ
37	保护期限	BGQX	保护期限	BGQX
38	成果资料保存单位	Y-BCDWMC	成果资料保存单位	Y-BCDWMC
39	成果资料档号	C-PKIIB	成果资料档号	C-PKIIB
40	原始资料保存单位	Y-BCDWMC	原始资料保存单位	Y-BCDWMC
41	原始资料档号	Y-PKIIB	原始资料档号	Y-PKIIB
42	关键字	ZTC	关键字	ZTC
43	内容提要	NRTY	内容提要	NRTY
44	备注	BZ	备注	BZ

实物地质资料案卷信息目录数据包括钻孔、光薄片、标本、样品及其他案卷信息，钻孔案卷信息目录数据整理如表5-29所示。

表5-29　实物地质资料钻孔案卷信息目录数据整理

序号	标准目录数据	标准目录数据代码	目录数据名称	目录数据代码
1	档号（唯一标识）	PKIIB+ZKBH	档号	PKIIB
2	题名	XMMC+（ZKBH）= PKIIA	钻孔编号	ZKBH
3	勘探线号	KTXH	勘探线号	KTXH
4	起始经度、终止经度	QSJD/ZZJD	钻孔经度	JDD

续表

序号	标准目录数据	标准目录数据代码	目录数据名称	目录数据代码
5	起始经度、终止经度	QSJD/ZZJD	钻孔经分	JDF
6	起始经度、终止经度	QSJD/ZZJD	钻孔经秒	JDM
7	起始维度、终止维度	QSWD/ZZWD	钻孔纬度	WDD
8	起始维度、终止维度	QSWD/ZZWD	钻孔纬分	WDF
9	起始维度、终止维度	QSWD/ZZWD	钻孔纬秒	WDM
10	X	ZJX	钻孔直角坐标 X	X
11	Y	ZJY	钻孔直角坐标 Y	Y
12	H	ZJH	钻孔直角坐标 H	H
13	实际孔深	SJKS	实际孔深（米）	SJKS
14	钻取岩心长度	ZQYXCD	钻取岩心长度（米）	ZQYXCD
15	馆藏岩心长度（米）	GCYXCDM	馆藏岩心长度（米）	GCYXCDM
16	钻取岩屑数量	ZQYXSL	钻取岩屑数量（袋）	ZQYXSL
17	馆藏岩屑数量（袋）	GCYXSLD	馆藏岩屑数量（袋）	GCYXieSLD
18	开孔日期	KKRQ	开孔日期	KKRQ
19	终孔日期	ZKRQ	终孔日期	ZKRQ

光薄片案卷信息目录数据整理如表 5-30 所示。

表 5-30　实物地质资料光薄片案卷信息目录数据整理

序号	标准目录数据	标准目录数据代码	目录数据名称	目录数据代码
1	档号（唯一标识）	PKIIB+ZKBH	档号	PKIIB
2	题名	XMMC+（TFMC）= PKIIA	图幅名称	TFMC
3	图幅编号	TFH	图幅编号	TFH
4	图幅名称	TFMC	图幅名称	TFMC
5	实测剖面名称	SCPMMC		
6	光薄片编号	GBPBH		

标本案卷信息目录数据整理如表 5-31 所示。

表 5-31　实物地质资料标本案卷信息目录数据整理

序号	标准目录数据	标准目录数据代码	目录数据名称	目录数据代码
1	档号（唯一标识）	PKIIB+ZKBH	档号	PKIIB
2	题名	XMMC+（TFMC）= PKIIA	图幅名称	TFMC
3	图幅编号	TFH	图幅编号	TFH
4	图幅名称	TFMC	图幅名称	TFMC
5	实测剖面名称	SCPMMC		
6	标本编号	BBBH		

样品案卷信息目录数据整理如表5-32所示。

表5-32　实物地质资料样品案卷信息目录数据整理

序号	标准目录数据	标准目录数据代码	目录数据名称	目录数据代码
1	档号（唯一标识）	PKIIB+ZKBH	档号	PKIIB
2	题名	XMMC+（TFMC）= PKIIA	图幅名称	TFMC
3	图幅编号	TFH	图幅编号	TFH
4	图幅名称	TFMC	图幅名称	TFMC
5	实测剖面名称	SCPMMC		
6	样品编号	YPBH		

其他案卷信息目录数据整理如表5-33所示。

表5-33　实物地质资料其他案卷信息目录数据整理

序号	标准目录数据	标准目录数据代码	目录数据名称	目录数据代码
1	档号（唯一标识）	PKIIB+ZKBH	档号	PKIIB
2	题名	XMMC+（TFMC）= PKIIA	图幅名称	TFMC
3	图幅编号	TFH	图幅编号	TFH
4	图幅名称	TFMC	图幅名称	TFMC
5	实测剖面名称	SCPMMC		
6	相关资料名称	ZLMC		

5.2.6.2　实物地质资料文件统计信息目录数据整理

实物地质资料文件统计信息目录数据整理如表5-34所示。

表5-34　实物地质资料文件统计信息目录数据整理

序号	标准目录数据	标准目录数据代码	目录数据名称	目录数据代码
1	档号（唯一标识）	PKIIB+XH	档号	PKIIB
2	相关资料类别	XGZLLB	相关资料类别	XGZLLB
3	题名	XMMC+（ZKBH）= PKIIA	相关资料名称	XGZLMC
4	单位	DW	计量单位	JLDW
5	数量	SL	数量	SL

5.3　地质资料发布服务目录项集成整理

六类现状地质资料数据模型存储的数据及数据格式不同，以下按照六类现状数据模型，对发布服务目录项整理进行逐个说明。

5.3.1　成果地质资料电子文件制作浏览系统发布服务目录项整理

根据全国地质资料目录服务中心展示模型要求，成果地质资料电子文件制作浏览系统目录数据在目录中心系统进行展示部分整理，如表 5-35 所示。

表 5-35　成果地质资料电子文件制作浏览系统需展示的目录数据整理

序号	展示模型区域	展示模型信息	目录数据名称	目录数据代码
1	标题区信息	题名	题名	PKIIA
2		更新时间	（系统自动生成的资料上传时间）	—
3		浏览次数	（系统自动生成次数）	—
4	基本信息区信息	题名	题名	PKIIA
5		项目名称	—	—
6		形成（提交）时间	形成（提交）时间	XCSJ
7		责任者	形成单位、编著者	PKIIF、PKIIG
8		行政区划	行政区 1（代码 1） 行政区 2（代码 2） 行政区 3（代码 3）	XZQMC1（XZQDM1） XZQMC2（XZQDM2） XZQMC3（XZQDM3）
9	成果资料信息	题名	题名	PKIIA
10		类型	类型	LEIX

5.3.2　EDMaker 数据发布服务目录项整理

根据全国地质资料目录服务中心展示模型要求，EDMaker 地质资料数据在目录中心系统进行展示部分整理如表 5-36 所示。

表 5-36　EDMaker 数据需展示的目录数据整理

序号	展示模型区域	展示模型信息	核心属性信息名称	核心属性信息代码
1	标题区信息	题名	题名	TM
2		更新时间	（系统自动生成的资料上传时间）	—
3		浏览次数	（系统自动生成次数）	—
4	基本信息区信息	题名	题名	TM
5		项目名称	项目名称	XMMC
6		形成（提交）时间	形成时间	XCSJ
7		责任者	形成单位名称、编著者	XCDWMC 、BZZ
8		行政区划	省名称 1、市名称 1、区名称 1、有值最后一级代码 1 省名称 2、市名称 2、区名称 2、有值最后一级代码 2 省名称 n、市名称 n、区名称 n、有值最后一级代码 n	XZQList

续表

序号	展示模型区域		展示模型信息	核心属性信息名称	核心属性信息代码
9	成果资料信息		题名	文件题名	WJBT
10			类型	文件类型	WJLX
11	原始资料信息		题名	文件名称	WJMC
12			类型	表达方式	BDFS
13	实物资料信息	钻孔信息	钻孔编号	钻孔名称	ZKMC
14			岩心长度（米）	总进尺	ZJC
15			岩屑数量（箱）	岩屑	YX
16		光薄片信息	题名	图幅名称	TFMC
17			图幅编号	图幅编号	TFH
18			图幅名称	图幅名称	TFMC
19			实测剖面名称		
20			光薄片编号		
21		标本信息	题名	图幅名称	TFMC
22			图幅编号	图幅编号	TFH
23			图幅名称	图幅名称	TFMC
24			实测剖面名称		
25			标本编号		
26		样品信息	题名	图幅名称	TFMC
27			图幅编号	图幅编号	TFH
28			图幅名称	图幅名称	TFMC
29			实测剖面名称		
30			样品编号		
31		其他信息	题名	图幅名称	TFMC
32			图幅编号	图幅编号	TFH
33			图幅名称	图幅名称	TFMC
34			实测剖面名称		
35			其他资料名称		

5.3.3　全国涉密地质资料清理系统发布服务目录项整理

根据全国地质资料目录服务中心展示模型要求，全国涉密地质资料清理系统数据在目录中心系统进行展示部分整理如表 5-37 所示。

表 5-37 涉密资料数据需展示的目录数据整理

序号	展示模型区域	展示模型信息	目录数据名称	目录数据代码
1	标题区信息	题名	题名	PKIIA
2		更新时间	（系统自动生成的资料上传时间）	—
3		浏览次数	（系统自动生成次数）	—
4	基本信息区信息	题名	题名	PKIIA
5		项目名称	—	—
6		形成（提交）时间	形成（提交）时间	XCSJ
7		责任者	形成（提交）时间、编著者	PKIIF、PKIIG
8		行政区划	—	—
9	成果资料信息	题名	名称	MC
10		类型	（成果资料的类型）	—

5.3.4 石油天然气委托保管系统发布服务目录项整理

根据全国地质资料目录服务中心展示模型要求，石油天然气委托保管系统数据在目录中心系统进行展示部分整理，如表 5-38 所示。

表 5-38 油气数据需展示的目录数据整理

序号	展示模型区域		展示模型信息	目录数据名称	目录数据代码
1	标题区信息		题名	矿权名称	KQMC
2			更新时间	（系统自动生成的资料上传时间）	—
3			浏览次数	（系统自动生成次数）	—
4	基本信息区信息		题名	矿权名称	KQMC
5			项目名称	矿权名称	KQMC
6			形成（提交）时间	有效期止	YXQZ
7			责任者	矿业权人（公司名称）	KYQR
8			行政区划	行政区域	XZQY
9	成果资料信息		题名	资料名称	ZLMC
10			类型	文件类别	WJLB
11	原始资料信息		题名	资料名称	ZLMC
12			类型	文件类型	WJLX
13	实物资料信息	钻井信息	钻井编号	井号	JH
14			总进尺（米）	总心长	ZXC
15			取心数量（次）	取心次数	QXCS

5.3.5　全国重要地质钻孔数据库服务平台数据发布服务目录项整理

根据全国地质资料目录服务中心展示模型要求，钻孔地质资料数据在目录中心系统进行展示部分整理，如表 5-39 所示。

表 5-39　钻孔地质资料需展示的目录数据整理

序号	展示模型区域	展示模型信息	目录数据名称	目录数据代码
1	标题区信息	题名	项目名称	XMMC
2		更新时间	（系统自动生成的资料上传时间）	—
3		浏览次数	（系统自动生成次数）	—
4	基本信息区信息	题名	项目名称	XMMC
5		项目名称	项目名称	XMMC
6		形成（提交）时间	项目结束时间	JJMEM
7		责任者	保管单位名称	JJMEK
8		行政区划	—	—
9	成果资料信息	题名	（读取磁盘文件的名称）	WJMC
10		类型	3 图 1 表（工程部署图、勘探线剖面图、样品分析结果表、钻孔柱状图）	ZKBZT 或 ZKPMT 或 YPFXBG 或 ZKZZT
11	实物资料信息	钻孔编号	项目名称-钻孔编号	XMMC-TKALA
12		柱状图数量（个）	（系统自动计算）	—

5.3.6　实物地质资料目录数据发布服务目录项整理

根据全国地质资料目录服务中心展示模型要求，实物地质资料目录数据模型数据在目录中心系统进行展示部分整理，如表 5-40 所示。

表 5-40　实物地质资料目录数据模型需展示的目录数据整理

序号	展示模型区域	展示模型信息	核心属性信息名称	核心属性信息代码
1	标题区信息	题名	题名	—
2		更新时间	（系统自动生成的资料上传时间）	—
3		浏览次数	（系统自动生成次数）	—
4	基本信息区信息	题名	题名	PKIIA
5		项目名称	项目名称	XMMC
6		形成（提交）时间	终止时间	ZZSJ
7		责任者	形成单位	PKIIF
8		行政区划	行政区名称 1（代码 1） 行政区名称 2（代码 2） 行政区名称 n（代码 n）	XZQMC1（XZQDM1） XZQMC2（XZQDM2） XZQMC3（XZQDM3）

续表

序号	展示模型区域		展示模型信息	核心属性信息名称	核心属性信息代码
9	成果资料信息		题名	文件题名	—
10			类型	文件类型	—
11	实物资料信息	钻孔信息	钻孔编号	钻孔编号	ZKBH
12			岩心长度（米）	岩心长度	YXM
13			岩屑数量（袋）	馆藏岩屑数量	GCYXieSLD
14		光薄片信息	题名	图幅名称	TFMC
15			图幅编号	图幅编号	TFH
16			图幅名称	图幅名称	TFMC
17			实测剖面名称	—	—
18			光薄片编号	—	—
19		标本信息	题名	图幅名称	TFMC
20			图幅编号	图幅编号	TFH
21			图幅名称	图幅名称	TFMC
22			实测剖面名称	—	—
23			标本编号	—	—
24		样品信息	题名	图幅名称	TFMC
25			图幅编号	图幅编号	TFH
26			图幅名称	图幅名称	TFMC
27			实测剖面名称	—	—
28			样品编号	—	—
29		其他信息	题名	图幅名称	TFMC
30			图幅编号	图幅编号	TFH
31			图幅名称	图幅名称	TFMC
32			实测剖面名称	—	—
33			其他资料名称	—	—

5.4 地质资料资源唯一标识码集成整理

六类现状地质资料数据模型包含的目录项不同，目录项设置所依据的标准规范不同，因此，唯一标识码的标识属性值编码来源不同，依据本项目制定的地质资料资源唯一标识码规范，以下按照六类现状数据模型，对唯一标识码整理情况逐个说明。

5.4.1　成果地质资料电子文件制作浏览系统资源唯一标识码整理

根据地质资料资源唯一标识码规范，成果地质资料电子文件制作浏览系统地质资料资源唯一标识码整理，如表5-41所示。

表5-41　成果地质资料电子文件制作浏览系统地质资料资源唯一标识码整理

<table>
<tr><th>序号</th><th>唯一标识码组成</th><th>长度说明</th><th>组成说明</th><th>目录数据名称</th><th>目录数据代码</th></tr>
<tr><td>1</td><td rowspan="2">节点标识码</td><td>节点类型代码，1位</td><td>指地质资料保管单位的类型。详见附录9</td><td>档案馆（室）代码</td><td>DAGMC_ DM</td></tr>
<tr><td>2</td><td>节点编码，4位</td><td>指节点的注册码。注：若为行业单位，注册码为行业码+行业内顺序码。详见附录10、附录11、附录12、附录13</td><td>档案馆（室）代码</td><td>DAGMC_ DM</td></tr>
<tr><td>3</td><td>案卷标识码</td><td>案卷号，7位</td><td>指各级地质资料档案馆（室）在地质资料档案整理和管理过程中，赋予资料档案的一组代码</td><td>档号</td><td>PKIIB</td></tr>
<tr><td>4</td><td>子卷标识码</td><td>地质资料内容分类代码，1位</td><td>指地质资料按照内容进行分类主要包括实物地质资料、原始地质资料、成果地质资料三大类，分别用“S”、“Y”、“C”表示。详见附录15</td><td>类型</td><td>LEIX</td></tr>
<tr><td>5</td><td rowspan="2">文件标识码</td><td>地质资料文件类型，1位</td><td>指不同实物地质资料、原始地质资料、成果地质资料等不同地质资料类型所包含的文件类型。详见附录16</td><td>汇交类别</td><td>HJLB</td></tr>
<tr><td>6</td><td>地质资料文件编码，4位</td><td>指各级地质资料档案馆（室）在地质资料整理和管理过程中，赋予文件级资料的一组代码</td><td>汇交联单号</td><td>HJLD</td></tr>
</table>

5.4.2　EDMaker 数据资源唯一标识码整理

根据地质资料资源唯一标识码规范，EDMaker数据地质资料资源唯一标识码整理，如

表5-42 所示。

表 5-42 EDMaker 数据地质资料资源唯一标识码整理

序号	唯一标识码组成	长度说明	组成说明	目录数据名称	目录数据代码
1	节点标识码	节点类型代码，1位	指地质资料保管单位的类型。详见附录9	保管资料机构档号	BGZLJGDH
2		节点编码，4位	指节点的注册码。注：若为行业单位，注册码为行业码+行业内顺序码。详见附录10、附录11、附录12、附录13	保管资料机构档号	BGZLJGDH
3	案卷标识码	案卷号，7位	指各级地质资料档案馆（室）在地质资料档案整理和管理过程中，赋予资料档案的一组代码	项目编号	XMBH
4	子卷标识码	地质资料内容分类代码，1位	指地质资料按照内容进行分类主要包括实物地质资料、原始地质资料、成果地质资料三大类，分别用“S”、“Y”、“C”表示。详见附录15	成果文件册节点 原始文件目录节点 实物资料	CGWJCList YSWJMLList SWZL
5	文件标识码	地质资料文件类型，1位	指不同实物地质资料、原始地质资料、成果地质资料等不同地质资料类型所包含的文件类型。详见附录16	文件类型 类别	WJLX LB
6		地质资料文件编码，4位	指各级地质资料档案馆（室）在地质资料整理和管理过程中，赋予文件级资料的一组代码	册号 原始档号 钻孔名称 图幅名称	CH YSDH ZKMC TFMC

5.4.3 全国涉密地质资料清理系统资源唯一标识码整理

根据地质资料资源唯一标识码规范，全国涉密地质资料清理系统地质资料资源唯一标识码整理，如表5-43 所示。

表 5-43　全国涉密地质资料清理系统地质资料资源唯一标识码整理

序号	唯一标识码组成	长度说明	组成说明	目录数据名称	目录数据代码
1	节点标识码	节点类型代码，1位	指地质资料保管单位的类型。详见附录9	档案馆名称	DAGMC
2		节点编码，4位	指节点的注册码。注：若为行业单位，注册码为行业码+行业内顺序码。详见附录10、附录11、附录12、附录13	档案馆名称	DAGMC
3	案卷标识码	案卷号，7位	指各级地质资料档案馆（室）在地质资料档案整理和管理过程中，赋予资料档案的一组代码	档号	PKIIB
4	子卷标识码	地质资料内容分类代码，1位	指地质资料按照内容进行分类主要包括实物地质资料、原始地质资料、成果地质资料三大类，分别用“S”、“Y”、“C”表示。详见附录15	类型	LEIX
5	文件标识码	地质资料文件类型，1位	指不同实物地质资料、原始地质资料、成果地质资料等不同地质资料类型所包含的文件类型。详见附录16	文件类型	WJLX
6		地质资料文件编码，4位	指各级地质资料档案馆（室）在地质资料整理和管理过程中，赋予文件级资料的一组代码	序号	ID

5.4.4　石油天然气委托保管系统资源唯一标识码整理

根据地质资料资源唯一标识码规范，石油天然气委托保管系统地质资料资源唯一标识码整理，如表5-44所示。

表 5-44　石油天然气委托保管系统地质资料资源唯一标识码整理

序号	唯一标识码组成	长度说明	组成说明	目录数据名称	目录数据代码
1	节点标识码	节点类型代码，1位	指地质资料保管单位的类型。详见附录9	馆藏名称	GCMC
2		节点编码，4位	指节点的注册码。注：若为行业单位，注册码为行业码+行业内顺序码。详见附录10、附录11、附录12、附录13	馆藏名称	GCMC

续表

序号	唯一标识码组成	长度说明	组成说明	目录数据名称	目录数据代码
3	案卷标识码	案卷号，7 位	指各级地质资料档案馆（室）在地质资料档案整理和管理过程中，赋予资料档案的一组代码	井号	JH
4	子卷标识码	地质资料内容分类代码，1 位	指地质资料按照内容进行分类主要包括实物地质资料、原始地质资料、成果地质资料三大类，分别用“S”、“Y”、“C”表示。详见附录 15	汇交类型	HJLX
5	文件标识码	地质资料文件类型，1 位	指不同实物地质资料、原始地质资料、成果地质资料等不同地质资料类型所包含的文件类型。详见附录 16	文件类别 文件类型	WJLB WJLX
6		地质资料文件编码，4 位	指各级地质资料档案馆（室）在地质资料整理和管理过程中，赋予文件级资料的一组代码	档号 井号	DH JH

5.4.5 全国重要地质钻孔数据库服务平台数据资源唯一标识码整理

根据地质资料资源唯一标识码规范，全国重要地质钻孔数据库服务平台地质资料资源唯一标识码整理，如表 5-45 所示。

表 5-45 全国重要地质钻孔数据库服务平台地质资料资源唯一标识码整理

序号	唯一标识码组成	长度说明	组成说明	目录数据名称	目录数据代码
1	节点标识码	节点类型代码，1 位	指地质资料保管单位的类型。详见附录 9	组织机构代码	CUID
2		节点编码，4 位	指节点的注册码。注：若为行业单位，注册码为行业码+行业内顺序码。详见附录 10、附录 11、附录 12、附录 13	保管单位名称	JJMEK/CUN
3	案卷标识码	案卷号，7 位	指各级地质资料档案馆（室）在地质资料档案整理和管理过程中，赋予资料档案的一组代码	成果资料档号	ZLDH

续表

序号	唯一标识码组成	长度说明	组成说明	目录数据名称	目录数据代码
4	子卷标识码	地质资料内容分类代码，1位	指地质资料按照内容进行分类主要包括实物地质资料、原始地质资料、成果地质资料三大类，分别用“S”、“Y”、“C”表示。详见附录15	钻孔编号	TKALA
5	文件标识码	地质资料文件类型，1位	指不同实物地质资料、原始地质资料、成果地质资料等不同地质资料类型所包含的文件类型。详见附录16	文件类型	WJLX
6		地质资料文件编码，4位	指各级地质资料档案馆（室）在地质资料整理和管理过程中，赋予文件级资料的一组代码	钻孔类型	ZKLX

5.4.6　实物地质资料资源唯一标识码整理

根据地质资料资源唯一标识码规范，实物地质资料资源唯一标识码整理，如表5-46所示。

表5-46　实物地质资料资源唯一标识码整理

序号	唯一标识码组成	长度说明	组成说明	目录数据名称	目录数据代码
1	节点标识码	节点类型代码，1位	指地质资料保管单位的类型。详见附录9	保管单位名称/馆藏机构	GCJG
2		节点编码，4位	指节点的注册码。注：若为行业单位，注册码为行业码+行业内顺序码。详见附录10、附录11、附录12、附录13	保管单位名称/馆藏机构	GCJG
3	案卷标识码	案卷号，7位	指各级地质资料档案馆（室）在地质资料档案整理和管理过程中，赋予资料档案的一组代码	档号	PKIIB
4	子卷标识码	地质资料内容分类代码，1位	指地质资料按照内容进行分类主要包括实物地质资料、原始地质资料、成果地质资料三大类，分别用“S”、“Y”、“C”表示。详见附录15	资料类别代码	ZLLBDM

续表

序号	唯一标识码组成	长度说明	组成说明	目录数据名称	目录数据代码
5	文件标识码	地质资料文件类型，1位	指不同实物地质资料、原始地质资料、成果地质资料等不同地质资料类型所包含的文件类型。详见附录16	实物类型	SWLX
6		地质资料文件编码，4位	指各级地质资料档案馆（室）在地质资料整理和管理过程中，赋予文件级资料的一组代码	钻孔编号	

5.5 地质资料目录数据去重整理

六类现状地质资料数据模型包含的目录项不同，目录项设置所依据的标准规范不同，因此，去重识别数据项来源不同，依据本项目制定的地质资料目录数据去重规范，以下按照六类现状数据模型，对地质资料目录数据重复数据识别的情况逐个说明。

5.5.1 成果地质资料电子文件制作浏览系统目录数据去重情况整理

根据地质资料目录数据去重规范，成果地质资料电子文件制作浏览系统地质资料目录数据重复数据识别情况整理，如表5-47所示。

表5-47 成果地质资料电子文件制作浏览系统目录数据去重情况整理

序号	去重识别目录项	组成说明	目录数据名称	目录数据代码
1	形成（提交）单位代码	指地质资料档案形成（提交）时间	形成（提交）单位	PKIIF
3	形成（提交）时间	指地质资料档案形成（提交）时间的代码，采用YYYYMMDD格式，共8位。其中，前四位为年数代码，中间两位为月数代码，末尾两位为日期代码	形成（提交）时间	XCSJ
4	题名	指地质资料档案文件材料文首的题目或位于案卷封面上方显著部位的题目。题名照原文著录，其中起语法、标点作用的空格应予保留的代码	题名	PKIIA

续表

序号	去重识别目录项	组成说明	目录数据名称	目录数据代码
5	同题名序号	对于地质资料档案文件中，如果形成单位代码、形成时间和题名均一致，而实际内容却为不同的资料，编制同题名序号。序号由数字组成，共 2 位，从 01 开始，依次进行排序	由 2 位数字组成，01 开始顺序编号	01、02、03……

5.5.2 EDMaker 目录数据去重情况整理

根据地质资料目录数据去重规范，EDMaker 数据地质资料目录数据重复数据识别情况整理，如表 5-48 所示。

表 5-48　EDMaker 目录数据去重情况整理

序号	去重识别目录项	组成说明	目录数据名称	目录数据代码
1	形成（提交）单位代码	指地质资料档案形成（提交）时间	编著者	BZZ
3	形成（提交）时间	指地质资料档案形成（提交）时间的代码，采用 YYYYMMDD 格式，共 8 位。其中，前四位为年数代码，中间两位为月数代码，末尾两位为日期代码	形成时间	XCSJ
4	题名	指地质资料档案文件材料文首的题目或位于案卷封面上方显著部位的题目。题名照原文著录，其中起语法、标点作用的空格应予保留的代码	题名	TM
5	同题名序号	对于地质资料档案文件中，如果形成单位代码、形成时间和题名均一致，而实际内容却为不同的资料，编制同题名序号。序号由数字组成，共 2 位，从 01 开始，依次进行排序	由 2 位数字组成，01 开始顺序编号	01、02、03……

5.5.3 全国涉密地质资料清理系统目录数据去重情况整理

根据地质资料目录数据去重规范，全国涉密地质资料清理系统地质资料目录数据重复数据识别情况整理，如表 5-49 所示。

表 5-49　全国涉密地质资料清理系统目录数据去重情况整理

序号	去重识别目录项	组成说明	目录数据名称	目录数据代码
1	形成（提交）单位代码	指地质资料档案形成（提交）时间	形成（提交）单位	PKIIF
3	形成（提交）时间	指地质资料档案形成（提交）时间的代码，采用 YYYYMMDD 格式，共 8 位。其中，前四位为年数代码，中间两位为月数代码，末尾两位为日期代码	形成（提交）时间	XCSJ
4	题名	指地质资料档案文件材料文首的题目或位于案卷封面上方显著部位的题目。题名照原文著录，其中起语法、标点作用的空格应予保留的代码	题名	PKIIA
5	同题名序号	对于地质资料档案文件中，如果形成单位代码、形成时间和题名均一致，而实际内容却为不同的资料，编制同题名序号。序号由数字组成，共 2 位，从 01 开始，依次进行排序	由 2 位数字组成，01 开始顺序编号	01、02、03……

5.5.4　石油天然气委托保管系统目录数据去重情况整理

根据地质资料目录数据去重规范，石油天然气委托保管系统地质资料目录数据重复数据识别情况整理，如表 5-50 所示。

表 5-50　石油天然气委托保管系统目录数据去重情况整理

序号	去重识别目录项	组成说明	目录数据名称	目录数据代码
1	形成（提交）单位代码	指地质资料档案形成（提交）时间	矿业权人（公司名称）	KYQR
3	形成（提交）时间	指地质资料档案形成（提交）时间的代码，采用 YYYYMMDD 格式，共 8 位。其中，前四位为年数代码，中间两位为月数代码，末尾两位为日期代码	入库时间	RKSJ
4	题名	指地质资料档案文件材料文首的题目或位于案卷封面上方显著部位的题目。题名照原文著录，其中起语法、标点作用的空格应予保留的代码	矿权名称	KQMC
5	同题名序号	对于地质资料档案文件中，如果形成单位代码、形成时间和题名均一致，而实际内容却为不同的资料，编制同题名序号。序号由数字组成，共 2 位，从 01 开始，依次进行排序	由 2 位数字组成，01 开始顺序编号	01、02、03……

5.5.5　全国重要地质钻孔数据库服务平台目录数据去重情况整理

根据地质资料目录数据去重规范，全国重要地质钻孔数据库服务平台地质资料目录数据重复数据识别情况整理，如表 5-51 所示。

表 5-51　全国重要地质钻孔数据库服务平台目录数据去重情况整理

序号	去重识别目录项	组成说明	目录数据名称	目录数据代码
1	形成（提交）单位代码	指地质资料档案形成（提交）时间	保管单位名称	JJMEK
3	形成（提交）时间	指地质资料档案形成（提交）时间的代码，采用 YYYYMMDD 格式，共 8 位。其中，前四位为年数代码，中间两位为月数代码，末尾两位为日期代码	项目结束时间	JJMEM
4	题名	指地质资料档案文件材料文首的题目或位于案卷封面上方显著部位的题目。题名照原文著录，其中起语法、标点作用的空格应予保留的代码	项目名称	XMMC
5	同题名序号	对于地质资料档案文件中，如果形成单位代码、形成时间和题名均一致，而实际内容却为不同的资料，编制同题名序号。序号由数字组成，共 2 位，从 01 开始，依次进行排序	由 2 位数字组成，01 开始顺序编号	01、02、03……

5.5.6　实物地质资料目录数据去重情况整理

根据地质资料目录数据去重规范，实物地质资料目录数据重复数据识别情况整理，如表 5-52 所示。

表 5-52　实物地质资料目录数据去重情况整理

序号	去重识别目录项	组成说明	目录数据名称	目录数据代码
1	形成（提交）单位代码	指地质资料档案形成（提交）时间	形成单位	PKIIF
3	形成（提交）时间	指地质资料档案形成（提交）时间的代码，采用 YYYYMMDD 格式，共 8 位。其中，前四位为年数代码，中间两位为月数代码，末尾两位为日期代码	入库时间	RKSJ

续表

序号	去重识别目录项	组成说明	目录数据名称	目录数据代码
4	题名	指地质资料档案文件材料文首的题目或位于案卷封面上方显著部位的题目。题名照原文著录，其中起语法、标点作用的空格应予保留的代码	题名	PKIIA
5	同题名序号	对于地质资料档案文件中，如果形成单位代码、形成时间和题名均一致，而实际内容却为不同的资料，编制同题名序号。序号由数字组成，共2位，从01开始，依次进行排序	由2位数字组成，01开始顺序编号	01、02、03……

5.6 本章小结

本章规定了全国地质资料馆、实物地质资料中心、省级馆藏机、地调中心馆藏机构、委托馆藏机构、地勘单位等六类地质资料保管单位所保管的成果地质资料、原始地质资料、实物地质资料在内的案卷级、文件级两级目录数据的整合要求，适用于全国地质资料目录服务中心系统的研发与部署项目中目录数据的整理、整合、抽取与建库，规范地质目录数据的整合标准，实现地质资料数据应用环境在开发、利用、管理、共享等活动中对数据资源的定位、检索与引用等数据服务。

第 6 章　全国地质资料目录服务中心系统功能

6.1　系统需求分析集成

6.1.1　技术架构需求

1）支持分布式构架和 Web Service 技术。采用面向服务（SOA）构架，建立“数据分布、服务集成、平台统一”的分布式目录数据共享技术路线，即数据由馆藏单位分布式管理、更新和授权，通过服务的方式对外发布并统一集成到全国地质资料目录服务共享平台。全国地质资料目录服务共享平台保存各节点的地质资料目录数据，并与各分节点保持目录数据同步。利用 XML、SOAP、WSDL、UDDI 等标准实现分布式系统间的数据交换和集成，提供对地质资料数据的查询、浏览、下载等功能。通过 XML 来传送数据，实现跨平台的操作。

2）支持对等结构。通过在各级、各类型机构之间构建网状体系，支持对等结构，使各级之间，可以上下级之间汇集，也可以同级之间汇集，可以为数据的提供方，也可以为数据的使用方。

6.1.2　功能需求

全国地质资料目录服务中心系统，在功能方面需要包括目录数据管理、数据文件加工管理、数据服务管理、统一身份认证、后台管理 5 部分，如图 6-1 所示。

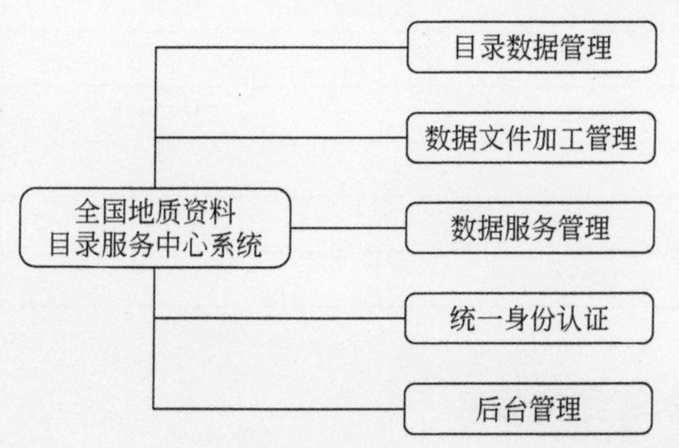

图 6-1　全国地质资料目录服务中心系统功能结构图

6.1.3 用户需求

6.1.3.1 支持多级用户体系

根据全国地质资料目录服务中心业务模式、整个业务流转过程及其所涉及业务机构的职责，系统需各节点数据管理、主中心运行监控、社会公众三类用户，其具体权限需求如表 6-1 所示。

表 6-1 用户权限需求表

业务名称	用户种类	各节点数据管理用户	主中心运行监控用户	社会公众用户
数据加工	目录加工	√		
	数据加工	√		
	目录制作	√		
	数据制作	√		
数据管理	目录管理	√	√	
	数据管理	√	√	
目录服务	目录查询	√	√	√
	目录申请			√
	目录下载		√	√
数据服务	数据查询	√	√	√
	数据申请			√
	数据下载		√	√
用户管理	建立		√	√
	查询		√	√
	维护		√	
机构管理	建立	√	√	
	查询	√	√	
	维护	√	√	
系统管理	日志管理	√	√	
	权限管理	√	√	
	运行监控	√	√	

6.1.3.2 支持对等结构体系

通过调研，目前业务体系是一个网状的对等结构，即每个机构既是数据的提供方，也是数据的使用方，如图 6-2 所示。

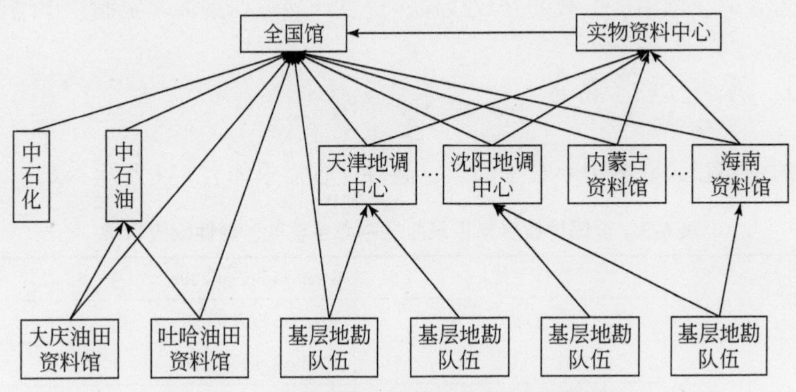

图 6-2 全国地质资料目录服务体系结构图

注：每级用户应即具备数据提供权限，也同时应具备数据使用的权限

6.1.4 接口需求

全国地质资料目录服务中心系统应包括两种类型接口。

6.1.4.1 对已有系统的接口

全国地质资料目录服务中心系统需要与各地馆藏单位、委托保管单位及地调大区之间进行数据同步等操作，因此系统建设过程中需要与各地馆藏单位、委托保管单位及地调大区现有系统建立接口，以实现数据同步及目录服务功能。全国地质资料目录服务中心系统接口需求如表 6-2 所示。

表 6-2 接口需求表

序号	接口单位	接口名称
1	馆藏单位	自建系统接口
2		成果资料目录系统接口
3		成果文件制作系统接口
4		地质资料管理信息系统接口
5	委托保管单位	石油天然气委托保管系统接口
6		自建系统接口
7	地调大区	自建系统接口
8		成果资料目录系统接口

6.1.4.2 对外提供服务的开放接口

提供地质资料目录服务查询接口，支持 OGC 制定的元数据的目录服务接口标准（catalogue services interface standard）、OGC CSW（OGC catalog service for web）规范；提供

地质资料报告查询、调用、下载的开放接口；提供产品数据查询、定制、申请服务接口。

6.1.5 系统运行需求

全国地质资料目录服务中心系统的软、硬件配置需求如表6-3所示。

表6-3 全国地质资料目录服务中心系统软、硬件配置需求

数据库服务器	操作系统	Windows Server 2008
	数据库	SQL Server 2008
WEB服务器	操作系统	Windows Server 2008
	数据库客户端	SQL Server 2008
	WEB服务	IIS 7（操作系统盘上自带）
	程序语言	FrameWork 1.1及以上，3.5及以下
客户机	操作系统	Microsoft Windows系列
	IE	IE6及以上，firefox 3.0及以上，chrome 3.0及以上

6.2 系统总体架构

6.2.1 应用模式设计

全国地质资料目录服务中心系统主要以互联网为基础，在全国地质资料馆以及31个省级地质资料馆、地调单位、行业馆等单位进行部署。

其中，在全国地质资料馆部署地质资料服务目录中心系统。通过目录服务中心系统的前台子系统，为数据访问用户提供数据查询、浏览等服务。系统维护人员通过地质资料目录服务中心系统对地质资料目录数据进行管理，并连接31个省级地质资料馆、地调单位、行业馆，通过Web Service方式通信，获得分布式存储的地质资料目录数据。在31个省级地质资料馆、地调单位、行业馆部署馆藏单位系统，由各个馆藏单位的系统维护人员对本地的地质资料目录数据和数据进行管理，包括数据的导入、更新、发布、定制等，同时通过Web Service与目录服务中心的目录中心服务系统通信，提供本地的地质资料目录数据。此外，在目录服务中心和馆藏单位部署运维管理系统，运维管理模块贯穿目录中心服务系统模块和各分布式服务模块，提供统一的用户认证、服务状态监控、服务量统计的功能。

目录信息包括案卷级信息和文件级信息两类，总体应用模式如图6-3所示。

6.2.2 系统总体架构设计

根据全国地质资料目录服务中心总体建设目标的要求，是遵循以全国地质资料目录数据为基础，以多源异构目录数据资源的整合集成和建立信息共享与服务系统为主线，以目

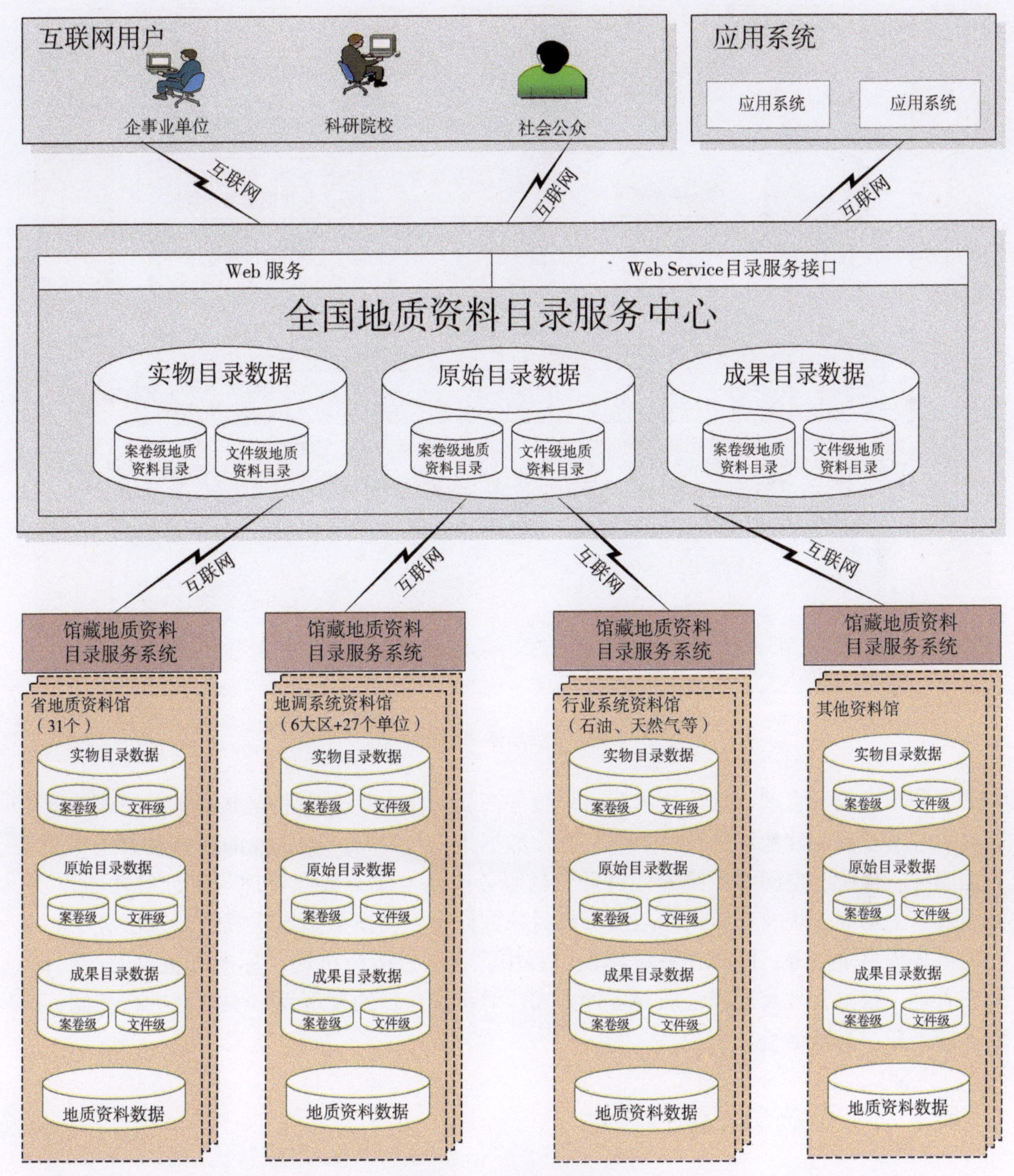

图6-3 应用模式设计图

录数据资源积累、标准体系建设、网络基础设施等为基础支撑的指导思想，在需求调研的基础上，完成了总体框架的设计工作。

全国地质资料目录服务中心系统的研发与部署项目系统的总体架构如图6-4所示。

系统建设将整合现有馆藏机构目录数据、地调系统目录数据、行业系统目录数据及其他地质资料目录数据，开发多源异构地质资料目录数据集成接口，实现全国地质资料目录数据的集成管理；利用分布式数据集中与同步技术、发布与多元服务技术、少量数据检索

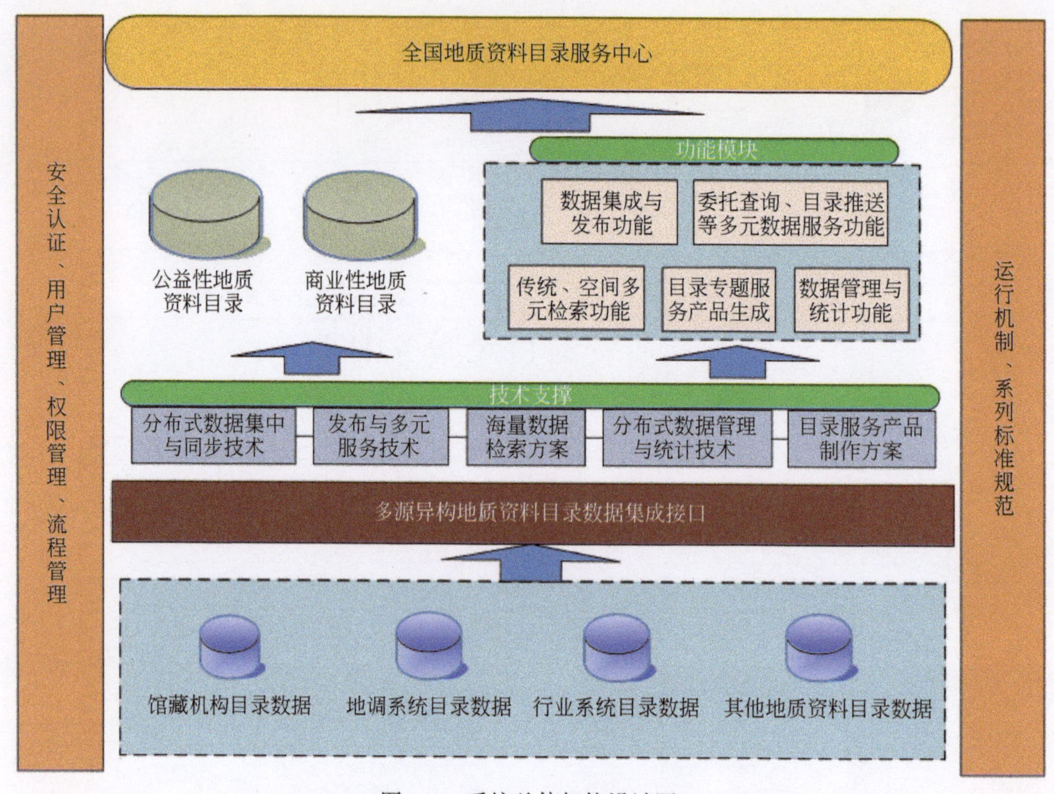

图 6-4　系统总体架构设计图

方案、分布式数据管理与统计技术及目录服务产品制作方案为技术支撑，建设公益性地质资料目录库及商业性地质资料目录库，开发数据集成与发布、委托查询、目录推送等多元数据服务、传统、空间多元检索、目录专题服务产品生成及数据管理与统计等功能模块；并通过以上功能模块及分布式的地质资料目录数据库，支撑全国地质资料目录服务中心对外提供多种目录服务；同时在系统建设过程中，将通过运行机制、标准规范、安全认证、用户管理、权限管理及流程管理等多种方式，对系统运行的规范性、安全性进行控制，实现系统平稳、高效运行。

6.2.3　系统功能架构设计

全国地质资料目录服务中心系统由目录数据中心系统（全国馆）、馆藏单位目录服务系统和统一身份认证系统 3 部分组成，如图 6-5 所示。

目录数据中心系统（全国馆）主要包括前台服务系统和后台管理系统两部分，其中前台服务系统为用户提供目录浏览与查询、全文检索、地图检索、数据服务及产品定制申请等数据服务，后台管理系统为管理员用户提供数据同步、内容管理、分中心管理及运行监控等管理服务；馆藏单位目录服务系统主要包括前台服务系统和后台管理系统两部分，其中前台服务系统为用户提供目录浏览与查询、全文检索、地图检索、数据服务及产品定制

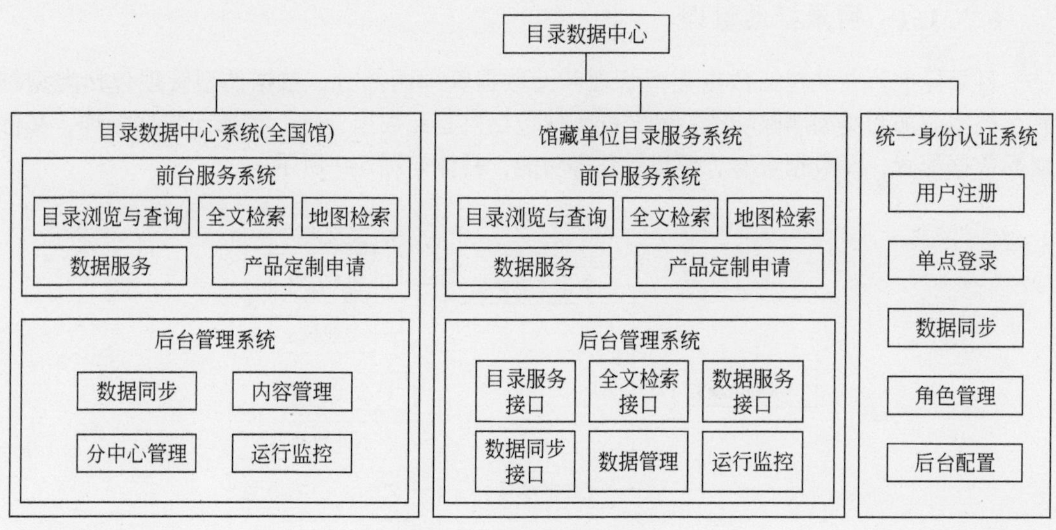

图6-5　系统功能结构图

申请等数据服务，后台管理系统为管理员用户提供目录服务接口、全文检索接口，数据服务接口、数据同步接口、数据管理及运行监控等管理服务；统一身份认证系统主要为用户提供用户注册、单点登录、数据同步、角色管理及后台配置相关功能，以支持系统安全平稳运行。

6.3　系统主要功能

6.3.1　目录数据管理

目录数据管理共包括目录标准管理、目录数据整理、目录数据导入、目录数据发布、目录数据同步、目录数据检索等6项功能，具体如图6-6所示。

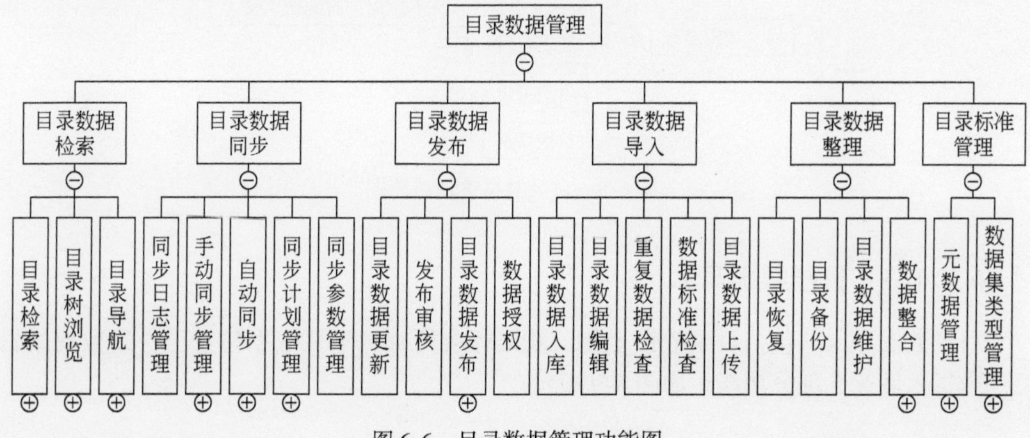

图6-6　目录数据管理功能图

6.3.1.1 目录标准管理

目录标准管理共包括数据类型管理和元数据管理两部分，数据类型管理包括类型维护、类型添加和类型删除功能；元数据管理包括核心元数据管理、扩展元数据管理、文件级元数据配置、元数据查看、模板管理等功能，具体如图 6-7 所示。

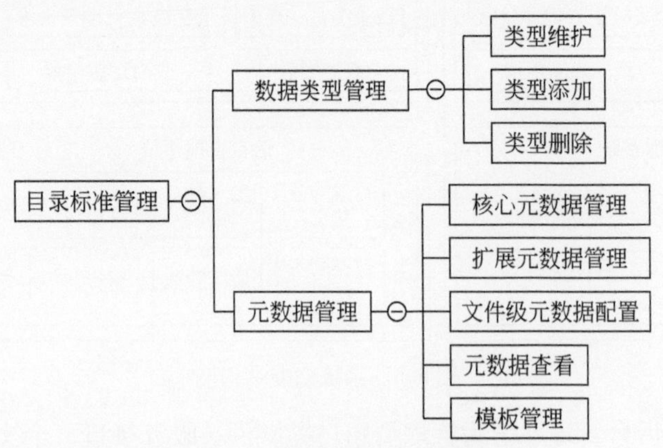

图 6-7 目录标准管理功能图

6.3.1.2 目录数据整理

目录数据整理共包括数据整合、目录数据维护、目录备份、目录恢复等 4 部分功能，其中数据整理又包括目录抽取、数据转换、数据导出、数据字典编辑工具等功能，如图 6-8 所示。

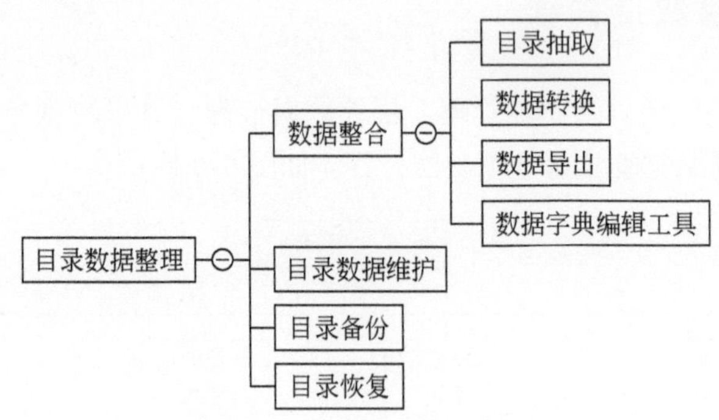

图 6-8 目录数据整理功能图

6.3.1.3 目录数据导入

目录数据导入共包括目录数据上传、数据标准检查、重复数据检查、目录数据编辑、目录数据入库等 5 部分功能，如图 6-9 所示。

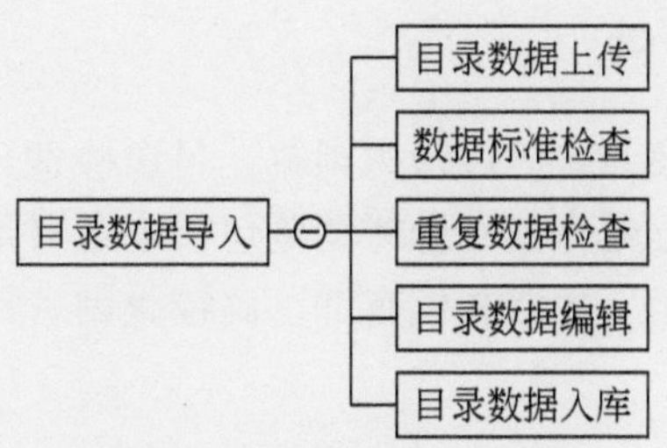

图 6-9　目录数据导入功能图

6.3.1.4　目录数据发布

目录数据发布共包括数据授权、目录数据发布、发布审核、目录数据更新 4 部分功能，其中目录数据发布又包括目录数据发布和目录发布撤销功能。具体如图 6-10 所示。

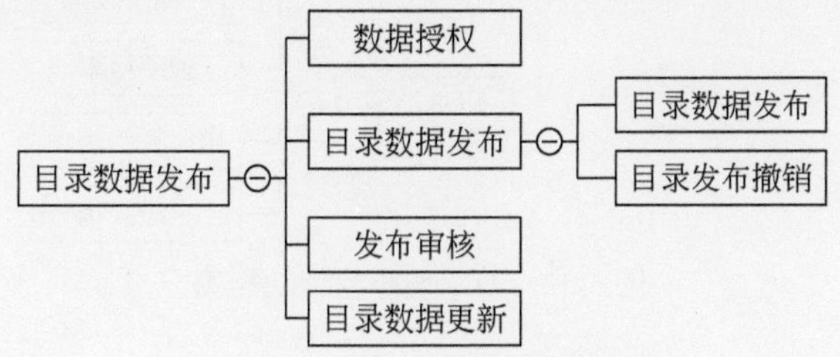

图 6-10　目录数据发布功能图

6.3.1.5　目录数据同步

目录数据同步共包括同步参数管理、同步计划管理、自动同步、手动同步管理、同步日志管理部分功能，其中同步计划管理又包括同步策略管理和同步任务管理；自动同步包括增量数据同步、全量数据同步、自定义区间同步。具体如图 6-11 所示。

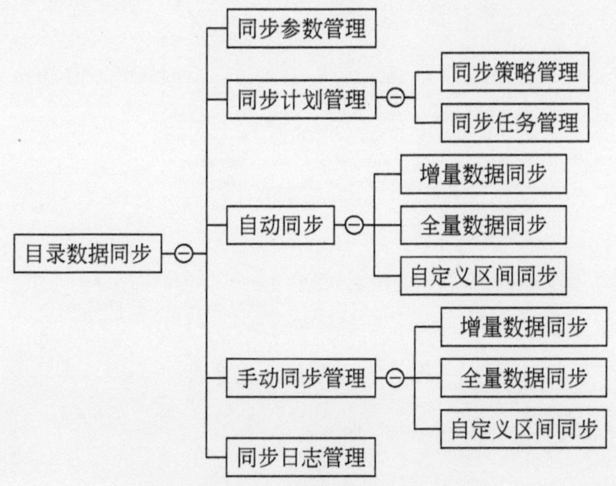

图 6-11　目录数据同步功能图

6.3.1.6 目录数据检索

目录数据检索共包括目录导航、目录树浏览、目录检索 3 部分功能，其中目录导航包括专题目录、热点数据、最近更新；目录树浏览包括主题目录树和分中心目录树；目录检索包括关键字查询、地图检索、相似文档查询、高级查询。具体如图 6-12 所示。

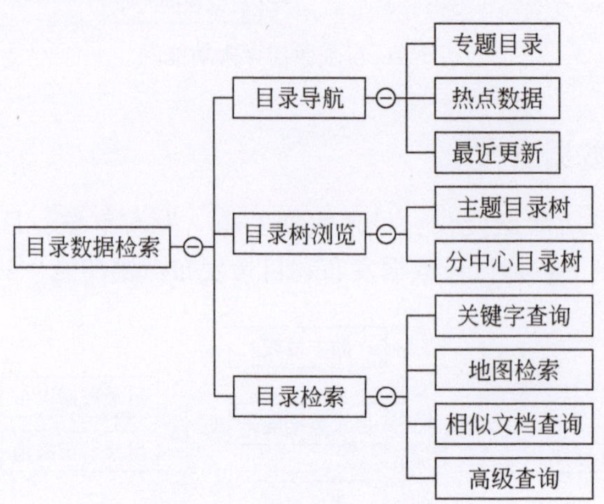

图 6-12　目录数据检索功能图

6.3.1.7 系统主要界面

数据管理界面如图 6-13 所示。

图 6-13　数据管理界面

目录数据导入界面如图 6-14 所示。

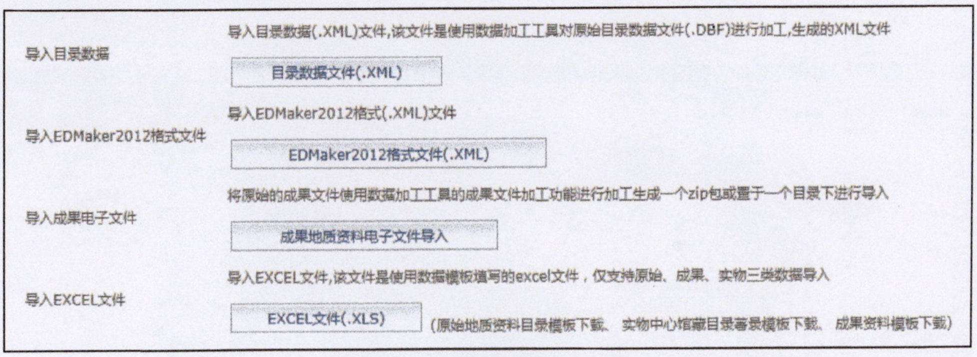

导入目录数据
导入目录数据(.XML)文件,该文件是使用数据加工工具对原始目录数据文件(.DBF)进行加工,生成的XML文件
目录数据文件(.XML)
导入EDMaker2012格式文件
导入EDMaker2012格式(.XML)文件
EDMaker2012格式文件(.XML)
导入成果电子文件
将原始的成果文件使用数据加工工具的成果文件加工功能进行加工生成一个zip包或置于一个目录下进行导入
成果地质资料电子文件导入
导入EXCEL文件
导入EXCEL文件,该文件是使用数据模板填写的excel文件，仅支持原始、成果、实物三类数据导入
EXCEL文件(.XLS)　(原始地质资料目录模板下载、实物中心馆藏目录著录模板下载、成果资料模板下载)

图 6-14　目录数据导入界面

目录数据检索界面如图 6-15 所示。

图 6-15　目录数据检索界面

空间检索界面如图 6-16 所示。

图 6-16　空间检索界面

目录数据更新界面如图 6-17 所示。

首页　目录浏览　最近更新　空间服务

序号	题名	馆藏单位	形成时间
1	都兰县幅J47C004002 1/25万区域地质调查	天津地调中心	2013-09-11
2	贵州丹寨水银厂汞矿成矿条件、成矿规律及勘探方法研究报告	成都地调中心	2013-09-11
3	四川道孚地区矿产远景调查报告	成都地调中心	2013-09-11
4	北票K51E014004、上园K51E015004、义县K51E015005、地藏寺K51E016004	沈阳地调中心	2013-09-11
5	辽宁本溪草河口-辽阳亮甲辽河群含硼岩系地质特征及找矿标志	沈阳地调中心	2013-09-11
6	河南省南襄盆地南阳泌阳油气勘查（云1）	石油委托	2013-11-06
7	西藏1:250000聂拉木县幅(H45 C 004002)区域地质调查报告	成都地调中心	2013-09-11
8	鱼卡沟幅J46E13020西泉幅J46E013021 1/5万区域地质调查	天津地调中心	2013-09-11
9	青海省柴达木盆地涩北二号气田开采（涩中6井）	石油委托	2013-11-06
10	1/25万吐错幅区域地质调查	成都地调中心	2013-09-11
11	青海省柴达木盆地尕斯库勒油田开采（跃中6-5井）	石油委托	2013-11-06
12	鄂尔多斯盆地地下水勘查	西安地调中心	2013-09-11
13	贵州水城二塘—大河边晚二叠世煤系上部沉积相与厚煤层分布规律	武汉地调中心	2013-09-11
14	湖南省沅陵县池坪矿区铅锌矿普查报告	武汉地调中心	2013-09-11
15	1/25万直根尕卡幅 I46C003003 区域地质调查报告	武汉地调中心	2013-09-11
16	青海省柴达木盆地南八仙（马海）油气田（仙9井）	石油委托	2013-11-06
17	马达加斯加阿巴通德拉扎卡地区地球化学测量成果报告	沈阳地调中心	2013-09-11
18	辽宁省铁矿的分布和寻找富矿方向	沈阳地调中心	2013-09-11
19	赤布张错幅区域地质(I46C003001)	武汉地调中心	2013-09-11
20	中国汞矿成因类型、成矿规律及远景预测	成都地调中心	2013-09-11

第1页　共50页，每页20条，共计1000条首页 下一页 末页

以上数据按照资料的形成时间排序

图 6-17　目录数据更新界面

目录数据发布界面如图6-18所示。

图6-18　目录数据发布界面

6.3.2　数据文件加工管理

数据文件加工管理主要包括格式转换、数据导入、索引管理、报告流处理、大图片切割、图层处理、数据浏览、数据维护等8项功能。具体如图6-19所示。

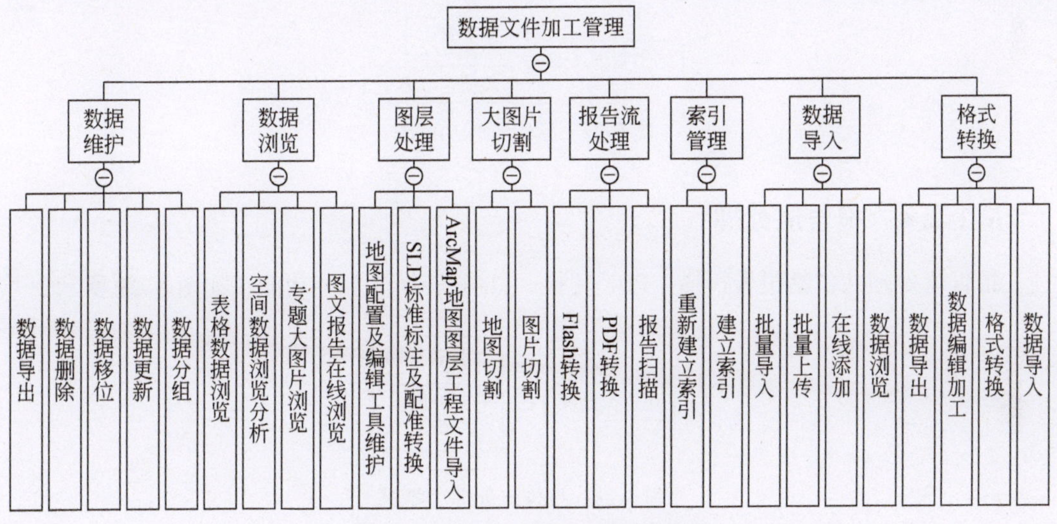

图6-19　数据文件加工管理功能图

6.3.2.1　格式转换

格式转换共包括数据导入、格式转换、数据编辑加工、数据导出4部分功能，如图6-20所示。

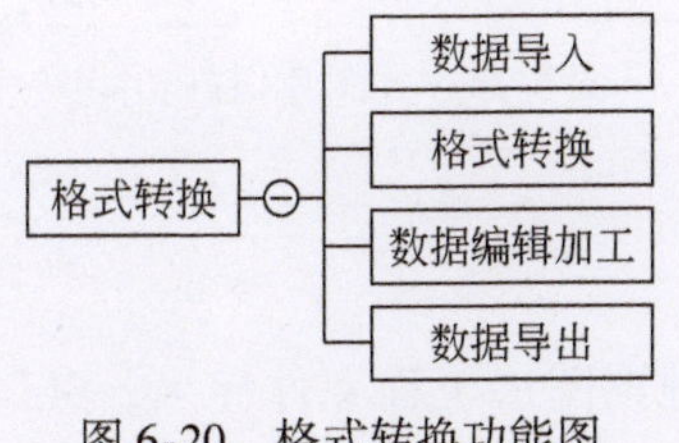

图6-20　格式转换功能图

6.3.2.2 数据导入

数据导入共包括数据浏览、在线添加、批量上传、批量导入等 4 部分功能，如图 6-21 所示。

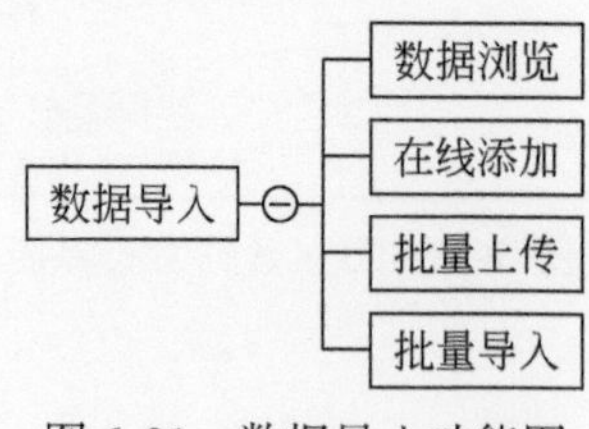

图 6-21 数据导入功能图

6.3.2.3 索引管理

索引管理共包括建立索引和重新建立索引两部分功能，如图 6-22 所示。

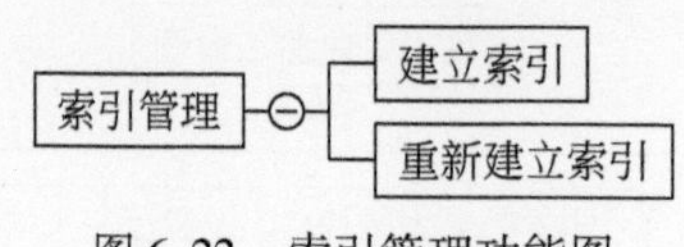

图 6-22 索引管理功能图

6.3.2.4 报告流处理

报告流处理共包括报告扫描、PDF 转换、Flash 转换 3 部分功能，如图 6-23 所示。

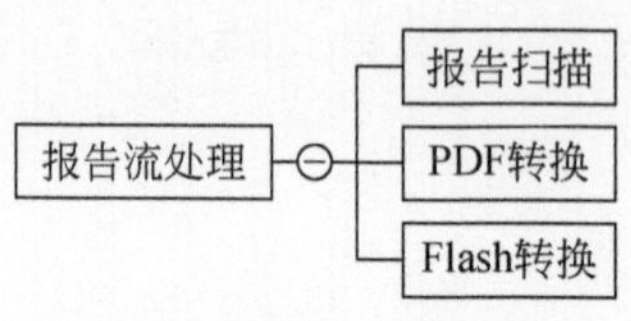

图 6-23 报告流处理功能图

6.3.2.5 大图片切割

大图片切割共包括图片切割、地图切割两部分功能，如图 6-24 所示。

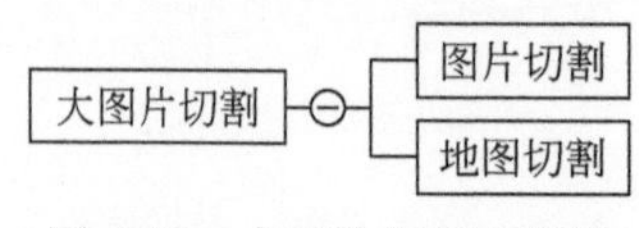

图 6-24 大图片切割功能图

6.3.2.6 图层处理

图层处理共包括 ArcMap 地图图层工程文件导入、SLD 标准标注及配准转换、地图配置及编辑工具维护 3 部分功能，如图 6-25 所示。

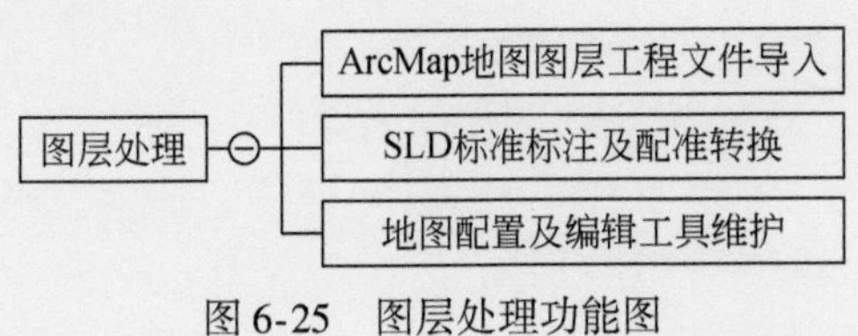

图 6-25 图层处理功能图

6.3.2.7 数据浏览

数据浏览共包括图文报告在线浏览、专题大图片浏览、空间数据浏览分析、表格数据浏览等 4 部分功能，如图 6-26 所示。

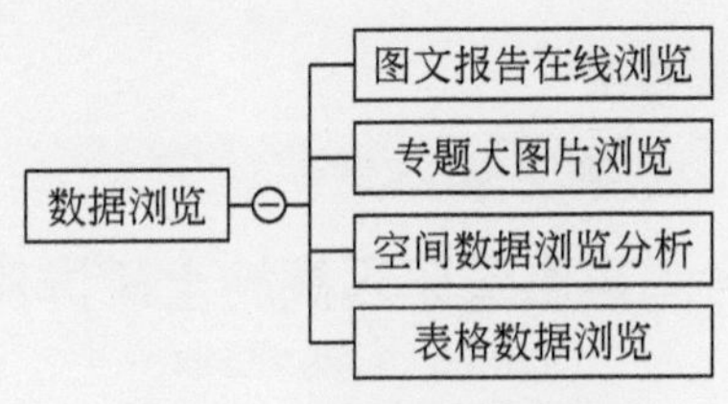

图 6-26 数据浏览功能图

6.3.2.8 数据维护

数据维护共包括数据分组、数据更新、数据移位、数据删除、数据导出等 5 部分功能，如图 6-27 所示。

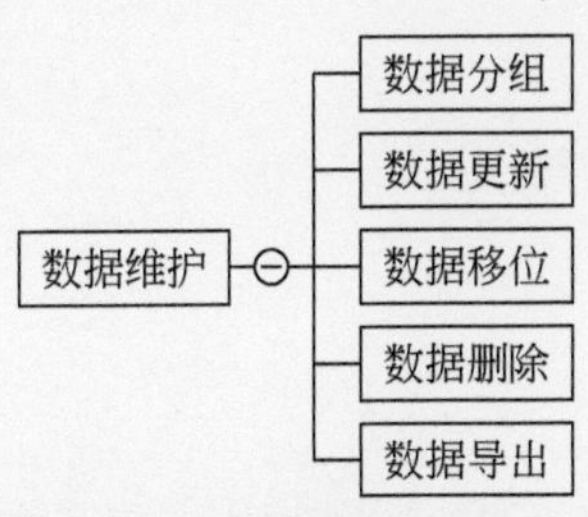

图 6-27 数据维护功能图

6.3.2.9 系统主要界面

数据导入界面如图 6-28 所示。

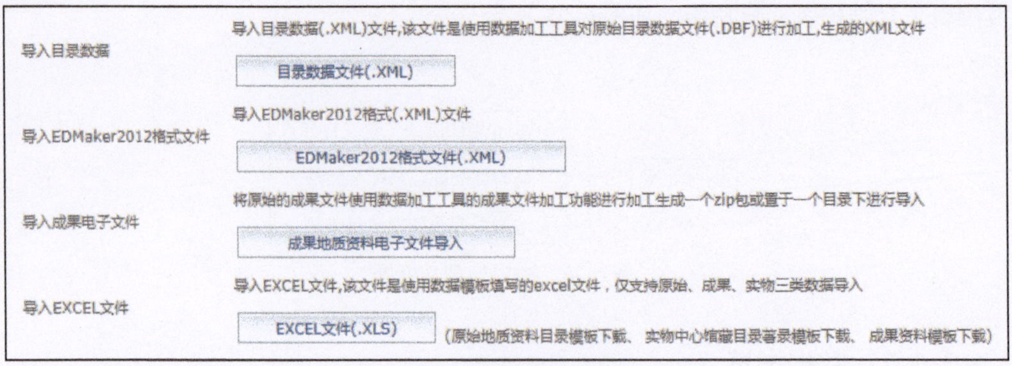

图 6-28　数据导入界面

数据详细信息浏览界面如图 6-29 所示。

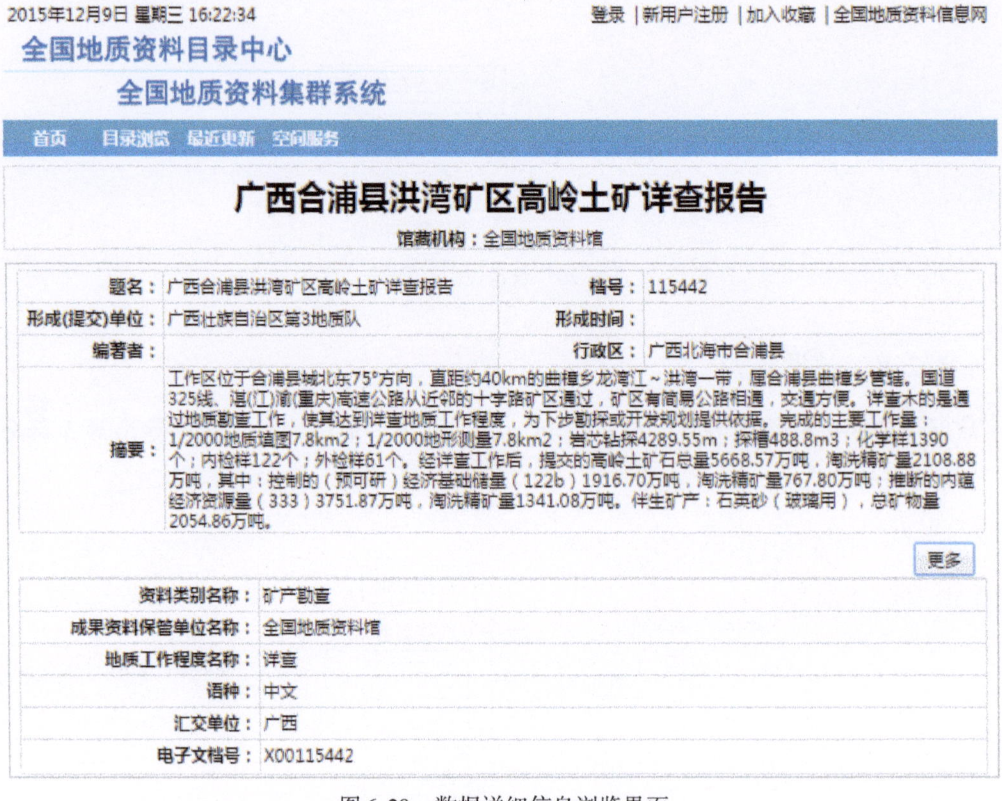

图 6-29　数据详细信息浏览界面

空间查询数据详细信息浏览界面如图 6-30 所示。

6.3.3　数据服务管理

数据服务管理共包括数据定制导出、数据检索查询、数据下载、数据发布等 4 项功能，具体如图 6-31 所示。

图 6-30 空间查询数据详细信息浏览界面

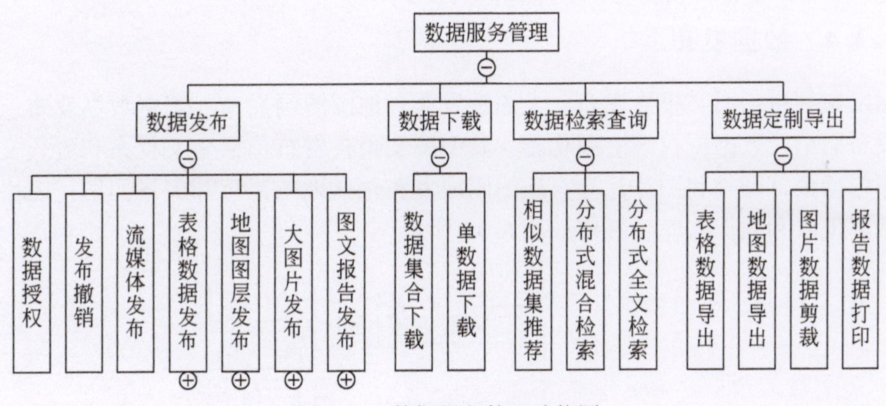

图 6-31 数据服务管理功能图

6.3.3.1 数据定制导出

数据定制导出共包括报告数据打印、图片数据剪裁、地图数据导出、表格数据导出等4部分功能，如图6-32所示。

6.3.3.2 数据检索查询

数据检索查询共包括分布式全文检索、分布式混合检索和相似数据集推荐等3部分功能，如图6-33所示。

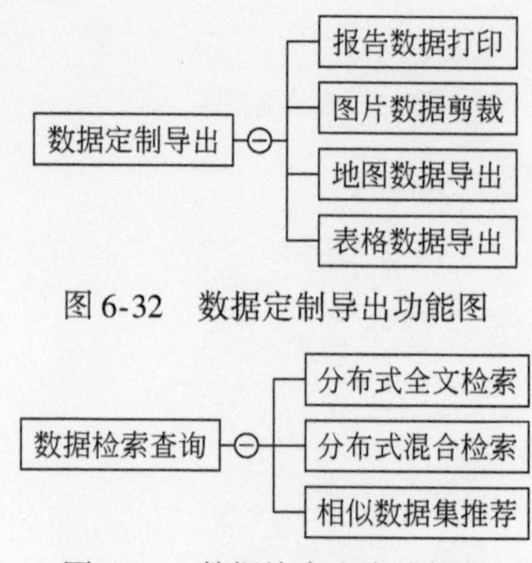

图 6-32　数据定制导出功能图

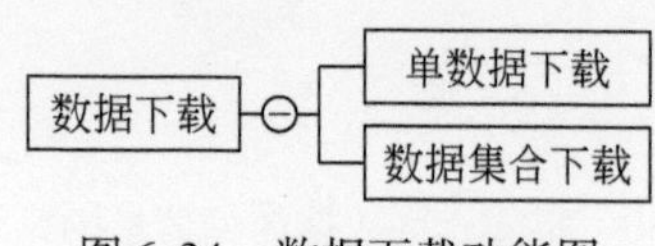

图 6-33　数据检索查询功能图

6.3.3.3　数据下载

数据下载共包括单数据下载和数据集合下载等功能，如图 6-34 所示。

图 6-34　数据下载功能图

6.3.3.4　数据发布

数据发布共包括图文报告发布、大图片发布、地图图层发布、表格数据发布、流媒体发布、发布撤销、数据授权等七项功能，其中图文报告发布包括全文检索和流式文档；大图片发布包括预览图片和图片瓦片；地图图层发布包括地图瓦片和矢量图层；表格数据发布包括数据提取和数据入库。具体如图 6-35 所示。

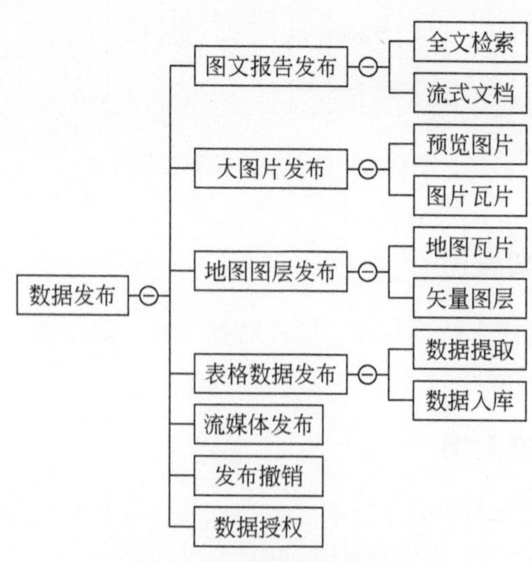

图 6-35　数据发布功能图

6.3.3.5　系统主要界面

高级查询界面如图 6-36 所示。

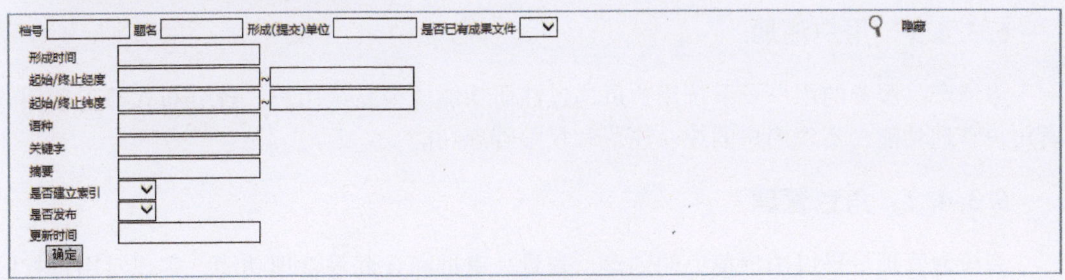

图 6-36　高级查询界面

数据导出界面如图 6-37 所示。

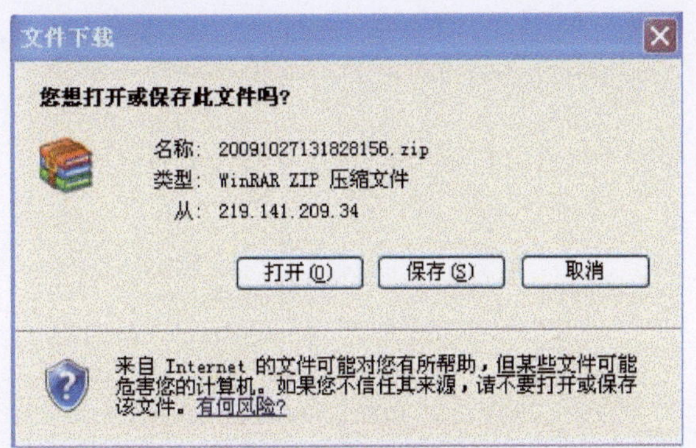

图 6-37　数据导出界面

发布数据界面如图 6-38 所示。

图 6-38　发布数据界面

发布数据到专题界面如图 6-39 所示。

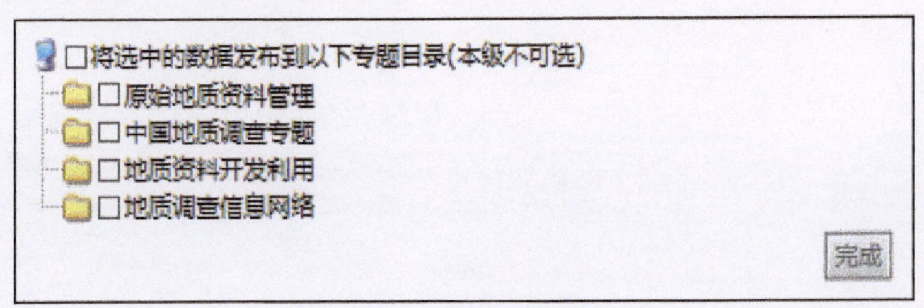

图 6-39　发布数据到专题界面

6.3.4 统一身份认证

6.3.4.1 用户注册

申请产品服务的用户及系统用户可通过注册功能成为系统用户。各分布式节点使用一套用户管理功能，实现用户的统一注册和权限管理功能。

6.3.4.2 角色管理

系统为管理员提供用户角色的创建、查看、审批和查询等管理功能，实现对用户权限的控制。

6.3.4.3 数字证书管理

数字证书管理共包括证书申请、下载、延期、挂失等 4 部分管理功能，如图 6-40 所示。

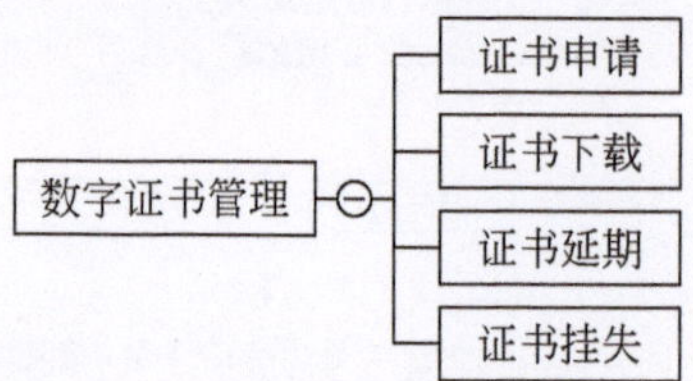

图 6-40　数字证书管理功能图

6.3.4.4 系统主要界面

新用户注册界面如图 6-41 所示。

欢迎注册全国地址资料目录服务中心系统！

*用户名		3—20个字符，可使用字母、数字、下划线
*密码		6—20个字符，可使用字母、数字、下划线
*密码确认		请再次填写密码
*密码强度		
*请选择角色	普通用户	
*姓名		请填写姓名
*机构名称		请填写所在机构名称
*邮件地址		请填写电子邮箱地址
备注		您还可以输入 150 个文字

*服务条款

1. 遵守法律
您同意遵守《中华人民共和国合同法》、《中华人民共和国著作权法》及其实施条例、《全国人民代表大会常务委员会关于维护互联网安全的决定》（"人大安全决定"）[相关网站链接]、《中华人民共和国保守国家秘密法》、《中华人民共和国电信条例》("电信条例")[相关网站链接]、《中华人民共和国计算机信息系统安全保护条例》、《中华人民共和国计算机信息网络国际联网管理暂行规定》及其实施办法、
《计算机信息系统国际联网保密管理规定》、《互联网信息服务管理办法》、《计算机信息网络国际联网安全保护管理办法》、《互联网电子公告服务管理规定》（"电子公告规定"）[相关网站链接]等相关中国法律法规的任何及所有的规定，并对以任何方式使用您的密码和您的帐号使用本服务的任何行为及其结果承担全部责任。如违反《人大安全决定》有可能构成犯罪，被追究刑事责任。
《电子公告规定》则有明文规定，上网用户使用电子公告服务系统对所发布的信息负责。《电信条例》也强调，使用电信网络传输信息的内容及其后果由电信用

提交申请

图 6-41　新用户注册界面

用户登录界面如图6-42所示。

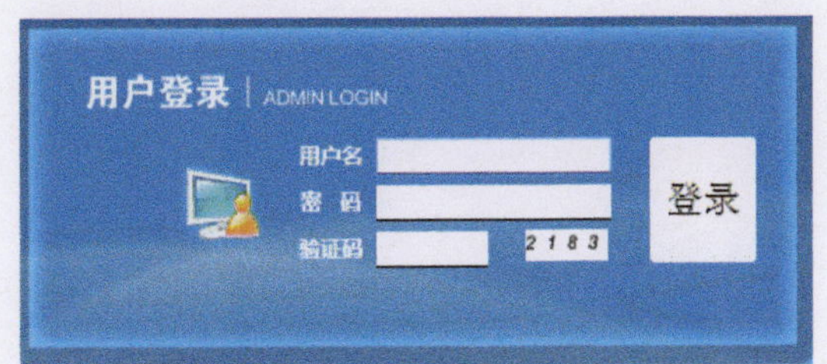

图6-42　用户登录界面

单点用户维护界面如图6-43所示。

全国地质资料目录中心系统

安全退出

姓名:超级用户

用户管理 > 单点用户管理 > 单点用户维护

用户名:　名称:　更多　查询

用户列表

用户名	名称	电子邮件	单位名称	状态	操作
root	超级用户	root@134.com			查看 删除
sysadmin	系统管理员	test@test.com			查看 删除
defaultUser	默认用户	defaultUser@abc.com			查看 删除
xinxizhongxinadmin	信息中心数据管理员	qq@qq.com			查看 删除
beijingadmin	北京馆数据管理员	qq@qq.com			查看 删除
tianjinadmin	天津馆数据管理员	qq@qq.com			查看 删除
hebeiadmin	河北馆数据管理员	qq@qq.com			查看 删除
shanxiadmin	山西馆数据管理员	qq@qq.com			查看 删除
ptyonghu	普通用户而已	qq@qq.com			查看 删除
hunanadmin	湖南馆数据管理员	qq@qq.com			查看 删除

同步用户　批量删除

版权所有:2010-2016全国地质资料目录服务中心

图6-43　单点用户维护界面

单点用户角色维护界面如图6-44所示。

全国地质资料目录中心系统

安全退出

姓名:超级用户

首页　分中心管理　同步管理　用户管理　CMS管理　后台管理　运行监管　前台首页　借阅管理　咨询建议

单点用户管理
- 单点用户维护
- 单点角色维护
- 单点用户角色维护

用户管理 > 单点用户管理 > 单点用户角色维护

用户与角色关联信息列表

用户	角色	用户姓名	用户状态	角色状态
root	超级用户	超级用户		
sysadmin	系统管理员	系统管理员		
defaultUser	默认用户	默认用户		
xinxizhongxinadmin	信息中心管理员	信息中心数据管理员		
beijingadmin	实物中心数据管理员	北京馆数据管理员		
tianjinadmin	天津馆数据管理员	天津馆数据管理员		
hebeiadmin	河北馆数据管理员	河北馆数据管理员		
shanxiadmin	山西馆数据管理员	山西馆数据管理员		
ptyonghu	普通用户	普通用户而已		
hunanadmin	湖南馆数据管理员	湖南馆数据管理员		
hainanadmin	海南馆数据管理员	海南数据管理员		
heilongjiangadmin	黑龙江馆数据管理员	黑龙江数据管理员		
jilinadmin	吉林馆数据管理员	吉林管理员		
neimengadmin	内蒙古馆数据管理员	内蒙古馆数据管理员		
liaoningadmin	辽宁馆数据管理员	辽宁数据管理员		
neimengguadmin	内蒙古馆数据管理员	内蒙古数据管理员		
shanghaiadmin	上海馆数据管理员	上海数据管理员		

图6-44　单点用户角色维护界面

参数维护界面如图 6-45 所示。

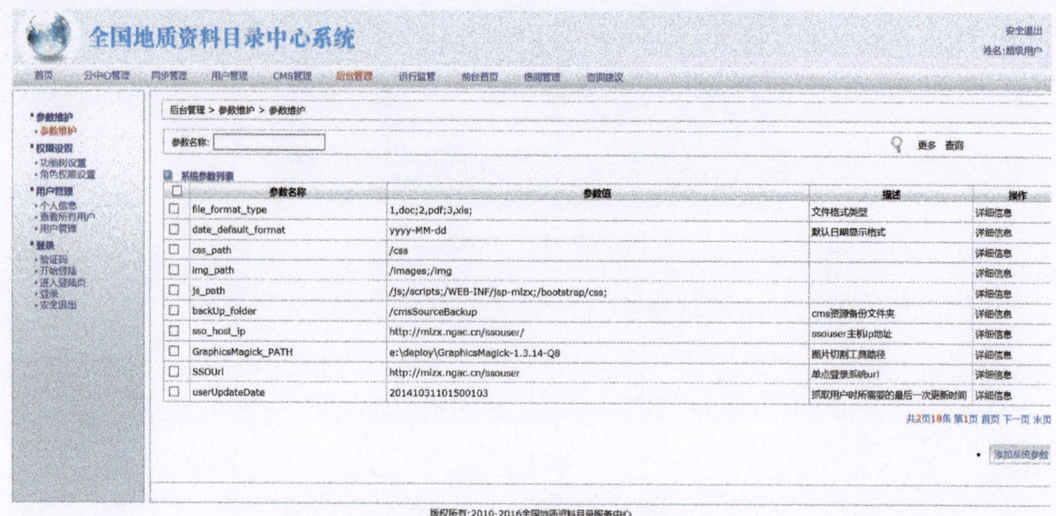

图 6-45　参数维护界面

角色权限设置界面如图 6-46 所示。

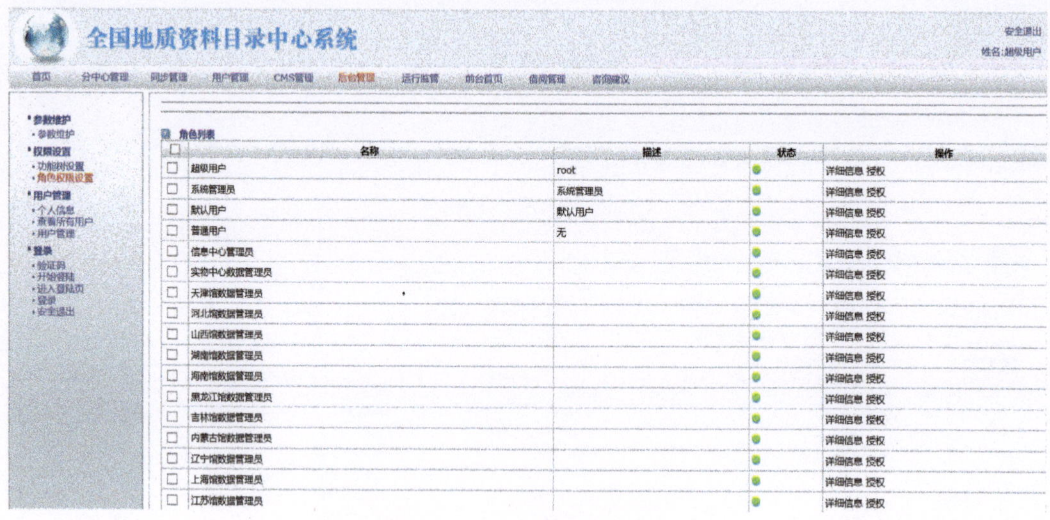

图 6-46　角色权限设置界面

分中心节点维护界面如图 6-47 所示。

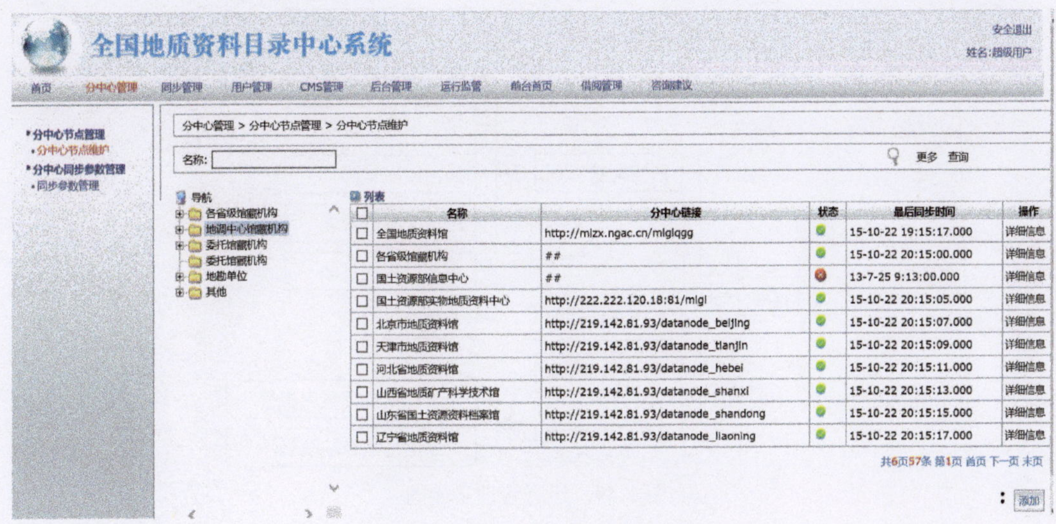

图 6-47　分中心节点维护界面

同步参数管理界面如图 6-48 所示。

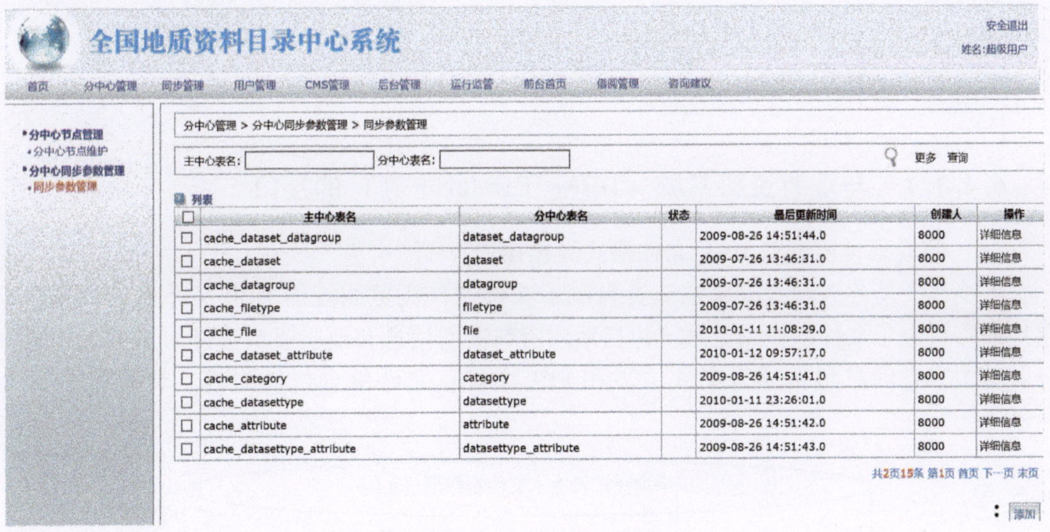

图 6-48　同步参数管理界面

6.3.5　后台管理

运行管理共包括系统配置管理、系统参数管理、系统日志管理、系统运行监控等 4 部分功能，其中系统配置管理包括地质资料分类、地质资料目录指标项、整装勘查区、显示模版、自定义图层、全文检索层等管理及下载控制功能；系统运行监控又包括分节点宕机及重启报警和节点运行状态地图展示等功能。具体如图 6-49 所示。

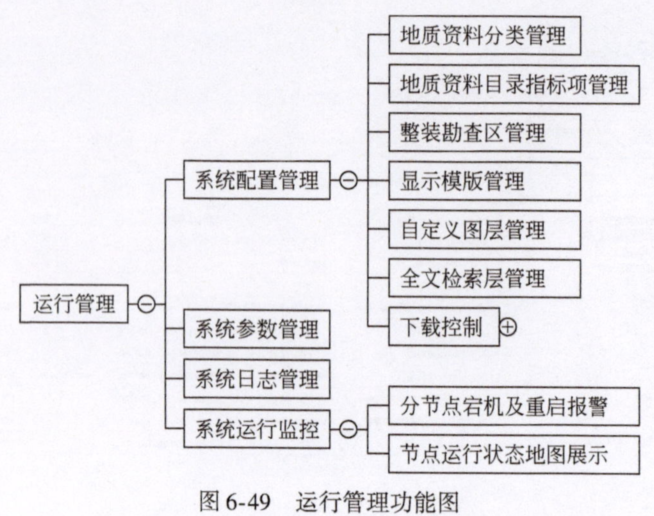

图 6-49　运行管理功能图

6.4　系统接口设计

6.4.1　通用接口

6.4.1.1　与现有资料系统（DBF、EDMaker 等）的接口

（1）同成果地质资料 DBF 文件格式数据接口

本项目支持导入现有成果地质资料电子文件制作浏览系统的 DBF 文件格式数据。成果地质资料电子文件制作浏览系统包括地质资料案卷信息和地质资料文件信息两大构成部分，其中案卷信息包括成果案件主表和 FPT 文件，文件信息包括附表。具体如图 6-50 所示。

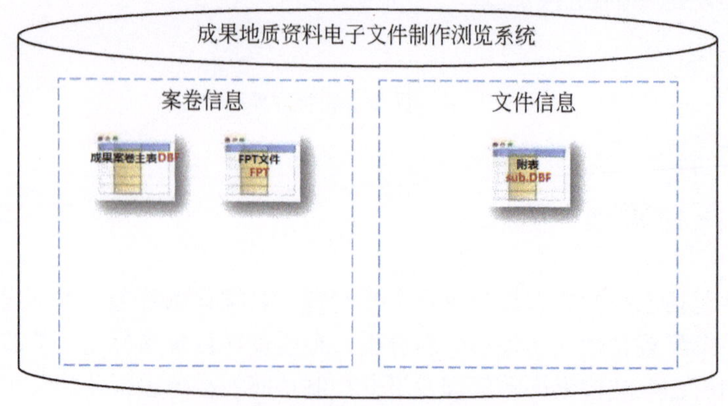

图 6-50　成果地质资料电子文件制作浏览系统

完整的数据格式见成果地质资料电子文件制作浏览系统相关规范文档。

（2）同全国地质资料著录工具 EDMaker 数据接口

本项目支持导入现有 EDMaker 2014 版的地质资料文件格式数据。EDMaker 文件格式数据示例如图 6-51 所示。


```
<?xml version="1.0"?>
<AJXX xmlns:xsd="http://www.w3.org/2001/XMLSchema" xmlns:xsi="http://www.w3.org/2001/XMLSchema-instance">
    <DataIsGenerate>true</DataIsGenerate>
    <AJId>24</AJId>
    <SysVersion>2.4.7.0</SysVersion>
    <BS>0e53c573-da03-4a9f-a38c-8a4feaeb9c53</BS>
    <HJRDH>D2014005</HJRDH>
    <HJSJ>2014-11-24</HJSJ>
    <TM>甘肃省肃南县祁青钼矿调查报告</TM>
    <MJ>绝密级</MJ>
    <BZZ>白亮，张玉成，岳强，亢松松，李明，任军强，何智祖，豆小刚，杨锋，马旭平，乔泉</BZZ>
    <YZ>中文</YZ>
    <ZLLB>矿产勘查</ZLLB>
    <XCSJ>2013-08-01</XCSJ>
    <GZCD>其他比例尺</GZCD>
    <ZJLY>中央财政</ZJLY>
    <GZFF>评价、预测,物探,磁法</GZFF>
    <PSJG>中国地质调查局西北地区地质调查项目管理办公室</PSJG>
    <PSSJ>2013-09-27</PSSJ>
    <NRTY>祁青钼矿调查区包括祁青钼矿勘查区、镜儿泉勘查区、东石板沟勘查区、头道沟勘查区，大地构造位置处于北祁连褶皱造山带内西段元古代镜铁
      区主要的赋矿层位。新发现矿产地1处（镜儿泉铁矿），可供进一步工作的铁矿找矿靶区2处（东石板沟铁矿、头道沟铁铜矿）。在祁青钼矿勘查区通
      米， M o平均品位0.020%-0.423%，大致了解了祁青钼矿床斑岩型钼矿化范围。在镜儿泉勘查区发现中、东、西三个矿带，共圈定铁矿体8条，
      位25.39-27.08%，主要矿石矿物为磁铁矿；中矿带矿体长50-200米，厚2.74-7.05米， TFe平均品位为25.88-26.47%，主要矿石矿物为赤
      物为赤铁矿；镜儿泉铁矿床累计探获（333+334？）铁资源量达6764.34万吨。东石板沟工作区圈定铁矿体4条，矿体长170-720米，厚3.50-6
      源量280.01万吨。在头道沟工作区共圈定铁矿体2条，铜矿体1条，铁矿化体2条，铁矿体长50-240米，厚4.12-6.26米，TFe平均品位25.03-3
      0.44%。估算334？铁总资源量72.37万吨。334？铜金属量64.73吨。</NRTY>
    <QSJDLX>E</QSJDLX>
    <QSJDDu>097</QSJDDu>
    <QSJDFen>48</QSJDFen>
    <QSJDMiao>25</QSJDMiao>
    <ZZJDLX>E</ZZJDLX>
    <ZZJDDu>098</ZZJDDu>
    <ZZJDFen>17</ZZJDFen>
    <ZZJDMiao>24</ZZJDMiao>
    <QSWDLX>N</QSWDLX>
    <QSWDDu>38</QSWDDu>
    <QSWDFen>57</QSWDFen>
    <QSWDMiao>30</QSWDMiao>
    <ZZWDLX>N</ZZWDLX>
    <ZZWDDu>39</ZZWDDu>
    <ZZWDFen>22</ZZWDFen>
    <ZZWDMiao>01</ZZWDMiao>
    <XMFZDW>甘肃省有色地质调查院</XMFZDW>
```


图 6-51　EDMaker 文件格式数据示例

完整的数据格式见 EDMaker 2014 相关规范文档。

6.4.1.2　地图 WMS 服务接口

全国地质资料目录服务中心集成 MapServer，提供了对地图图层数据的 WMS 服务接口，支持 WMS 标准中定义的 GetMap、GetFeatureInfo 和 GetCapabilities 请求，目前支持的协议版本包括 1.0.0，1.0.7，1.1.0，1.1.1 和 1.3.0。调用 WMS 的 URL 为 http：//server：port/mapserver/wms，其中的 server 和 port 是指分节点服务器的名称和端口。

（1）GetCapabilities 请求

WMS 请求作为有注释的 URLs 传递。例如，下面的 URL 将会返回本地 WMS 的特性。访问地址为：

```
http://ip/map/mapserv? map=demo.map&SERVICE=WMS&VERSION=1.1.1
&REQUEST=GetCapabilities
```

其中“map=”之后的部分指定了请求方查询的在分节点服务系统中发布了的地质资料

图层数据的名称，该名称可以在档案元数据。该请求的响应将是一个 XML 文档。对于该文档的精确结构，请参阅官方 WMS 标准定义。下面的程序清单展示了一个典型响应的摘录。

```
<? xml version='1.0' encoding="ISO-8859-1" standalone="no" ? >
<! DOCTYPE WMT_MS_Capabilities SYSTEM "http://schemas.opengis.net/wms/1.1.1/WMS_
MS_Capabilities.dtd"
[<! ELEMENT VendorSpecificCapabilities EMPTY>]> <! -- end of DOCTYPE declaration -->
<WMT_MS_Capabilities version="1.1.1">
<! -- MapServer version 5.6.5 OUTPUT = GIF OUTPUT = PNG OUTPUT = JPEG OUTPUT = WBMP
OUTPUT = SVG SUPPORTS = PROJ SUPPORTS = AGG SUPPORTS = FREETYPE SUPPORTS = ICONV
SUPPORTS=WMS_SERVER SUPPORTS=WMS_CLIENT SUPPORTS=WFS_SERVER SUPPORTS=WFS_
CLIENT SUPPORTS=WCS_SERVER SUPPORTS=SOS_SERVER SUPPORTS=GEOS INPUT=EPPL7 INPUT=
POSTGIS INPUT=OGR INPUT=GDAL INPUT=SHAPEFILE -->
<Service>
  <Name>OGC:WMS</Name>
  <Title>Metacarta WMS VMaplv0</Title>
  <OnlineResource xmlns:xlink="http://www.w3.org/1999/xlink" xlink:href="
http://192.168.0.10/wms?"/>
  <ContactInformation>
  </ContactInformation>
</Service>
<Capability>
  <Request>
    <GetCapabilities>
      <Format>application/vnd.ogc.wms_xml</Format>
      <DCPType>
        <HTTP>
          <Get><OnlineResource xmlns:xlink="http://www.w3.org/1999/xlink" xlink:
href="http://192.168.0.10/wms?"/></Get>
          <Post> <OnlineResource xmlns:xlink="http://www.w3.org/1999/xlink"
xlink:href="http://192.168.0.10/wms?"/></Post>
        </HTTP>
      </DCPType>
    </GetCapabilities>
    <GetMap>
      <Format>image/jpeg</Format>
      <Format>image/png</Format>
      <Format>image/gif</Format>
      <Format>image/png;mode=24bit</Format>
      <Format>image/vnd.wap.wbmp</Format>
      <Format>image/tiff</Format>
      <Format>image/svg+xml</Format>
      <DCPType>
```

```
        <HTTP>
          <Get><OnlineResource xmlns:xlink="http://www.w3.org/1999/xlink" xlink:
href="http://192.168.0.10/wms?"/></Get>
          <Post> < OnlineResource  xmlns: xlink = " http://www.w3.org/1999/xlink "
xlink:href="http://192.168.0.10/wms?"/></Post>
        </HTTP>
      </DCPType>
    </GetMap>
    <GetFeatureInfo>
      <Format>text/plain</Format>
      <Format>application/vnd.ogc.gml</Format>
      <DCPType>
        <HTTP>
          <Get><OnlineResource xmlns:xlink="http://www.w3.org/1999/xlink" xlink:
href="http://192.168.0.10/wms?"/></Get>
          <Post> < OnlineResource  xmlns: xlink = " http://www.w3.org/1999/xlink "
xlink:href="http://192.168.0.10/wms?"/></Post>
        </HTTP>
      </DCPType>
    </GetFeatureInfo>
    <DescribeLayer>
      <Format>text/xml</Format>
      <DCPType>
        <HTTP>
          <Get><OnlineResource xmlns:xlink="http://www.w3.org/1999/xlink" xlink:
href="http://192.168.0.10/wms?"/></Get>
          <Post> < OnlineResource  xmlns: xlink = " http://www.w3.org/1999/xlink "
xlink:href="http://192.168.0.10/wms?"/></Post>
        </HTTP>
      </DCPType>
    </DescribeLayer>
    <GetLegendGraphic>
      <Format>image/jpeg</Format>
      <Format>image/png</Format>
      <Format>image/gif</Format>
      <Format>image/png;mode=24bit</Format>
      <Format>image/vnd.wap.wbmp</Format>
      <DCPType>
        <HTTP>
          <Get><OnlineResource xmlns:xlink="http://www.w3.org/1999/xlink" xlink:
href="http://192.168.0.10/wms?"/></Get>
          <Post> < OnlineResource  xmlns: xlink = " http://www.w3.org/1999/xlink "
```

```
xlink:href="http://192.168.0.10/wms?"/></Post>
        </HTTP>
      </DCPType>
    </GetLegendGraphic>
    <GetStyles>
      <Format>text/xml</Format>
      <DCPType>
        <HTTP>
          <Get><OnlineResource xmlns:xlink="http://www.w3.org/1999/xlink" xlink:
href="http://192.168.0.10/wms?"/></Get>
          <Post> < OnlineResource  xmlns: xlink = " http://www.w3.org/1999/xlink "
xlink:href="http://192.168.0.10/wms?"/></Post>
        </HTTP>
      </DCPType>
    </GetStyles>
  </Request>
  <Exception>
    <Format>application/vnd.ogc.se_xml</Format>
    <Format>application/vnd.ogc.se_inimage</Format>
    <Format>application/vnd.ogc.se_blank</Format>
  </Exception>
  <VendorSpecificCapabilities />
  < UserDefinedSymbolization SupportSLD = " 1 " UserLayer = " 0 " UserStyle = " 1 "
RemoteWFS="0"/>
  <Layer>
    <Name>Vmap0</Name>
    <Title>Metacarta WMS VMaplv0</Title>
    <Abstract>Vmap0</Abstract>
    <SRS>EPSG:4269</SRS>
    <SRS>EPSG:4326</SRS>
    <SRS>EPSG:900913</SRS>
    <LatLonBoundingBox minx="-180" miny="-90" maxx="180" maxy="90" />
    <Layer>
      <Name>basic</Name>
<! -- WARNING:Mandatory metadata '..._GROUP_TITLE' was missing in this context. -->
      <Title>basic</Title>
      <Abstract>basic</Abstract>
      <Layer queryable="0" opaque="0" cascaded="0">
        <Name>ocean</Name>
<! -- WARNING:Mandatory metadata '..._title' was missing in this context. -->
        <Title>ocean</Title>
        <! -- WARNING:Optional LatLonBoundingBox could not be established for this
```

```
layer.  Consider setting the EXTENT in the LAYER object,or wms_extent metadata. Also check that your data exists in the DATA statement -->
      </Layer>
    ......
    <Layer queryable="0" opaque="0" cascaded="0">
        <Name>ctylabel</Name>
<!-- WARNING:Mandatory metadata '..._title'was missing in this context. -->
        <Title>ctylabel</Title>
        <LatLonBoundingBox minx="-165.27" miny="-53.15" maxx="177.13" maxy="78.2" />
    </Layer>
  </Layer>
</Capability>
</WMT_MS_Capabilities>
```

注意，响应包含一系列嵌套的<layer>元素。顶层的<layer>元素通常称为 WMS。对于其中的每个数据源，WMS 都包含一个相应的<layer>元素。对应于某数据源的<layer>元素，针对该数据源中的每个底图，又包含一个相应的<layer>元素。以此类推，对应于某底图的<layer>元素，针对该底图中的每个主题，又包含一个相应的<layer>元素。

（2）GetMap 请求

GetMap 请求是主地图请求，利用它可以告诉 WMS 使用什么数据以及怎样格式化生成地图。GetMap 请求的响应是一个流图像。下面是一个 GetMap 请求的示例。

```
http://192.168.0.10/wms
?VERSION=1.1.1
&REQUEST=GetMap
&FORMAT=image/gif
&WIDTH=480
&HEIGHT=400
&SRS=EPSG:4326
&BBOX=-126,33,-114,45
&LAYERS=US_STATES,US_COUNTIES,US_PARKS,US_INTERSTATES,US_CITIES
&BASEMAP=US_BASE_MAP
&DATASOURCE=spatial
```

表 6-4 为提供给 GetMap 请求的主要参数。

表 6-4　提供给 GetMap 请求的主要参数

参数	用法
FORMAT	指定生成地图图像的格式。服务器支持的格式列举在对 GetCapabilities 请求的响应中
WIDTH	生成地图中图像的像素宽度
HEIGHT	生成地图中图像的像素高度

续表

参数	用法
BGCOLOR	用于地图的背景色。指定使用十六进制的 RGB 表示法。默认值为 0xFFFFFF，或白色。要得到“海洋蓝”背景（常规 Mapserver 请求的默认背景色）使用 0xA6CAE0
TRANSPARENT	一个指明地图背景是否应当透明的字符串（TRUE 或 FALSE，默认情况为后者）。这个参数仅适用于输出格式为 PNG 的情况
SRS	生成地图的空间参照系统。它被指定为一个名称空间（这里是 EPSG），其后为空间参照系统的号码（这里是 4326）。可以查看下面的 13.9.4 节中关于 EPSG 代码到 Oracle 空间代码的映射的讨论
BBOX	地图覆盖区域的空间坐标，该坐标是由 SRS 参数指定的坐标系
LAYERS	一个包含在地图上的以逗号隔开的层列表

(3) GetFeatureInfo 请求

使用 GetFeatureInfo 请求可以得到关于特性（feature）的属性信息，这些特性位于由一个 GetMap 请求产生的特定地图上。GetFeatureInfo 请求的目的是允许一个应用程序捕获用户点击的点，并为位于地图上这一点的特性而查询服务器。这一点被传入图像坐标中，也就是说，以像素为单位从地图左上角的（0，0）点开始计算该点的坐标。

下面是一个在给定点处查询 3 个特性层的 GetFeatureInfo 请求的示例：

```
http://192.168.0.10/mapserver/wms
? VERSION=1.1.1
&REQUEST=GetFeatureInfo
&FORMAT=image/gif
&WIDTH=480
&HEIGHT=400
&SRS=EPSG:4326
&BBOX=-126,33,-114,45
&LAYERS=US_STATES,US_COUNTIES,US_RIVERS,US_PARKS,US_INTERSTATES,US_CITIES
&DATASOURCE=spatial
&INFO_FORMAT=text/xml
&QUERY_LAYERS=US_STATES,US_COUNTIES,US_PARKS
&X=240&Y=200
```

当调用 GetFeatureInfo 请求时，所包含的参数必须与传送给 GetMap 请求的参数一样，如表 6-5 所示。

表 6-5 调用 GetFeatureInfo 请求时所包含的参数

参数	用法
INFO_ FORMAT	指定结果输出的格式。Mapserver 支持的唯一格式是 text/xml
QUERY_ LAYERS	以逗号隔开的图层查询列表。此列表必须是显示在地图上的图层的子集（列于 LAYERS 参数中）
X	查询点的 X 位置（在图像坐标中，换句话说，以像素为单位从地图顶部向下计算）
Y	查询点的 Y 位置（在图像坐标中，换句话说，以像素为单位从地图左边开始计算）
FEATURE_ COUNT	返回特性的数目（默认为 1）

前面查询的结果是一个 XML 文档。

```
<? xml version="1.0" encoding="UTF-8"? >
<GetFeatureInfo_Result>
<ROWSET name="STATES.US_STATES" >
<ROW num="1">
<ROWID>AAAQykAAEAAACFUAAE</ROWID>
</ROW>
</ROWSET>
<ROWSET name="COUNTIES.US_COUNTIES" >
<ROW num="1">
<COUNTY>Tuolumne</COUNTY>
<LAND>2235.2656</LAND>
<POPULATION>48456</POPULATION>
</ROW>
</ROWSET>
<ROWSET name="PARKS.US_PARKS" >
</ROWSET>
</GetFeatureInfo_Result>
```

此查询在指定点找到一个州和一个县，但是没有公园。对于一个州来说，该查询只返回特性的 ROWID。对于县来说，该查询返回一些属性值；这些属性在主题定义中被定义为“信息列”。

6.4.1.3　地图目录数据服务 OGC-CSW 服务接口

全国地质资料目录服务中心通过 OGC-CSW 接口提供数据服务。全国地质资料目录服务中心数据服务节点的 CSW 服务基于 GeoNetwork opensource 进行定制，目前支持 OGC-CSW 2.0.2 版本协议，主要接口描述如下。

（1）GetCapabilities 请求

A. 请求

GetCapabilities 提供了 CSW 的客户端从数据服务节点检索服务元数据的接口，服务节点在收到请求后，将服务的元数据封装成为标准的 XML 格式后返回客户端。

GET 请求格式：

```
http://192.168.0.10/csw/srv/en/csw? request=GetCapabilities
&service=CSW&acceptVersions=2.0.2&acceptFormats=application%2Fxml
```

POST 请求格式：

```
Url:
http:// 192.168.0.10/csw/srv/en/csw
Mime-type:
application/xml
Post data:
<? xml version="1.0" encoding="UTF-8"? >
```

```
<csw:GetCapabilities xmlns:csw="http://www.opengis.net/cat/csw/2.0.2" service="
CSW">
<ows:AcceptVersions xmlns:ows="http://www.opengis.net/ows">
<ows:Version>2.0.2</ows:Version>
</ows:AcceptVersions>
<ows:AcceptFormats xmlns:ows="http://www.opengis.net/ows">
<ows:OutputFormat>application/xml</ows:OutputFormat>
</ows:AcceptFormats>
</csw:GetCapabilities>
```

SOAP 请求格式：

```
Url:
http:// 192.168.0.10/csw/srv/en/csw

Mime-type:
application/soap+xml

Post data:
<? xml version="1.0" encoding="UTF-8"? >
<env:Envelope xmlns:env="http://www.w3.org/2003/05/soap-envelope">
<env:Body>
<csw:GetCapabilities xmlns:csw="http://www.opengis.net/cat/csw/2.0.2"
service="CSW">
<ows:AcceptVersions xmlns:ows="http://www.opengis.net/ows">
<ows:Version>2.0.2</ows:Version>
</ows:AcceptVersions>
<ows:AcceptFormats xmlns:ows="http://www.opengis.net/ows">
<ows:OutputFormat>application/xml</ows:OutputFormat>
</ows:AcceptFormats>
</csw:GetCapabilities>
</env:Body>
</env:Envelope>
```

B. 响应

返回结果如下：

```
<? xml version="1.0" encoding="UTF-8"? >
<csw:Capabilities xmlns:csw="http://www.opengis.net/cat/csw/2.0.2" xmlns:gml="
http://www.opengis.net/gml" xmlns:gmd="http://www.isotc211.org/2005/gmd" xmlns:
ows="http://www.opengis.net/ows" xmlns:ogc="http://www.opengis.net/ogc" xmlns:
xlink = " http://www.w3.org/1999/xlink "  xmlns: xsi = " http://www.w3.org/2001/
XMLSchema-instance" version="2.0.2" xsi:schemaLocation="http://www.opengis.net/
cat/csw/2.0.2 http://schemas.opengis.net/csw/2.0.2/CSW-discovery.xsd">
  <ows:ServiceIdentification>
    <ows:Title />
```

```
  <ows:Abstract />
  <ows:Keywords>
    <ows:Keyword>geology data</ows:Keyword>
    <ows:Type>theme</ows:Type>
  </ows:Keywords>
  <ows:ServiceType>CSW</ows:ServiceType>
  <ows:ServiceTypeVersion>2.0.2</ows:ServiceTypeVersion>
  <ows:Fees />
  <ows:AccessConstraints />
</ows:ServiceIdentification>
<ows:ServiceProvider>
  <ows:ProviderName>GeoNetwork opensource</ows:ProviderName>
  <ows:ProviderSite xlink:href="http:// 192.168.0.10/csw" />
  <ows:ServiceContact>
    <ows:IndividualName />
    <ows:PositionName />
    <ows:ContactInfo>
      <ows:Phone>
        <ows:Voice />
        <ows:Facsimile />
      </ows:Phone>
      <ows:Address>
        <ows:DeliveryPoint />
        <ows:City />
        <ows:AdministrativeArea />
        <ows:PostalCode />
        <ows:Country />
        <ows:ElectronicMailAddress />
      </ows:Address>
      <ows:HoursOfService />
      <ows:ContactInstructions />
    </ows:ContactInfo>
    <ows:Role />
  </ows:ServiceContact>
</ows:ServiceProvider>
<ows:OperationsMetadata>
  <ows:Operation name="GetCapabilities">
    <ows:DCP>
      <ows:HTTP>
        <ows:Get xlink:href="http:// 192.168.0.10/csw/srv/en/csw" />
        <ows:Post xlink:href="http:// 192.168.0.10/csw/srv/en/csw" />
      </ows:HTTP>
```

```
      </ows:DCP>
      <ows:Parameter name="sections">
        <ows:Value>ServiceIdentification</ows:Value>
        <ows:Value>ServiceProvider</ows:Value>
        <ows:Value>OperationsMetadata</ows:Value>
        <ows:Value>Filter_Capabilities</ows:Value>
      </ows:Parameter>
      <ows:Constraint name="PostEncoding">
        <ows:Value>XML</ows:Value>
      </ows:Constraint>
    </ows:Operation>
    <ows:Operation name="DescribeRecord">
      <ows:DCP>
        <ows:HTTP>
…
    </ogc:Spatial_Capabilities>
    <ogc:Scalar_Capabilities>
      <ogc:LogicalOperators />
      <ogc:ComparisonOperators>
        <ogc:ComparisonOperator>EqualTo</ogc:ComparisonOperator>
        <ogc:ComparisonOperator>Like</ogc:ComparisonOperator>
        <ogc:ComparisonOperator>LessThan</ogc:ComparisonOperator>
        <ogc:ComparisonOperator>GreaterThan</ogc:ComparisonOperator>
        <! -- LessThanOrEqualTo is in OGC Filter Spec,LessThanEqualTo is in OGC CSW
schema -->
        <ogc:ComparisonOperator>LessThanEqualTo</ogc:ComparisonOperator>
<ogc:ComparisonOperator>LessThanOrEqualTo</ogc:ComparisonOperator>
        <! -- GreaterThanOrEqualTo is in OGC Filter Spec,GreaterThanEqualTo is in
OGC CSW schema -->
<ogc:ComparisonOperator>GreaterThanEqualTo</ogc:ComparisonOperator>
<ogc:ComparisonOperator>GreaterThanOrEqualTo</ogc:ComparisonOperator>
        <ogc:ComparisonOperator>NotEqualTo</ogc:ComparisonOperator>
        <ogc:ComparisonOperator>Between</ogc:ComparisonOperator>
        <ogc:ComparisonOperator>NullCheck</ogc:ComparisonOperator>
        <! -- FIXME:Check NullCheck operation is available -->
      </ogc:ComparisonOperators>
    </ogc:Scalar_Capabilities>
    <ogc:Id_Capabilities>
      <ogc:EID />
      <ogc:FID />
    </ogc:Id_Capabilities>
  </ogc:Filter_Capabilities>
```

```
</csw:Capabilities>
```

（2）DescribeRecord 请求

A. 请求

DescribeRecord 提供了 CSW 的客户发现数据服务节点目录服务信息模型的功能。

GET 请求格式：

```
http://192.168.0.10/csw/srv/en/csw? request=DescribeRecord
&service=CSW
&version=2.0.2
&outputFormat=application%2Fxml
&schemaLanguage=http%3A%2F%2Fwww.w3.org%2FXML%2FSchema
&namespace=csw%3Ahttp%3A%2F%2Fwww.opengis.net%2Fcat%2Fcsw%2F2.0.2
```

POST 请求格式：

```
Url:
http://192.168.0.10/csw/srv/en/csw
Mime-type:
application/xml
Post data:
<?xml version="1.0" encoding="UTF-8"?>
<csw:DescribeRecord xmlns:csw="http://www.opengis.net/cat/csw/2.0.2" service=
"CSW" version="2.0.2" outputFormat="application/xml" schemaLanguage="http://
www.w3.org/XML/Schema" />
```

SOAP 请求格式：

```
Url:
http://192.168.0.10/csw/srv/en/csw
Mime-type:
application/soap+xml
Post data:
<?xml version="1.0" encoding="UTF-8"?>
<env:Envelope xmlns:env="http://www.w3.org/2003/05/soap-envelope">
  <env:Body>
    <csw:DescribeRecord xmlns:csw="http://www.opengis.net/cat/csw/2.0.2" service
="CSW" version="2.0.2" outputFormat="application/xml" schemaLanguage="http://
www.w3.org/XML/Schema" />
  </env:Body>
</env:Envelope>
```

B. 响应

返回结果如下：

```
<?xml version="1.0" encoding="UTF-8"?>
<csw:DescribeRecordResponse xmlns:csw="http://www.opengis.net/cat/csw/2.0.2"
xmlns:xsi="http://www.w3.org/2001/XMLSchema-instance" xsi:schemaLocation=
```

```
"http://www.opengis.net/cat/csw/2.0.2 http://schemas.opengis.net/csw/2.0.2/CSW-discovery.xsd">
  <csw:SchemaComponent targetNamespace="http://www.opengis.net/cat/csw/2.0.2" schemaLanguage="http://www.w3.org/XML/Schema">
    <xsd:schema xmlns:xsd="http://www.w3.org/2001/XMLSchema" xmlns:dc="http://purl.org/dc/elements/1.1/" xmlns:dct="http://purl.org/dc/terms/" xmlns:ows="http://www.opengis.net/ows" id="csw-record" targetNamespace="http://www.opengis.net/cat/csw/2.0.2" elementFormDefault="qualified" version="2.0.2">
      <xsd:annotation>
        <xsd:appinfo>
<dc:identifier>http://schemas.opengis.net/csw/2.0.2/record.xsd</dc:identifier>
        </xsd:appinfo>
        <xsd:documentation xml:lang="en">This schema defines the basic record types that must be supported
         by all CSW implementations. These correspond to full,summary,and
         brief views based on DCMI metadata terms. </xsd:documentation>
      </xsd:annotation>
      <xsd:import namespace="http://purl.org/dc/terms/" schemaLocation="rec-dcterms.xsd" />
      <xsd:import namespace="http://purl.org/dc/elements/1.1/" schemaLocation="rec-dcmes.xsd" />
      <xsd:import namespace="http://www.opengis.net/ows" schemaLocation="../../ows/1.0.0/owsAll.xsd" />
      <xsd:element name="AbstractRecord" id="AbstractRecord" type="csw:AbstractRecordType" abstract="true" />
      <xsd:complexType name="AbstractRecordType" id="AbstractRecordType" abstract="true" />
      <xsd:element name="DCMIRecord" type="csw:DCMIRecordType" substitutionGroup="csw:AbstractRecord" />
      <xsd:complexType name="DCMIRecordType">
        <xsd:annotation>
          <xsd:documentation xml:lang="en">This type encapsulates all of the standard DCMI metadata terms,
           including the Dublin Core refinements;these terms may be mapped
           to the profile-specific information model. </xsd:documentation>
        </xsd:annotation>
        <xsd:complexContent>
          <xsd:extension base="csw:AbstractRecordType">
            <xsd:sequence>
              <xsd:group ref="dct:DCMI-terms" />
            </xsd:sequence>
          </xsd:extension>
```

```
        </xsd:complexContent>
      </xsd:complexType>
…
<xsd:complexType name="SummaryRecordType" final="#all">
        <xsd:annotation>
          <xsd:documentation xml:lang="en">… the common record
            format.  It extends AbstractRecordType to include the core
            properties.</xsd:documentation>
        </xsd:annotation>
        <xsd:complexContent>
          <xsd:extension base="csw:AbstractRecordType">
            <xsd:sequence>
              <"dc:identifier" minOccurs="1" maxOccurs="unbounded" />
              <"dc:title" minOccurs="1" maxOccurs="unbounded" />
              <"dc:type" minOccurs="0" />
              <"dc:subject" minOccurs="0" maxOccurs="unbounded" />
              <"dc:format" minOccurs="0" maxOccurs="unbounded" />
              <"dc:relation" minOccurs="0" maxOccurs="unbounded" />
              <"dct:modified" minOccurs="0" maxOccurs="unbounded" />
              <"dct:abstract" minOccurs="0" maxOccurs="unbounded" />
              <"dct:spatial" minOccurs="0" maxOccurs="unbounded" />
              <"ows:BoundingBox" minOccurs="0" maxOccurs="unbounded" />
            </xsd:sequence>
          </xsd:extension>
        </xsd:complexContent>
      </xsd:complexType>
…
      </xs:complexType>
  </csw:SchemaComponent>
</csw:DescribeRecordResponse>
```

（3）GetRecordById 请求

A. 请求

GetRecordById 提供了基于 ID 来获取一条记录的元数据的功能。

GET 请求格式：

```
http://192.168.0.10/csw srv/en/csw? request=GetRecordById
&service=CSW
&version=2.0.2
&elementSetName=full
&id=98212
```

POST 请求格式：

```
Url:
```

```
http://localhost:8080/csw/srv/en/csw
Mime-type:
application/xml
Post data:
<? xml version="1.0" encoding="UTF-8"? >
  <csw:GetRecordById xmlns:csw="http://www.opengis.net/cat/csw/2.0.2" service="
CSW" version="2.0.2">
  <csw:Id>98212</csw:Id>
  <csw:ElementSetName>full</csw:ElementSetName>
</csw:GetRecordById>
```

SOAP 请求格式：

```
    Url:
http://localhost:8080/csw/srv/en/csw
Mime-type:
application/soap+xml
Post data:
<? xml version="1.0" encoding="UTF-8"? >
<env:Envelope xmlns:env="http://www.w3.org/2003/05/soap-envelope">
  <env:Body>
    <csw:GetRecordById xmlns:csw="http://www.opengis.net/cat/csw/2.0.2" service
="CSW" version="2.0.2">
      <csw:Id>98212</csw:Id>
      <csw:ElementSetName>full</csw:ElementSetName>
    </csw:GetRecordById>
  </env:Body>
</env:Envelope>
```

B. 响应

返回结果如下：

```
<? xml version="1.0" encoding="UTF-8"? >
…
              <"dc:identifier"/>
                 < "dc:title"/>内蒙古自治区东胜煤田正泰煤矿煤炭资源储量核实报告< "dc:
title"/>
                 <"dc:type"/>报告  < "dc:type "/>
                 <"dc:subject" />内蒙古自治区东胜煤田正泰煤矿煤炭资源储量核实报告< "dc:
subject "/>
                 <"dc:format" /> file < "dc:format "/>
                 <"dc:relation" />  < "dc:relation "/>
                 <"dct:modified"/> 2012-05-07  < "dc:modified "/>
                 <"dct:abstract" />一、位置、交通及经济地理概况,二、区域地质及水文地质概
况,三、矿区的埋藏量及矿床的评价。该汇编共录入全国磷矿矿床储量平衡表说明 33 份,其中内蒙古 1
份、陕西 4 份、甘肃(现为宁夏)1 份、安徽 3 份、江苏 2 份、浙江 < "dc:abstract "/>
```

```
            <"dct:spatial" />  < "dc:spatial "/>
            <"ows: BoundingBox " /> 110.674 110.704, 39.3061 39.3233 < " dc:
BoundingBox "/>

</csw:GetRecordByIdResponse>
```

（4）GetRecords 请求

A. 请求

GetRecords 提供了基于查询条件来获取匹配记录的功能。

GET 方式的请求：

```
Url:
http://localhost:8080/csw/srv/en/csw? request=GetRecords
&service=CSW
&version=2.0.2
&namespace = xmlns% 28csw% 3Dhttp% 3A% 2F% 2Fwww.opengis.net% 2Fcat% 2Fcsw%
2F2.0.2% 29% 2Cxmlns% 28gmd% 3Dhttp% 3A% 2F% 2Fwww.isotc211.org% 2F2005%
2Fgmd% 29
&constraint=AnyText+like+% 25africa% 25
&constraintLanguage=CQL_TEXT
&constraint_language_version=1.1.0
&typeNames=csw% 3ARecord
```

POST 方式的请求：

```
Url:
http:// 192.168.0.10/csw/srv/en/csw
Mime-type:
application/xml
Post data:
<? xml version="1.0" encoding="UTF-8"? >
<csw:GetRecords xmlns:csw="http://www.opengis.net/cat/csw/2.0.2" service="CSW"
version="2.0.2">
  <csw:Query typeNames="csw:Record">
    <csw:Constraint version="1.1.0">
      <Filter xmlns="http://www.opengis.net/ogc" xmlns:gml="http://www.opengis.net/
gml">
        <PropertyIsLike wildCard="% " singleChar="_" escape="\\">
          <PropertyName>AnyText</PropertyName>
          <Literal>% africa% </Literal>
        </PropertyIsLike>
      </Filter>
    </csw:Constraint>
  </csw:Query>
</csw:GetRecords>
```

SOAP 方式的请求：

```
Url:
http://localhost:8080/csw/srv/en/csw
Mime-type:
application/soap+xml
Post data:
<? xml version="1.0" encoding="UTF-8"? >
<env:Envelope xmlns:env="http://www.w3.org/2003/05/soap-envelope">
  <env:Body>
    <csw:GetRecords xmlns:csw="http://www.opengis.net/cat/csw/2.0.2" service=
"CSW"version="2.0.2">
      <csw:Query typeNames="csw:Record">
        <csw:Constraint version="1.1.0">
          <Filter xmlns=" http://www.opengis.net/ogc " xmlns: gml = " http://
www.opengis.net/gml">
            <PropertyIsLike wildCard="% " singleChar="_" escape="\\">
              <PropertyName>AnyText</PropertyName>
              <Literal>% 海南铜矿 % </Literal>
            </PropertyIsLike>
          </Filter>
        </csw:Constraint>
      </csw:Query>
    </csw:GetRecords>
  </env:Body>
</env:Envelope>
```

B. 响应

返回结果如下：

```
<? xml version="1.0" encoding="UTF-8"? >
<csw:GetRecordsResponse xmlns:csw="http://www.opengis.net/cat/csw/2.0.2" xmlns:
xsi = " http://www.w3.org/2001/XMLSchema - instance " xsi: schemaLocation = "http://www.
opengis.net/cat/csw/2.0.2 http://schemas.opengis.net/csw/2.0.2/CSW-discovery.xsd">
  <csw:SearchStatus timestamp="2012-12-25T16:29:40" />
  <csw:SearchResults ="710" numberOfRecordsReturned="10" elementSet="summary"
nextRecord="11" />
</csw:GetRecordsResponse>
```

6.4.2 专用接口

6.4.2.1 与地学空间信息检索系统接口

“地学空间信息检索系统”由中国地质调查局西安地质调查中心研发，以集群模式开展地质资料空间信息的发布服务，为地学空间数据（含点线面和贴图要素几何与属性）提供共享发布和图形可视化交互环境，具备矢量、栅格以及细粒度空间实体属性解析接口的聚合承载与服务能力，支持多手段检索和分页控制。

在大区和省级地质资料馆藏机构集群体系构建过程中，总体布局按照“一个主结点-多个分节点”进行了平台部署，各节点之间实现了网状跨域互联。由于“全国地质资料目录服务中心系统”与“地学空间信息检索系统”采用的设计思路、基础架构、数据结构、存储方式等均有差异，两平台跨域对接需重点解决接口的一致性、异构数据的包容性等问题。两平台具有功能互补性，两者的异同点如表 6-6 所示。

表 6-6　跨平台主要技术参数对照表

指标项	全国地质资料目录服务中心系统	地学空间信息检索系统
操作系统	Windows	Windows / Linux
运行时支持环境	java 虚拟机	. net 框架
数据库管理系统	开源 Mysql	开源 Postgresql
空间数据引擎		开源 postgis
大数据框架		Postgres XL / Citus
		Linux 操作系统
服务器端编程语言	JAVA	C#
客户端脚本语言	Javascript	Javascript
接口模式	Web API	Web API（RESTfull）
数据源	地质资料目录数据库	空间异构数据库

（1）跨平台对接原理及指令参数

项目实施期间，研发团队进行了多次沟通和协商，共同厘定了接口协议、指令名称、参数约定、传输格式、分页控制方式等内容。

目前，在解决数据跨域传输方面，现行技术通常采用符合 REST（representational state transfer，表述性状态转移）模式的对接方式，REST 是一种针对网络应用的设计和开发方式，可以降低开发的复杂性，提高系统的可伸缩性。REST 提出了一些设计概念和准则：网络上的所有事物都被抽象为资源（resource）；每个资源对应一个唯一的资源标识（resource identifier）；通过通用的连接器接口（generic connector interface）对资源进行操作；对资源的各种操作不会改变资源标识；所有的操作都是无状态的（stateless）。微软 . net 框架内嵌的 WCF 技术为实现 REST 接口服务模式提供了底层技术支撑。

由于全国地质资料目录服务中心现已存储 120 余万条目录数据信息，为避免网络堵塞，缓解服务器推送压力，采取了串行数据缓冲池技术措施，工作原理如图 6-52 所示。

大致步骤为：地学空间信息检索系统先与全国地质资料目录服务中心系统接口进行挂接，然后获取具有空间位置信息的数据记录总数量，根据总数据和每次接收的数量计算往返次数，然后获取单次传输的 xml 数据，并将其按序号存入缓存文件夹内，参与组网对等操作，从而实现发布。

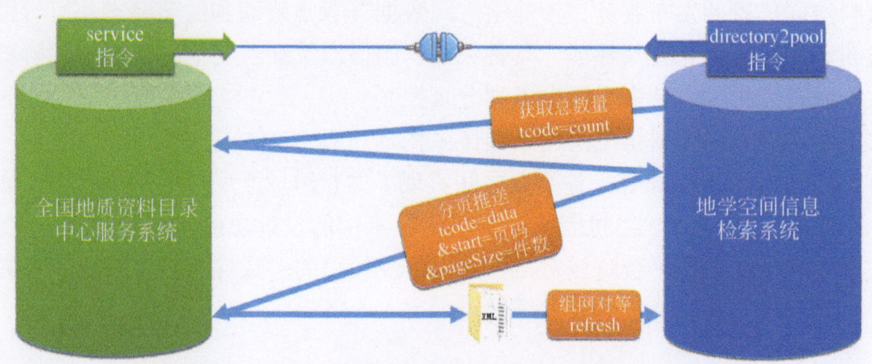

图 6-52 与全国地质资料目录中心服务系统对接原理图

1）全国地质资料目录中心服务系统接口地址和指令如下。

获取总件数：http：//219. 142. 81. 93/dzml/service？key=密钥 &tcode=count

依据页码和件数获取数据：http：//219. 142. 81. 93/dzml/service？key=密钥 &tcode=data&start=0&pageSize=10，其中，tcode=data 的时候是返回 kml 数据，start 是开始记录数，最小值为：0；最大值为：总数-1，pageSize 是每次查询返回的条数。

2）地学空间信息检索系统接口指令及参数含义如下。

directory2pool？url= {URL} &pagesize = {PAGESIZE} &path = {PATH} &force = {FORCE}

获取全国地质资料目录服务中心数据并在默认或指定的池 App_ Data 下 PATH 内按序列化 geosite 格式的 xml 文档进行存储，为对等器提供池化的数据源。其中，URL：指向服务地址接口指令（含密钥），默认 http：//219. 142. 81. 93/dzml/service？key = 密钥；PAGESIZE：每次获取的图元个数，默认 500；PATH：存储池名称，默认_ directory；FORCE：等于 1 时强行刷新存储池，默认 0（仅处理增量文件!）。若参数省略，便按默认值对待。

（2）跨平台对接数据传输格式

由全国地质资料目录服务中心数据服务接口获取到的 xml 格式数据流，包含的数据项（42 个）及归类（5 类）如下。

```
//第一类:标识:0----5
{"TM","题名"},
{"LBMC","类别"},
{"GZCDMC","工作程度"},
{"ZTC","主题词"},
{"XCDW","形成单位"},
{"XCSJ","形成时间"},
//第二类:摘要:6
{"NRTY","内容提要"},
//第三类:位置:7----13
{"XZQMC1","行政区 1"},
```

```
{"XZQMC2","行政区 2"},
{"XZQMC3","行政区 3"},
{"SLON","起始经度"},
{"SLAT","起始纬度"},
{"ELON","终止经度"},
{"ELAT","终止纬度"},
//第四类:矿产:14----28
{"KCMC1","矿产 1"},
{"KCMC2","矿产 2"},
{"KCMC3","矿产 3"},
{"KCMC4","矿产 4"},
{"KCMC5","矿产 5"},
{"KCMC6","矿产 6"},
{"KCMC7","矿产 7"},
{"KCMC8","矿产 8"},
{"KCMC9","矿产 9"},
{"KCMC10","矿产 10"},
{"KCMC11","矿产 11"},
{"KCMC12","矿产 12"},
{"KCMC13","矿产 13"},
{"KCMC14","矿产 14"},
{"KCMC15","矿产 15"},
//第五类:馆藏:29----42
{"GCDW","馆藏单位"},
{"DH","档号"},
{"ID","编号"},
{"LX","类型"},
{"YZ","语种"},
{"MJ","密级"},
{"PZJG","批准机构"},
{"PZSJ","批准时间"},
{"HJSJ","汇交时间"},
{"BHQ","保护期"},
{"BGQX","保管期限"},
{"QSSJ","起始时间"},
{"ZZSJ","终止时间"},
{"HJLB","汇交类别"}
```

地学空间信息系统由接口获取到的属性架构描述如下。

```
<ExtendedData>
    <SchemaData >
    <SimpleField name="ID" type="int"/>
    <SimpleField name="LX" type="string"/><! --类型 C/Y/S-->
```

```
<SimpleField name="GCDW" type="string"/><! --数据馆藏单位-->
<SimpleField name="TM" type="string"/><! --题名 -->
<SimpleField name="DH" type="string"/><! --档号 -->
<SimpleField name="LBDM" type="string"/><! --类别代码-->
<SimpleField name="LBMC" type="string"/><! --类别名称-->
<SimpleField name="GZCDDM" type="string"/><! --工作程度代码-->
<SimpleField name="GZCDMC" type="string"/><! --工作程度名称-->
<SimpleField name="XCSJ" type="string"/><! --形成时间-->
<SimpleField name="SLON" type="double"/><! --开始经度-->
<SimpleField name="SLAT" type="double"/><! --开始纬度-->
<SimpleField name="ELON" type="double"/><! --终止经度-->
<SimpleField name="ELAT" type="double"/><! --终止纬度-->
<SimpleField name="KCDM1" type="string"/><! --矿产代码 1-15-->
<SimpleField name="KCMC1" type="string"/>
<SimpleField name="KCDM2" type="string"/>
<SimpleField name="KCMC2" type="string"/>
<SimpleField name="KCDM3" type="string"/>
<SimpleField name="KCMC3" type="string"/>
<SimpleField name="KCDM4" type="string"/>
<SimpleField name="KCMC4" type="string"/>
<SimpleField name="KCDM5" type="string"/>
<SimpleField name="KCMC5" type="string"/>
<SimpleField name="KCDM6" type="string"/>
<SimpleField name="KCMC6" type="string"/>
<SimpleField name="KCDM7" type="string"/>
<SimpleField name="KCMC7" type="string"/>
<SimpleField name="KCDM8" type="string"/>
<SimpleField name="KCMC8" type="string"/>
<SimpleField name="KCDM9" type="string"/>
<SimpleField name="KCMC9" type="string"/>
<SimpleField name="KCDM10" type="string"/>
<SimpleField name="KCMC10" type="string"/>
<SimpleField name="KCDM11" type="string"/>
<SimpleField name="KCMC11" type="string"/>
<SimpleField name="KCDM12" type="string"/>
<SimpleField name="KCMC12" type="string"/>
<SimpleField name="KCDM13" type="string"/>
<SimpleField name="KCMC13" type="string"/>
<SimpleField name="KCDM14" type="string"/>
<SimpleField name="KCMC14" type="string"/>
<SimpleField name="KCDM15" type="string"/>
<SimpleField name="KCMC15" type="string"/>
```

```
    <SimpleField name="XZQDM1" type="string"/><! --行政区代码 1-3 -->
    <SimpleField name="XZQMC1" type="string"/><! --行政区名称 1-3 -->
    <SimpleField name="XZQDM2" type="string"/>
    <SimpleField name="XZQMC2" type="string"/>
    <SimpleField name="XZQDM3" type="string"/>
    <SimpleField name="XZQMC3" type="string"/>
    <SimpleField name="XCDW" type="string"/><! --形成单位-->
    <SimpleField name="PZJG" type="string"/><! --批准机构 -->
    <SimpleField name="PZSJ" type="string"/><! --批准时间-->
    <SimpleField name="YZ" type="string"/><! --语种-->
    <SimpleField name="HJSJ" type="string"/><! --汇交时间-->
    <SimpleField name="MJ" type="string"/><! --密级-->
    <SimpleField name="BHQ" type="string"/><! --保护期-->
    <SimpleField name="BGQX" type="string"/><! --保管期限-->
    <SimpleField name="ZTC" type="string"/><! --主题词-->
    <SimpleField name="NRTY" type="string"/><! --内容提要-->
    <SimpleField name="QSSJ" type="string"/><! --起始时间-->
    <SimpleField name="ZZSJ" type="string"/><! --终止时间-->
    <SimpleField name="HJLB" type="string"/><! --汇交类别-->
    </SchemaData>
</ExtendedData>
```

属性节转换为符合大数据架构的键值对结构实例如下。

```
<description>
    <field name="标识" alias="">
[{"name":"题名","alias":"TM","content":"山东省威海市温泉汤矿泉水文地质勘察报告书"},{"name":"类别","alias":"LBMC","content":"矿产勘查"},{"name":"工作程度","alias":"GZCDMC","content":"普查"},{"name":"形成时间","alias":"XCSJ","content":"1960-01-01"}]</field><field name="摘要" alias="">[{"name":"内容提要","alias":"NRTY","content":"温泉汤"}]</field><field name="矿产" alias="">[{"name":"矿产1","alias":"KCMC1","content":"矿泉水"}]</field><field name="馆藏" alias="">[{"name":"馆藏单位","alias":"GCDW","content":"全国地质资料馆"},{"name":"档号","alias":"DH","content":"399"},{"name":"编号","alias":"ID","content":"1707349"}]
</field>
</description>
```

专业类别字典与子图号对照如表6-7所示。

表6-7 专业类别字典与子图号对照表

专业类别	字典编码	Geosite 子图号
区调	10	7
区域地质调查	11	8
区域矿产调查	12	9

续表

专业类别	字典编码	Geosite 子图号
区域物化探调查	13	10
区域水工环调查	14	11
城市地质调查	15	12
区域农业地质调查	16	13
其他专项区调	19	14
海洋地质调查	20	19
海洋区域地质调查	21	20
海岸带地质矿产调查	22	21
大陆架地质矿产调查	23	22
国际海底资源地质调查	24	23
极地地质调查	25	24
其他海洋地质调查	29	25
矿产勘查	30	163
水工环勘查	40	208
水文地质勘查	41	209
工程地质勘查	42	210
环境（灾害）地质勘查	43	211
天然地震地质调查	44	212
物化遥勘查	50	182
物探	51	183
化探	52	184
遥感	53	185
物化探异常查证	54	186
地质科学研究	60	28
技术方法研究	70	31
其他	90	27
实物地质资料	SW01	30
原始地质资料	YS01	29
金属矿产地质勘查钻孔	Z23	20
非金属矿产地质勘查钻孔	Z24	21
水文地质勘查钻孔	Z30	22

6.4.2.2 与武警黄金部队目录中心接口

武警黄金系统接口同地学空间信息检索系统接口，使用不同的客户授权码即可。

6.5 本章小结

本章集成分析了全国地质资料目录服务中心系统的需求，开展了系统总体架构设计，并对系统的基本功能进行了阐述，展开介绍了目录数据管理、数据文件加工管理、数据服务管理、统一身份认证等功能。同时，开展面向通用系统和专业系统的通用接口和专用接口设计，为系统实现与应用勾绘出较完整的蓝图。

第 7 章　全国地质资料目录服务中心系统开发路线

7.1　系统开发技术路线

按照分层思路，采用基于三层体系的技术路线进行开发构建，即：客户端展示层、请求处理层、框架持久层。客户端展示层是为系统与客户的交互提供界面，同时为界面上的数据提供初步验证；控制层提供服务端请求处理功能，并通过标签库等底层支撑实现共性功能的封装和重用；数据存储持久层完成各类业务数据的存储、查询和异常处理工作。通过多层架构，系统保证了分层的松耦合和架构的开放（图 7-1）。

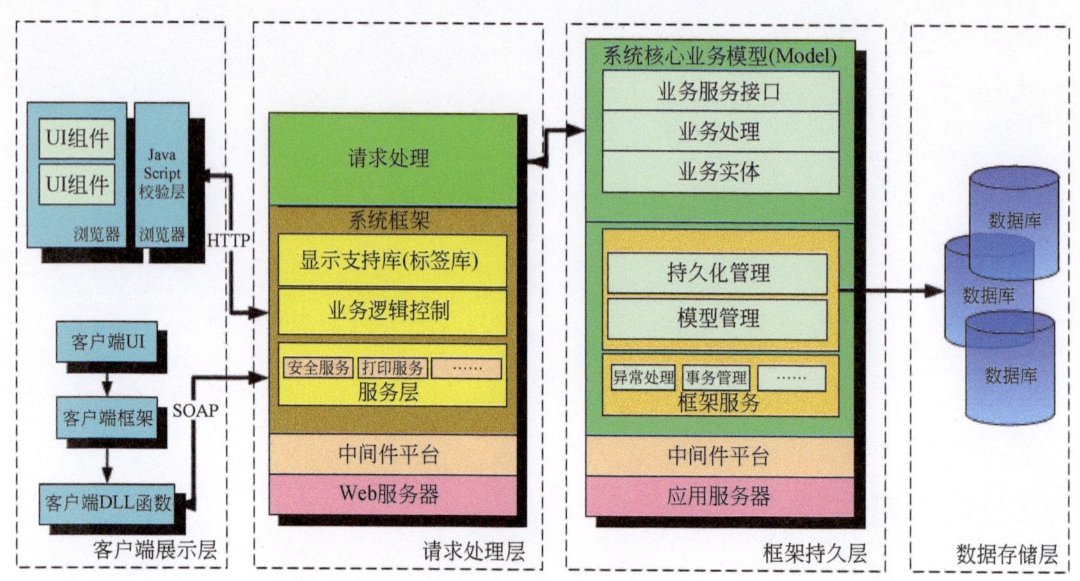

图 7-1　系统技术构建

7.2　系统开发关键技术

7.2.1　基于 OGC WMS 的地质资料空间数据分布式服务集成技术

在地质资料工作中，形成大量的空间数据，包括各类 shapefile 和空间数据库。这些空间数据分散在全国各个保管单位并进行动态的更新，将这些数据进行物理集中显然非常困难。为实现大量空间数据的统一服务，全国地质资料目录服务中心系统建设中探索利用空间服务集成的技术，允许各个节点发布各自的空间数据，主中心利用逻辑集中的方式，将分散在各个节点的空间数据服务进行集成，对外提供空间数据服务。在具体做法上，为保持系统的开放性，基于国际OGC WMS服务规范，定制节点服务系统和主中心的服务集成系统，由节点系统上传空间数据，并按照标准接口对外服务；在主中心注册各个节点的数据服务，并通过动态汇聚接口，将各个节点的服务进行集成。对外来看，用户并不知道数据是分散的，所有的空间数据的查询和叠加显示全部由系统自动完成。这就在保障用户体验的前提下，实现了空间数据服务的逻辑集中。

7.2.2 综合全文检索、地理编码和空间范围检索技术的智能化地质资料快速检索服务技术

地质资料数据既有空间数据，又有属性数据。一般的检索系统对属性数据提供属性检索，对空间数据提供空间图层查看功能。本项目中为提升用户使用的便捷性，综合了传统的属性检索技术、地理编码技术和空间检索技术，用户可以输入关键字进行全文检索，同时也可以在输入关键字基础上，按照空间范围（沿线、缓冲区、拉框、任意多边形）等多种方式进行综合检索。此外，系统自动将输入的属性与地址库进行比对，识别可能的地址信息，并通过地理编码技术将地址转换为空间位置，继而基于空间位置进行资料检索和推荐。总体上看，通过综合空间和属性检索等多种方式，系统极大地提升了检索的效率。

7.2.3 基于多参数加权的地质资料分布分析与热度展示技术

目前全国形成了大量的地质资料数据，如何利用这些数据，分析我国地质资料调查情况，对辅助地质资料管理决策有着重要意义。本项目中，基于汇聚的地质资料目录数据，综合了比例尺、地质资料调查类型（普查、详查、勘查）等多个参数的加权方法，基于空间热度分析算法，构建了全国地质资料分布热力图，直观的综合和展现了全国地质工作的开展情况和地质资料的分布情况。

7.2.4 分布式环境下高可靠目录同步技术

在分布式环境下，要实现主中心和分中心的目录同步，涉及1个国家地质资料馆和分布于31个省的地调系统资料馆、行业系统资料馆。由于各个分节点的运行环境、网络情况等各不相同，同步过程中常常会出现各类异常情况，导致主分中心目录同步出现失败。

针对这一问题，项目将引入多项技术提高目录同步稳定性和效率。

1）“基于时间点目录同步”技术。为提高更新效率，将通过在分中心目录数据中，设置最后更新时间和更新内容表示，标识特定数据集的更新时间和更新形式（目录更新、数据更新等），主中心在同步目录数据时，可以根据上次同步成功的时间点，自动查询分

中心该时间点后的更新数据集。

2）“自适应分批同步”技术。主中心在同步数据时，将首先采用上次更新的每批记录数进行同步目录数据，如果同步过程出现超时等情况，系统自动将同步记录数减半同步，如果同步时间小于预设同步阈值时，系统可以自动增加同步记录数。通过自适应分批同步，可以加强系统在同步过程中对网络的适应程度。

3）“重复数据识别”技术。在目录数据中，由于国家地质资料馆的数据有一部分来自于各省的目录汇交数据，故同步过程中，可能出现重复数据的情况。针对这一问题，系统将采用重复数据识别算法。为提高效率，系统将对每一数据集的元数据进行 HASH 计算，形成记录的表示串，当新数据更新时，系统自动匹配 HASH 标识，避免逐个字段的匹配，提高效率。

4）“XML 数据压缩”技术。为进一步提高效率，系统将支持对同步的 XML 数据进行压缩后传输，减少网络浏览，提高同步效率。

7.2.5 基于并行、缓存、超时失败的高效分布式检索技术

在覆盖 1 个国家地质资料馆和分布于 31 个省的地调系统资料馆、行业系统资料馆的分布式系统下，保障系统的稳定性和性能是一个巨大的挑战。这里提到的系统的稳定性是指如何保证整体系统不会因为一个分节点的问题而停止服务。这里提到的性能问题是指部分节点由于网络或其他因素导致服务效率或性能下降，如何还能够保障系统的响应速度不受过分影响。针对这一问题，系统将通过多种技术提高系统的稳定性和性能。

针对以上问题，系统将在分布式检索设计中，引入多项技术，具体如下。

1）“并行检索”技术，即并行向各个分节点发送查询请求，使系统的性能不会因为节点数量的增加而过度延长。

2）“历史查询缓存”技术，为避免每次查询均向各个分中心发出查询请求，系统支持历史查询命中缓存技术，即由主中心根据历史关键词查询反馈结果记录，动态记录不同分中心对于不同关键词的命中情况，并定期在夜间通过后台任务跟新匹配率；系统查询发现历史命中关键词时，可以根据历史记录决定向部分分中心进行检索。

3）“TopN 反馈”技术，即在初次查询是，仅返回前 TopN 条记录，具体数量可以更加系统运行情况动态配置，避免反馈过多反馈数据。

4）“匹配阈值过滤”技术，即由主中心指定各分中心反馈查询匹配程度高于指定阈值的记录，过滤不必要的数据集。

5）“超时失败”技术，为避免由于部分节点响应速度过慢，而影响整体查询效率，系统进入超时失败技术，即当部分节点在规定时间内没有返回结果时，系统将不再等待其反馈，而将直接利用目录信息进行快速本地检索，从而提升系统的响应速度。

6）“数据压缩”技术，系统在返回查询结果时，系统将支持数据压缩技术，将查询的结果文字进行压缩后，快速返回，从而缩短系统网络传输导致的延时。

7.2.6　分布式环境下统一身份认证与分布授权技术

全国地质资料目录服务中心系统建设涉及多个系统和大量用户，为方便用户使用系统和简化用户管理工作，建设过程中对用户的真实身份进行统一的身份认证登录（single sign on，SSO），实现用户统一登录。

但为分布环境下的授权管理问题是一个难点。分布式授权管理问题包括：分布式环境下大量用户的认证管理问题，大量数据对大量用户的快速授权问题，授权的执行问题。针对用户数量大的特点，系统将采用多项技术，具体如下。

1）统一身份认证机制，由主中心统一对用户身份进行认证，分中心将需要身份认证的请求，转发主中心进行认证，认证后方可进行服务。身份认证可以通过密码，也可以结合使用CA身份认证。

2）在授权管理方面，系统将采用“数据分组、用户分角色”的策略，即将大量数据进行分组，将不同用户分角色，授权工作是将数据组根据不同的用户角色进行授权管理，这样将百万用户对几十万用户大量的授权工作简化为几十个数据组对十几个角色的授权，从而简化授权工作。

3）分布授权执行技术，系统将采用单点登录机制进行管理，即由主中心负责身份认证，由分中心负责权限管理，主中心和分中心分工合作，实现权限有序管理。

7.2.7　基于版式文档的流式服务技术

全国地质资料目录服务中心系统建设中涉及大量的报告文件，既有Word文档，也有Excel文档等各种形式的报告。传统的数据服务方式是将报告转换成为页面格式的文件，或者图片文件，继而在线服务。该方式无法有效保障数据版式，服务工作量较大，服务效果较差。考虑到各类文档普遍可以转为版式PDF文件，将各类文档转换为版式文档，保持文档格式的同时，统一服务样式。在转为PDF文档格式的基础上，进一步利用PDF转为Flash流式文档技术，将文档按页切分成适合网络服务的小文件，实现快速的服务。

（1）基于多分辨率切割和无缝拼接的大图片服务技术

全国地质资料目录服务中心系统建设中涉及大量的图集文件，部分图集文件大小可达到100MB以上，为方便在线服务，项目将采用图片多分辨率切割技术，按不同的分辨率，将图片进行分块切割，降低单个文件的大小。在服务展示时，通过服务程序，将图片再进行动态无缝拼接，组成完整的图片。用户可以快速地选择不同的区域、分辨率进行浏览和漫游移动，并可以选择感兴趣区域，进行选择和导出下载。

（2）基于WebGIS的地图图层在线服务技术

全国地质资料目录服务中心系统建设中涉及部分的地图图层数据库，如Shape图层、ArcInfo、MapInfo数据库等，为提供在线服务功能，项目将采用地图引擎技术，通过标准规范，将各类地图图层发布为标准规范图片服务WMS、WFS、WCS格式的服务。地图服务WMS将通过在在不同分辨率对地图图层进行瓦片化处理，形成可以在线服务的图层数据；通过 OGC 标准规范，提供 WFS、WCS 等服务。通过提供服务端的地图集成展示功能，实现用户可以在客户端通过浏览器动态添加不同图层，并进行分析展示。通过 GIS 服务发布，不但能够为用户提供可视的地图服务，也可以为各类 GIS 客户端软件提供查询接口服务，实现共享服务效能。

(3) 基于 Web Service 的分布式服务集成设计

全国地质资料目录服务中心系统需建设多个系统和进行多地维护，并且需要较强的扩展性，为了方便开发，降低运维的成本，提高服务的高效性，本项目建设过程中将采用 Web Service 技术，和面向服务的体系架构（service-oriented architecture，SOA）进行开发和服务集成。使用 Web Service 和 SOA 架构设计，可以基于标准化的接口，简化系统开发和功能集成，可以适应调整需求，最大程度地满足客户需求；另一方面，在系统上线后的运维期间，在应用业务发生改变时，可以进行新的快速扩展。

(4) 基于 B/S 三层架构的总体框架

全国地质资料目录服务中心系统建设中考虑到用户数量巨大，分布广泛，为降低系统部署和运维成本，建议采用以三层 B/S 架构为主的技术路线，对于部分需要本地数据操作的业务，如部分数据管理工具，可以结合使用 C/S 架构。

三层结构是将应用功能分成表示层、业务逻辑层和数据层 3 部分。其解决方案是对这三层进行明确分割，并在逻辑上使其独立。表示层：担负用户与应用间的对话功能，通过浏览器模式实现表示层，组成 B/S 结构；或使用可以自动更新的瘦客户端软件实现表示层，组成基于三层体系的“瘦客户服务器”结构。业务逻辑层：包含了具体的业务处理逻辑程序，相当于应用的本体。数据层：负责管理对数据库数据的读写。主要是利用大型关系型数据库进行迅速、大量的数据处理。选用三层 B/S 结构具有多方面优点，一是系统部署管理简单，大大减少客户机维护工作量。基于 B/S 结构的应用模式无需客户端维护工作；减少系统的部署和维护工作量。二是可以提高程序的可维护性和扩展性。三层 B/S 结构中，应用的各层可以并行开发，各层内部实现逻辑不影响其他层逻辑，所以各个程序的逻辑划分比较简单。

7.3 系统开发模式

按照软件工程理论，应用软件开发应参考 CMMI5 软件过程模型，采用“以线性为主，以并行、迭代为辅”的软件开发模型设计理念。所谓以“线性为主”是指软件开发模型的总趋势是线性顺序的。“以并行、迭代为辅”是指在局部（需求开发、需求管理、技术预研、系统设计、实现与测试）引入并行开发和迭代开发的机制，在局部增强灵活性，具体开发模型如图 7-2 所示。

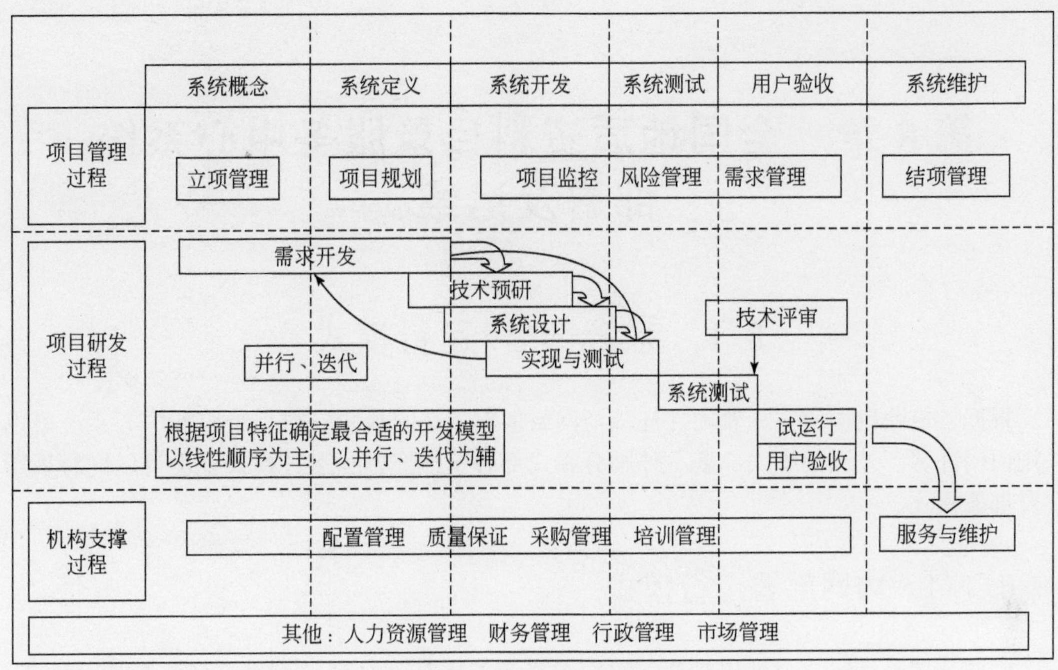

图7-2　开发模型示意图

7.4 本章小结

本章阐述了全国地质资料目录服务中心系统开发中涉及的人员组织、开发技术路线、开发关键技术、系统开发模式等内容，为系统开发提供了明确的思路。

第 8 章　全国地质资料目录服务中心系统部署及运维

8.1　系统部署/运行模式

根据各馆藏机构的实际软硬件环境与网络情况，全国地质资料目录服务中心系统可以采用内网部署、外网集中式部署、外网分布式部署 3 种部署和运行模式，也可以同时采用混合部署模式。

8.1.1　内网部署运行模式

内网部署是针对一个可相对独立的领域或业务体系（如武警黄金部队资料馆藏体系、油气委托保管资料馆藏体系等），在与互联网物理隔离的内网环境中部署“1 套主中心系

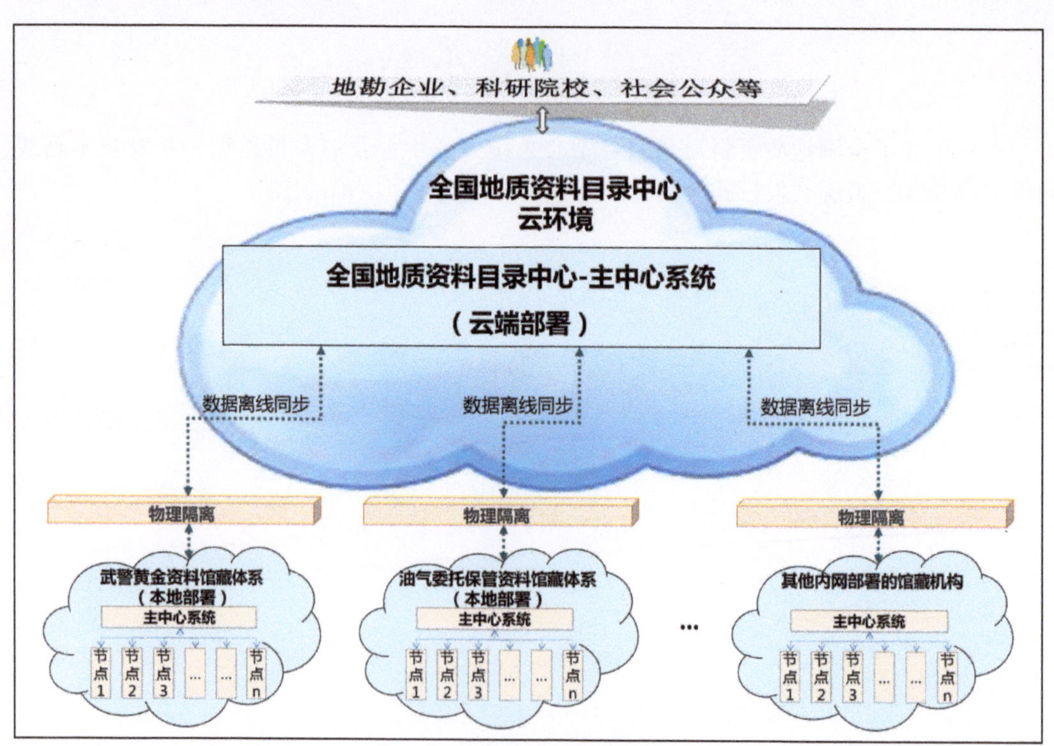

图 8-1　内网部署运行模式图

统+N 个节点系统”，形成独立运行服务的体系，实现在自身体系内部的分布式集群服务。同时，为实现以目录中心为核心的目录集中、协同服务，通过文件离线交换方式，实现与目录中心系统的数据共享发布（图 8-1）。

本模式适用于具备相对独立体系的业务领域、整体信息化水平较高、人员综合素质强、资金较充裕、业务规范、资料目录数量较多的单位。

8.1.2　外网集中式部署运行模式

集中式部署，即云托管式部署，是将各节点系统的数据库服务器、应用程序服务器、地图服务器等集中部署在某个核心馆藏机构（如全国地质资料馆）或信息化管理部门（如信息中心），由部署地集中提供基础环境运维服务。还可借助已有的基础设施环境建立主机设备、存储设备等资源池，以云环境的形式实现集中托管部署（图 8-2）。

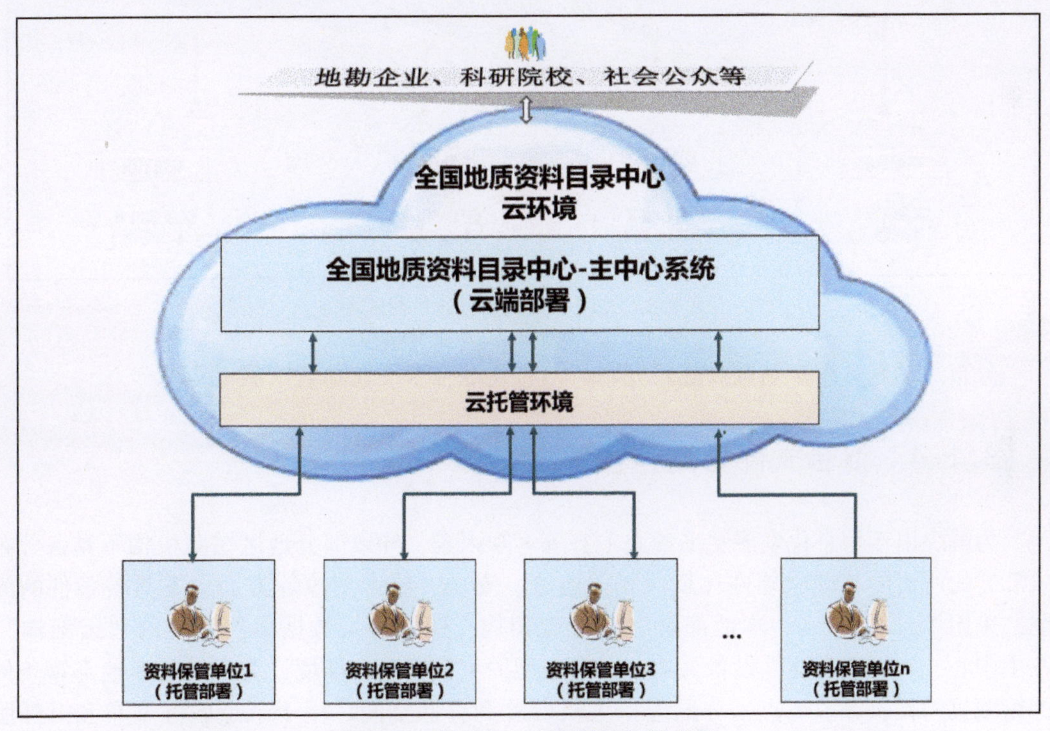

图 8-2　外网集中式部署运行模式图

集中式部署适用于基础设施条件较差、信息化维护人员水平一般、数据规模较小的馆藏机构，能够有效降低设备投入和技术维护难度，以便集中精力开展数据开发与服务。

8.1.3　外网分布式部署运行模式

外网分布式部署，指在各馆藏机构本地部署一套节点服务系统，通过互联网与目录中心主中心系统开展数据发布和共享。其部署模式如图 8-3 所示。

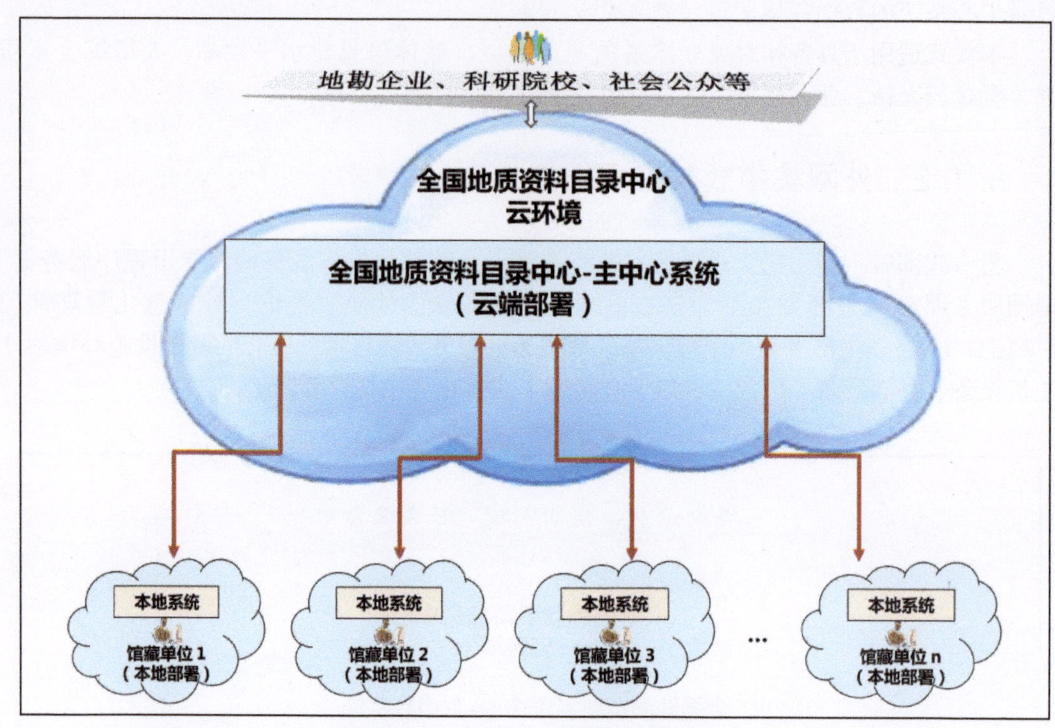

图 8-3　外网分布式部署运行模式图

分布式部署适用于基础设施较完善、信息化综合水平较高的馆藏机构。

8.1.4　混合式部署运行模式

为解决由于信息化发展水平参差不齐等客观因素，导致部分地区馆藏机构不具备分布式部署的所需的基础软硬件环境，相关运维、安全、技术支撑等方面也不具备条件的问题，采用“云部署”+“本地部署”的混合架构，探索目录数据集群系统的“云架构”。在主中心，利用现有硬件设备，建立一个小型的主机资源云环境，为不具备本地部署条件的馆藏机构提供虚拟节点，分配虚拟主机资源和存储空间，用于节点服务发布和对外服务，并由主中心统一提供技术支持和运维服务。通过集中在“云环境”中的部署，各节点的数据发布、对外服务等工作开展的更加顺畅，主要原因是各节点只需关注应用服务本身，而无需参与运行环境运维，采用“云环境”架构降低了节点的技术门槛，提升了平台整体的集约化建设水平。部署模式如图 8-4 所示。

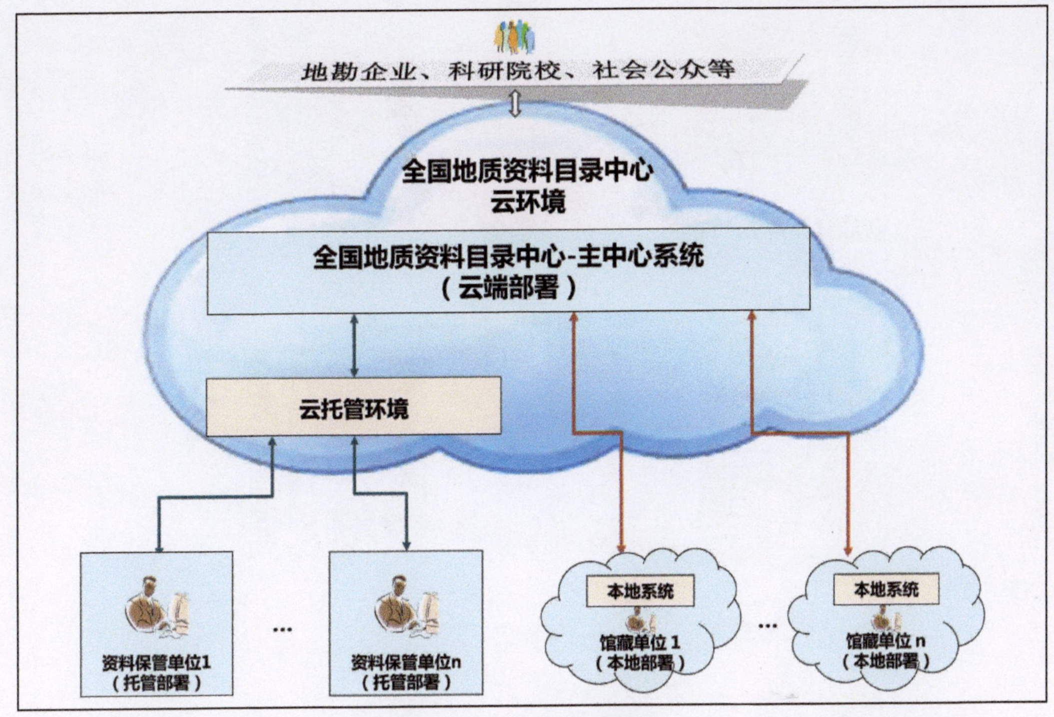

图 8-4　混合部署模式图

8.2　混合部署架构

根据内网部署、外网集中式部署、外网分布式部署 3 种部署模式，系统部署环境也分为内网部署环境、外网本地节点部署环境以及位于目录中心的主中心部署环境和托管部署云环境，具体如图 8-5 所示。

8.2.1　内网部署环境

内网独立部署环境运行于内部局域网，由内网主中心环境和若干内网节点构成。其内网环境与互联网物理隔离，采取离线数据文件交换。主要软硬件设施包括，应用服务器、数据库服务器、文件服务器、存储设备、基础网络环境以及防火墙、交换机等配套设施。

8.2.2　外网本地节点部署环境

外网本地节点部署环境用于开展外网分布式部署，依托各馆藏机构本地的软硬件基础设施，部署一套节点服务系统，与目录中心主中心系统开展数据发布和共享。

主要软硬件设施包括，应用服务器、数据库服务器、文件服务器、存储设备、基础网络环境以及交换机、路由器等配套设施。

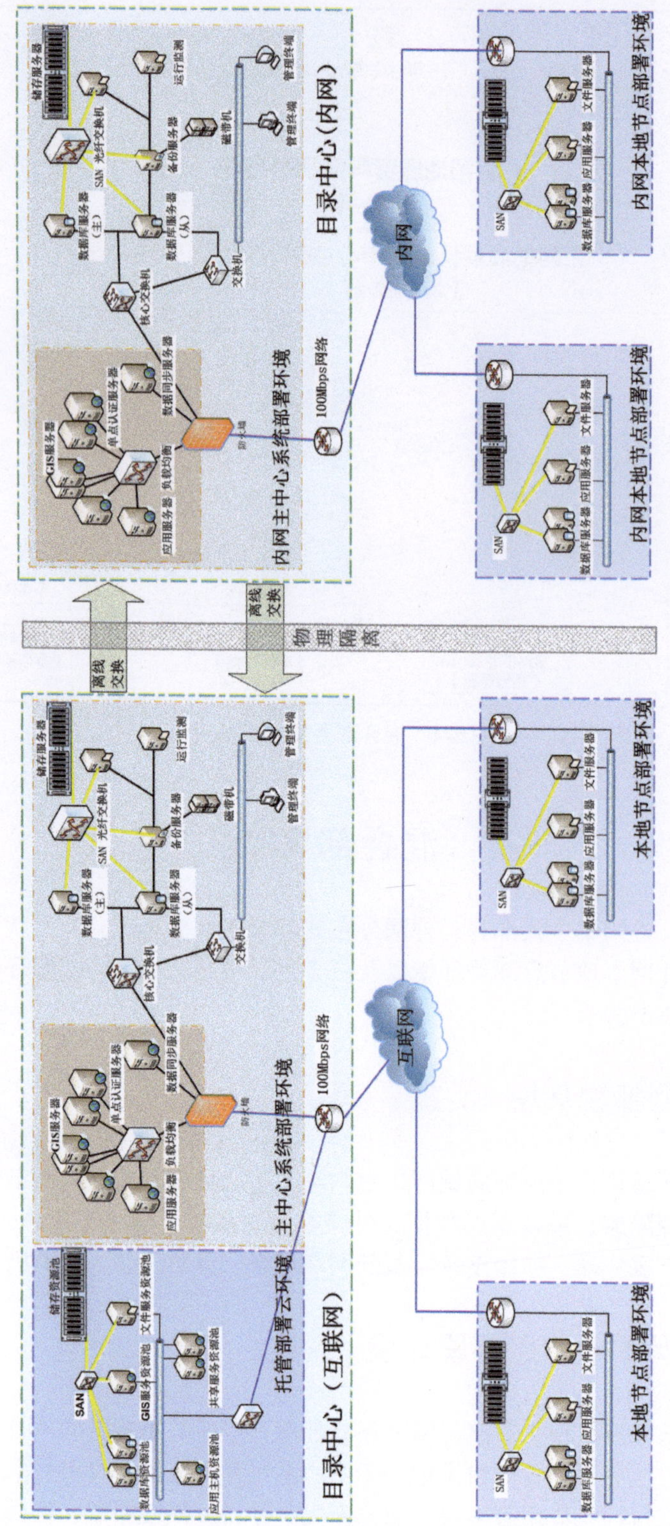
目录中心（内网）
内网主中心系统部署环境
100Mbps网络
内网
内网本地节点部署环境
内网本地节点部署环境
离线交换
离线交换
物理隔离
目录中心（互联网）
托管部署云环境
主中心系统部署环境
100Mbps网络
互联网
本地节点部署环境
本地节点部署环境

图8-5　总体部署结构图

8.2.3　目录中心托管部署云环境

目录中心托管部署云环境用于开展外网集中式部署，即为不具备部署的节点提供托管部署环境。该环境依托目录中心现有基础设施，构建了应用主机资源池、数据库资源池、GIS 服务主机资源池、文件管理主机资源池、共享服务主机资源池以及存储资源池，能够根据各节点部署需求，由目录中心统一分配相应的云环境资源。

8.2.4　目录中心主中心部署环境

目录中心主中心部署环境用于部署主中心服务系统，除应用主机、数据库、存储等基础设备外，还包括备份主机、备份库、运行监测主机等设备。同时构建了 DMZ 隔离交换区，用于实现各个节点与主中心的数据共享发布和分布式集群交换。

8.3　系统部署情况

通过采用混合部署模式，全国地质资料目录中心现已完成了部省级馆藏机构、地调中心、委托保管单位、地勘单位共 4 类机构共计 41 个节点的部署，其中本地部署的 8 个，托管部署的 33 个，具体部署情况如表 8-1 所示。

表 8-1　系统部署情况表

序号	分类	数据来源/节点名称	部署方式
1	部省级馆藏机构	全国地质资料馆	本地部署
2		国土资源部实物地质资料中心	本地部署
3		上海市地质资料馆	托管在全国馆
4		安徽省地质资料馆	托管在全国馆
5		河南省地质博物馆	托管在全国馆
6		湖北省地质资料馆	本地部署
7		贵州省地质资料馆	托管在全国馆
8		陕西省国土资源信息中心	托管在全国馆
9		宁夏国土资源地理信息中心	托管在全国馆
10		天津市地质资料馆	本地部署
11		山东省国土资源资料档案馆	托管在全国馆
12		吉林省地质资料馆	托管在全国馆
13		江苏省地质资料馆	本地部署
14		福建省国土资源档案馆	托管在全国馆
15		内蒙古地质档案馆	托管在全国馆
16		广东省国土资源档案馆	托管在全国馆

续表

序号	分类	数据来源/节点名称	部署方式
17	部省级馆藏机构	重庆市国土资源和房屋档案馆	托管在全国馆
18		云南省国土资源厅资料馆	托管在全国馆
19		甘肃省国土资源资料馆	托管在全国馆
20		新疆地质资料馆	本地部署
21		青海国土资源博物馆	托管在全国馆
22		河北省地质资料馆	托管在全国馆
23		辽宁省地质资料馆	托管在全国馆
24		黑龙江省地质资料档案馆	托管在全国馆
25		浙江省地质资料档案馆	托管在全国馆
26		江西省国土资源档案馆	托管在全国馆
27		湖南省国土资源信息中心	本地部署
28		广西国土资源信息中心	托管在全国馆
29		四川省国土资源资料馆	托管在全国馆
30		西藏自治区国土资源资料馆	托管在全国馆
31		北京市地质资料馆	托管在全国馆
32		山西省地质矿产科学技术馆	托管在全国馆
33		海南省地质资料馆	托管在全国馆
34	地调中心	天津地调中心	托管在全国馆
35		武汉地调中心	托管在全国馆
36		沈阳地调中心	托管在全国馆
37		成都地调中心	托管在全国馆
38		南京地调中心	托管在全国馆
39		西安调查中心	托管在全国馆
40	委托保管单位	石油委托 33	合一托管在全国馆
41	地勘单位	青海省地质调查院	本地部署

8.4 目录数据负载均衡和异地容灾备份

在全国地质资料目录服务中心系统建设过程中，为了解决高并发访问情况下的 Web 服务能力和实现目录数据异地容灾备份，以武汉地质调查中心为试点，开展了地质资料目录数据网络服务负载均衡研究，并建立了试验环境和系统，实现了全国地质资料目录数据的异地容灾备份和网络服务的负载均衡。

8.4.1 负载均衡建设原则

基于需求多样性、技术复杂性和产品异构性的特点，灾备系统建设走开放的、“海纳百川”的技术路线，使用好现有成熟可靠的技术和产品。综合技术、成本、融合、发展四个方面，合理、充分利用设备，坚持设备共享的原则，提高设备利用率。备份容灾试验环境的建立遵循以下原则。

1）先进性和成熟性。以开放的标准为基础，杜绝新产品或新技术的堆砌，采用国际上成熟的、先进的具有多厂商广泛支持的软硬件技术，保证可行性、可操作性以及整体架构必要的生命周期。

2）可靠性和安全性。采用高检定和高可靠的软硬件，保障整个系统24小时不间断运行，建立包括环境、技术、管理三方面的安全体系，为数据和应用提供最大限度的保护，在正常情况下保障数据复制的一致和完整以及应用的同步，确保灾难发生时能够及时有效地实现切换。

3）性能价格。为保障数据及时、完整复制以及应用级灾备对性能的要求，必须选择具有较高性能的设备和软件构建灾备系统，对于数据变化量大、应用繁忙的应用系统，灾备系统造成的性能瓶颈将直接影响灾备效果，甚至影响业务系统性能。此外，高性能的设备和软件也为共享提供了条件。虽然性能与价格成正比关系，但同样性能的产品也存在较大价格落差，通过选用具有高性价比的设备和软件，兼顾性能和成本两个方面。

4）易于扩展与维护。选择基于开放式架构、模块化设计的软硬件产品，保障系统间的完全兼容，关键设备提供适当冗余，保证横向与纵向扩展的便利。产品具有完善的自身管理功能，具备状态监控、故障分析、自动告警、在线恢复等功能，从而降低维护复杂度和维护成本。

8.4.2 负载均衡建设方案

8.4.2.1 智能DNS

普通的DNS服务器只负责为用户解析出IP记录，而不去判断用户从哪里来，这样会造成所有用户都只能解析到固定的IP地址上。智能DNS颠覆了这个概念。智能DNS会判断用户的来路，而做出一些智能化的处理，然后把智能化判断后的IP返回给用户。智能DNS是域名服务在业界首创的智能解析服务。能自动判断访问者的IP地址并解析出对应的IP地址，使网通用户会访问到网通服务器，电信用户会访问到电信服务器。

8.4.2.2 反向代理Web服务负载均衡

Web服务器面对的访问者数量快速增加，网络服务器需要具备提供大量并发访问服务的能力，因此对于提供大负载Web服务的服务器来讲，CPU、I/O处理能力很快会成为瓶颈。简单的提高硬件性能并不能真正解决这个问题，因为单台服务器的性能总是有限的，一般来讲，一台 PC 服务器所能提供的并发访问处理能力大约为 1000 个，更为高档的专用服务器能够支持 3000～5000 个并发访问，这样的能力还是无法满足负载较大的网站的要求。尤其是网络请求具有突发性，当某些重大事件发生时，网络访问就会急剧上升，从而造成网络瓶颈，必须采用多台服务器提供网络服务，并将网络请求分配给这些服务器分担，才能提供处理大量并发服务的能力。

当使用多台服务器来分担负载的时候，最简单的办法是将不同的服务器用在不同的方面。按提供的内容进行分割，然而由于网络访问的突发性，使得很难确定那些页面造成的负载太大，如果将服务的页面分割的过细就会造成很大浪费。事实上造成负载过大的页面常常是在变化中的，如果要经常按照负载变化来调整页面所在的服务器，那么势必对管理和维护造成极大的问题。因此这种分割方法只能是大方向的调整，对于大负载的网站，根本的解决办法还需要应用负载均衡技术。

多台服务器的对称负载均衡方式。每台服务器都具备等价的地位，都可以单独对外提供服务而无须其他服务器的辅助。然后通过某种负载分担技术，将外部发送来的请求合理地分配到对称结构中的某一台服务器上，而接收到请求的服务器都独立回应客户机的请求。

全国地质资料目录服务中心系统采用反向代理负载均衡方式。普通代理方式是代理内部网络用户访问 Internet 上服务器的连接请求，客户端必须指定代理服务器，并将本来要直接发送到 Internet 上服务器的连接请求发送给代理服务器处理。反向代理（reverse proxy）方式是指以代理服务器来接受 Internet 上的连接请求，然后将请求转发给内部网络上的服务器，并将从服务器上得到的结果返回给 Internet 上请求连接的客户端，此时代理服务器对外就表现为一个服务器。反向代理负载均衡技术是把将来自 Internet 上的连接请求以反向代理的方式动态地转发给内部网络上的多台服务器进行处理，从而达到负载均衡的目的。

8.4.2.3 数据异地容灾备份

将数据在另外的地方实时产生一份可用的副本，此副本的使用不需要做数据恢复，可以将副本立即投入使用。这就是异地备份。

异地备份的数据复制目前有如下实现方式。

1）基于主机。基于主机的数据复制技术，可以不考虑存储系统的同构问题，只要保持主机是相同的操作系统即可，而目前也存在支持异构主机之间的数据复制软件，如 BakBone NetVault Replicator、SyncNavigator 等就可以支持异构服务器之间的数据复制，可以支持跨越广域网的远程实时复制。缺点是需要占用一点主机资源。

2）基于存储系统。利用存储系统提供的数据复制软件，复制的数据流通过存储系统之间传递，和主机无关。这种方式的优势是数据复制不占用主机资源，不足之处是需要灾备中心的存储系统和生产中心的存储系统有严格的兼容性要求，一般需要来自同一个厂家的存储系统，这样对用户的灾备中心的存储系统的选型带来了限制。

3）基于光纤交换机。这项技术正在发展中，利用光纤交换机的新功能，或者利用管理软件控制光纤交换机，对存储系统进行虚拟化，然后管理软件对管理的虚拟存储池进行卷管理、卷复制、卷镜像等技术，来实现数据的远程复制。比较典型的有 Storag-age、Falcon 等。

4）基于应用的数据复制。主要利用数据库自身提供的复制模块来完成，本次研究就是采用 MySQL 数据库所提供的复制功能来实现数据异地备份。优点是与数据库管理系统高度融合、系统开销小、成本低等。

8.4.3　负载均衡试验环境

购置一台服务器，利用现有的网络环境和存储设备，搭建地质资料目录数据服务中心备份与负载均衡的试验环境，为全国目录中心提供数据保护。北京目录数据中心的磁盘数据通过低速链路、采用异步镜像方式备份到武汉的容灾中心。适用于数据变化量较大，采用 SAN 存储架构、对业务系统性能要求较高的灾备用户。该方案投资较小，能够较好地实现设备共享。能够支持异构的服务器和存储设备，复制链路使用 IP 网络，对带宽要求不是很高，能够很好地支持“一对多”的灾备。武汉容灾中心与北京目录数据中心通过低速链路、采用异步链接，租用电信部门的数字电路作为主链路，以本地的 Internet 接入链路作为备用链路。链路带宽根据数据传输量进行增加或减少。其基本架构及运行模式如图 8-6 所示。

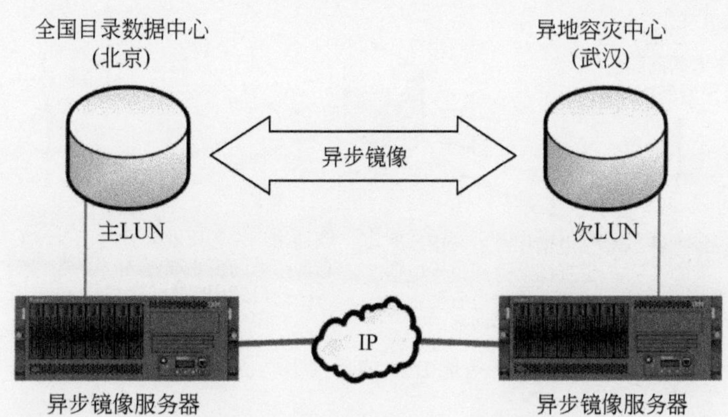

图 8-6　基于复制磁盘的全国地质资料目录数据异地异步容灾方案

8.4.3.1　部署智能 DNS

中国的网络特点比较特殊，最为突出的是电信网络与联通网络的互通问题上，主要表现为用户访问对方网络的内容时速度缓慢问题，这样一来，对于全国范围内的推广非常的不利。

那么智能 DNS 策略解析就很好地解决了上面所述的问题。DNS 策略解析最基本的功能是可以智能的判断访问网站的用户，然后根据不同的访问者把域名分别解析成不同的 IP 地址。如果访问者是联通用户，DNS 策略解析服务器会把域名对应的联通 IP 地址解析给这个访问者。如果用户是电信用户，DNS 策略解析服务器会把域名对应的电信 IP 地址解析给这个访问者。智能 DNS 策略解析还可以给多个主机实现负载均衡，这时来自各地的访问流量会比较平均地分布到每一个主机上。

本次试验环境采用的是 WDDNS 智能 DNS 系统，WDDNS 是一套可通过 Web 在线管理的免费智能 DNS 系统，基于 MySQL 构建开发，安装方便，快速，可在最短时间内架构一套 DNS/智能 DNS 系统。目前支持电信/网通/教育网/移动/铁通/广电/按省份解析（31 个省市）/搜索引擎蜘蛛等多线路，具有强大的监控功能，服务器健康检测，即宕机检测和切换，DNS 服务器健康监控，宕机切换，防攻击检测，可选自动屏蔽攻击者 IP，易扩展 DNS 服务器，数据自动同步等。

试验方案如图 8-7 所示，联通用户的访问者在访问目录中心时，智能 DNS 策略解析服务器就会把位于联通网络的目录中心服务器（中国地质调查局武汉地质调查中心，武汉）对应的 IP 地址解析给这个访问者，实现联通用户直接访问位于联通网络的目录中心。电信用户的访问者在访问目录中心时，智能 DNS 策略解析服务器就会把位于电信网络的目录中心服务器（中国地质调查局发展研究中心，北京）对应的 IP 地址解析给这个访问者，实现电信用户直接访问位于电信网络的目录中心，这样就跨越了不用运营商之间的互通瓶颈，实现高速访问。

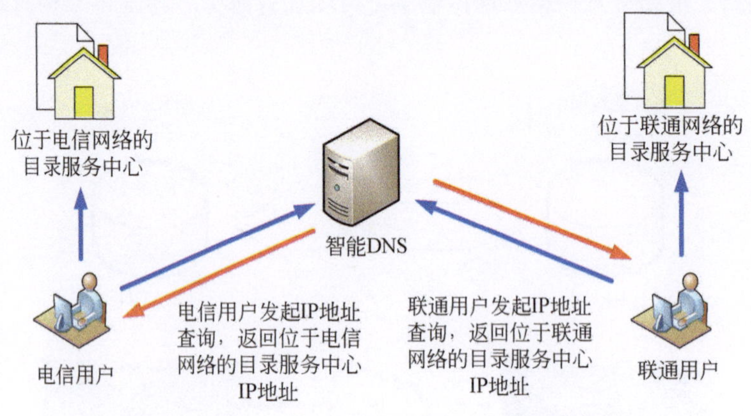

图 8-7　基于智能 DNS 的目录中心负载均衡方案

8.4.3.2　网站负载均衡

使用代理服务器将请求合理地转发给多台内部 Web 服务器之一上，从而达到负载均衡的目的。这种代理方式与普通的代理方式有所不同，标准代理方式是客户使用代理访问多个外部 Web 服务器，而这种代理方式是多个客户使用它访问内部 Web 服务器，因此也被称为反向代理模式。使用反向代理的好处是，可以将负载均衡和代理服务器的高速缓存技术结合在一起，提供有益的性能，具备额外的安全性，外部客户不能直接访问真实的服务器。并且实现起来可以实现较好的负载均衡策略，将负载可以非常均衡的分给内部服务器，不会出现负载集中到某个服务器的偶然现象。

试验方案如图 8-8 所示，网络用户访问目录中心的请求，首先根据前一节的智能 DNS 解析结果被发送到了位于北京或武汉的负载均衡反向代理服务器，负载均衡器再将用户访问请求合理地分配到位于北京或武汉的目录中心服务网站，然后该网站独立地为用户提供服务。

位于北京和武汉的目录中心服务网站内容采用 Windows 的 DFS 分布式文件系统部署，实现网站配置文件和静态页面的同步更新。

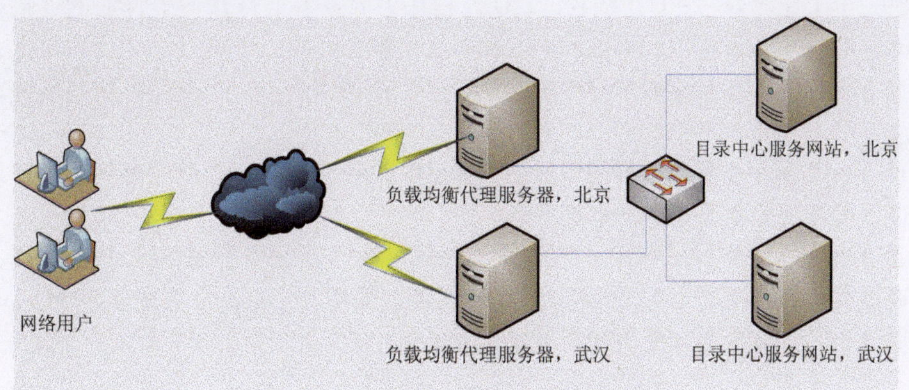

图 8-8　目录中心网站服务负载均衡方案

8.4.3.3　数据库备份与负载均衡

目录服务中心采用 MySQL 数据库，试验系统采用 Replication 方式实现 MySQL 数据库的异地分布、负载均衡、备份和高可用（图 8-9）。复制分成以下 3 步。

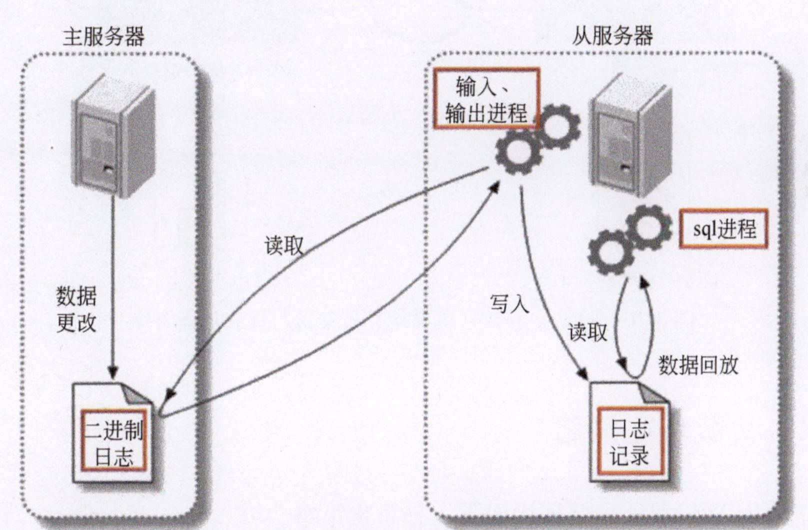

图 8-9　数据库备份与负载均衡示意图

1）主服务器将改变记录到二进制日志（binary log）中（这些记录叫做二进制日志事件，binary log events）；

2）从服务器将主服务器的 binary log events 拷贝到它的中继日志（relay log）；

3）从服务器重做中继日志中的事件，将改变反映它自己的数据。

该过程的第一部分就是主服务器记录二进制日志。在每个事务更新数据完成之前，主服务器在二日志记录这些改变。MySQL 将事务串行的写入二进制日志，即使事务中的语句都是交叉执行的。在事件写入二进制日志完成后，主服务器通知存储引擎提交事务。

下一步就是从服务器将主服务器的 binary log 拷贝到它自己的中继日志。首先，从服务器开始一个工作线程——I/O 线程。I/O 线程在主服务器上打开一个普通的连接，然后开始 binlog dump process。Binlog dump process 从主服务器的二进制日志中读取事件，如果已经跟上主服务器，它会睡眠并等待主服务器产生新的事件。I/O 线程将这些事件写入中继日志。

SQL slave thread 处理该过程的最后一步。SQL 线程从中继日志读取事件，更新从服务器的数据，使其与主服务器中的数据一致。

在北京建立目录中心 MySQL 主数据库，在武汉建立目录中心 MySQL 从数据库，主从数据库通过北京到武汉的 10M 数字电路专线相连，采用 Replication 方式实现 MySQL 数据库的异地分布、负载均衡、备份和高可用（图 8-10）。

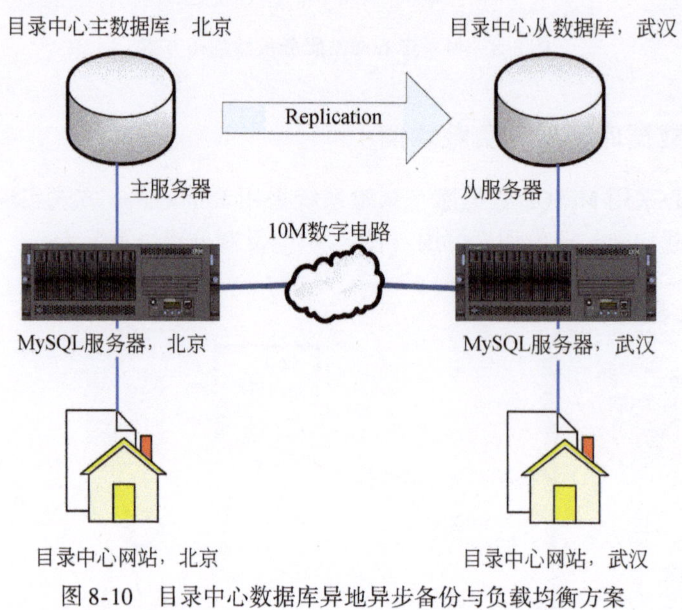

图 8-10　目录中心数据库异地异步备份与负载均衡方案

8.4.4　负载均衡策略

根据目前的实际情况，主要采用以下 3 种备份策略。

1）完全备份。完全备份（full backup）就是每天对自己的系统进行完全备份，例如，星期一用一盘磁带对整个系统进行备份，星期二再用另一盘磁带对整个系统进行备份，以此类推。这种备份策略的好处是，当发生数据丢失的灾难时，只要用一盘磁带（即灾难发生前一天的备份磁带），就可以恢复丢失的数据。它也有不足之处，首先，由于每天都对整个系统进行完全备份，造成备份的数据大量重复，这些重复的数据占用了大量的磁带空间，这对用户来说就意味着增加成本；其次，由于需要备份的数据量较大，因此，备份所需的时间也就较长，对于那些业务繁忙、备份时间有限的单位来说，选择这种备份策略是不明智的。

2）增量备份。增量备份（incremental backup）就是在星期日进行一次完全备份，然后在接下来的6天里只对当天新的或被修改过的数据进行备份。这种备份策略的优点是节省了磁带空间，缩短了备份时间。但它的缺点在于，当灾难发生时，数据的恢复比较麻烦。例如，系统在星期三的早晨发生故障，丢失了大量的数据，那么现在就要将系统恢复到星期二晚上时的状态。这时系统管理员就要首先找出星期日的那盘完全备份磁带进行系统恢复，然后再找出星期一的磁带来恢复星期一的数据，然后找出星期二的磁带来恢复星期二的数据，很明显，这种方式很繁琐。另外，这种备份的可靠性也很差，在这种备份方式下，各磁带间的关系就像链子一样，一环套一环，其中任何一盘磁带出了问题都会导致整条链子脱节。

3）差分备份。管理员先在星期日进行一次系统完全备份，然后在接下来的几天里，管理员再将当天所有与星期日不同的数据（新的或修改过的〕备份到磁带上。差分备份（differential backup）策略在避免了以上两种策略的缺陷的同时，又具有了它们的所有优点，首先，它无需每天都对系统做完全备份，因此，备份所需时间短，并节省了磁带空间；其次，它的灾难恢复也很方便。系统管理员只需两盘磁带，即星期一磁带与灾难发生前一天的磁带，就可以将系统恢复。

在实际应用中，备份策略通常是以上3种的结合，例如，每周一至周六进行一次增量备份或差分备份，每周日进行全备份，每月底进行一次全备份。每年年底进行一次全备份。

8.5　本章小结

本章阐述了全国地质资料目录服务中心系统内网部署、外网分布式部署、外网集中式部署的部署/运行模式和方法，介绍了系统部署情况，初步开展了目录数据负载均衡和异地容灾备份方法。

第9章　全国地质资料目录数据发布分析

9.1　目录数据整合发布情况

全国地质资料目录服务中心系统建设中在对省馆、地调和油气等馆藏机构现有目录数据进行集成研究的基础上，完成了目录数据集成工具的研发，并以全国地质资料目录服务中心系统为载体，完成了160余万条地质资料目录数据的整合入库和对外发布。

截至2015年12月，全国各类馆藏机构的地质资料目录数据发布量具体如表9-1所示。

表9-1　各类馆藏机构地质资料目录数据发布量

序号	馆藏机构名称	地质资料目录条数
国家及省级馆藏机构		
小计		384 126
1	全国地质资料馆	125 591
2	国土资源部实物地质资料中心	1 172
3	上海市地质资料馆	16 077
4	安徽省地质资料馆	10 844
5	河南省地质博物馆	10 844
6	湖北省地质资料馆	6 625
7	贵州省地质资料馆	4 000
8	陕西省国土资源信息中心	7 642
9	宁夏国土资源地理信息中心	3 116
10	天津市地质资料馆	454
11	山东省国土资源资料档案馆	8 291
12	吉林省地质资料馆	7 041
13	江苏省地质资料馆	6 955
14	福建省国土资源档案馆	11 441
15	内蒙古地质档案馆	13 147
16	广东省国土资源档案馆	8 704
17	重庆市国土资源和房屋档案馆	632
18	云南省国土资源厅资料馆	10 322
19	甘肃省国土资源资料馆	6 582
20	新疆地质资料馆	9 762

续表

序号	馆藏机构名称	地质资料目录条数
21	青海国土资源博物馆	5 091
22	河北省地质资料馆	9 021
23	辽宁省地质资料馆	13 155
24	黑龙江省地质资料档案馆	5 351
25	浙江省地质资料档案馆	8 588
26	江西省国土资源档案馆	7 448
27	湖南省国土资源信息中心	15 407
28	广西国土资源信息中心	8 282
29	四川省国土资源资料馆	19 524
30	西藏自治区国土资源资料馆	5 356
31	北京市地质资料馆	6 206
32	山西省地质矿产科学技术馆	10 152
33	海南省地质资料馆	1 303
地调中心		
小计		3 306
34	天津地调中心	606
35	武汉地调中心	0
36	沈阳地调中心	135
37	成都地调中心	1 153
38	南京地调中心	153
39	西安调查中心	1 259
委托保管馆藏机构		
小计		487 857
40	中石油	243 358
41	中石化	201 377
42	中海油	18 225
43	延长油	24 897
地市级馆藏机构		
44	江苏省泰州市地质资料馆	192
地勘单位		
小计		16 162
45	青海省地质调查院	162
46	中国人民武装警察部队黄金部队	16 000
其他来源		
47	全国重要地质钻孔数据库	768 703
总计		1 660 346

9.2 地质资料目录分类统计情况

9.2.1 地质资料按资料类别统计分析

9.2.1.1 各类别资料数量统计

截至2015年12月，全国各地质资料类别数量总体情况，具体如表9-2所示。

表9-2 全国各类别地质资料数量统计表

序号	资料类别		数量	占比/%
1	区调	区域地质调查	9 609	0.58
2		区域矿产调查	2 382	0.14
3		区域物化探调查	2 850	0.17
4		区域水工环调查	2 915	0.18
5		城市地质调查	330	0.02
6		区域农业地质调查	191	0.01
7		其他专项区调	8 278	0.50
8	海洋地质调查	海洋区域地质调查		
9		海岸带地质矿产调查		
10		大陆架地质矿产调查		
11		国际海底资源地质调查		
12		极地地质调查		
13		其他海洋地质调查		
14	矿产勘查	矿产勘查	1 283 728	77.26
15	水工环地质勘查	水文地质勘查	113 257	6.82
16		工程地质勘查	26 457	1.59
17		环境（灾害）地质勘查	16 099	0.97
18		天然地震地质调查	797	0.05
19	物化遥勘查	物探	21 174	1.27
20		化探	2 650	0.16
21		遥感	698	0.04
22		物化探异常查证	3 547	0.21
23	地质科学研究	地质科学研究	42 728	2.57
24	技术方法研究	技术方法研究	2 084	0.13
25	其他	其他	121 737	7.33

注：因海洋地质资料涉密或涉及敏感海域，故未统计在内

9.2.1.2　各类别资料数量情况分析

地质资料类别划分为区调、海洋地质调查、矿产勘查、水工环勘查、物化遥勘查、地质科学研究、技术方法研究、其他共 8 大类 25 小类，全国 166.1 万档地质资料，按照地质资料类别统计分析，矿产勘查类的资料最多，共 1 283 728 档；其次为水工环地质勘查类，共 156 610 档。海洋地质调查类最少，无资料。各类别资料数量排名情况如图 9-1 所示。

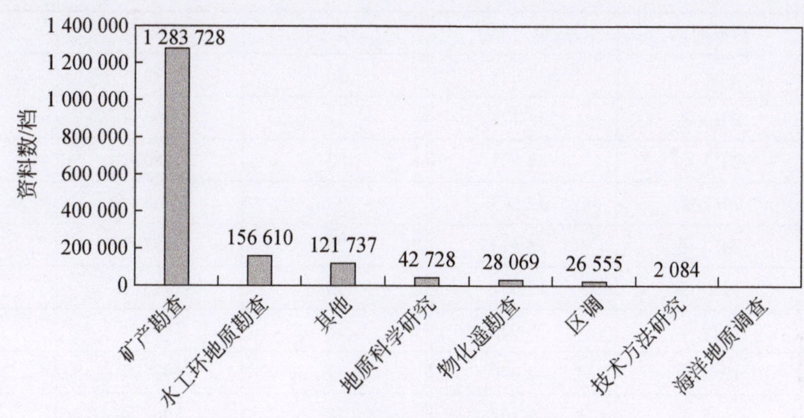

图 9-1　8 类地质资料类别数量排名情况

全国地质资料中，矿产勘查类的地质资料占比最多，占全国地质资料的 77.26%，水文地质勘查类占全国地质资料的 6.82%，海洋地质调查类最少。全国地质资料各类别资料数量占比情况如图 9-2 所示。

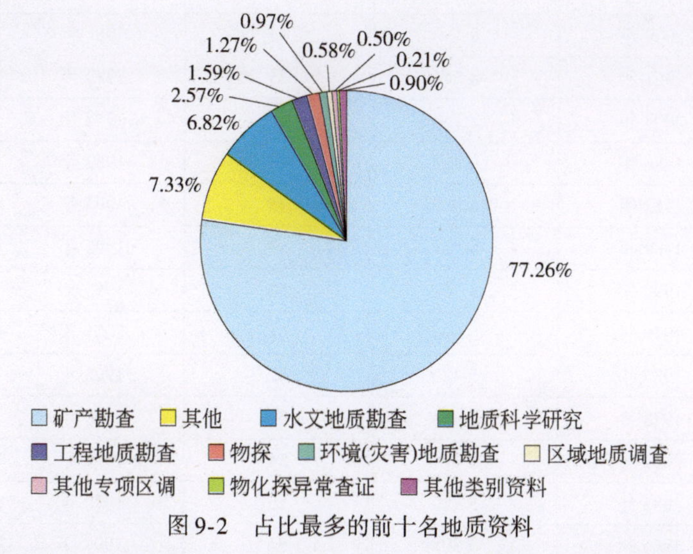

图 9-2　占比最多的前十名地质资料

9.2.2 地质资料按形成时间统计分析

9.2.2.1 各年代形成地质资料数量统计

1902~2015 年，各年代形成的地质资料数量及形成时间如表 9-3 所示。

表 9-3 1902~2015 年地质资料数量统计表

序号	形成时间	数量（档）	序号	形成时间	数量（档）
1	无	835 898	30	1973 年	5 169
2	2015 年	337 127	31	1966 年	4 932
3	2013 年	78 501	32	1980 年	4 885
4	2011 年	39 563	33	1963 年	4 858
5	2012 年	33 113	34	1977 年	4 844
6	1960 年	17 831	35	1993 年	4 826
7	1959 年	15 968	36	1991 年	4 825
8	1958 年	12 870	37	1975 年	4 767
9	2005 年	9 168	38	1964 年	4 752
10	2006 年	9 155	39	1976 年	4 644
11	2004 年	8 752	40	1992 年	4 464
12	2010 年	8 746	41	1984 年	4 420
13	2008 年	8 320	42	1971 年	4 391
14	2003 年	8 314	43	1974 年	4 315
15	2009 年	8 130	44	1981 年	4 199
16	1961 年	8 044	45	1983 年	4 165
17	2007 年	7 758	46	1957 年	4 152
18	1988 年	6 409	47	1982 年	4 148
19	1962 年	6 089	48	1994 年	4 113
20	1989 年	5 922	49	1995 年	4 001
21	1990 年	5 767	50	1956 年	3 949
22	1979 年	5 670	51	2001 年	3 855
23	1985 年	5 420	52	1996 年	3 538
24	1978 年	5 418	53	2000 年	3 521
25	2002 年	5 411	54	1999 年	3 456
26	1987 年	5 410	55	1970 年	3 397
27	1965 年	5 308	56	1998 年	3 181
28	1972 年	5 292	57	1997 年	3 112
29	1986 年	5 193	58	1967 年	2 973

续表

序号	形成时间	数量（档）	序号	形成时间	数量（档）
59	1955 年	2 476	88	1916 年	127
60	2014 年	1 937	89	1931 年	121
61	1969 年	1 907	90	1929 年	121
62	1954 年	1 786	91	1930 年	105
63	1968 年	1 632	92	1918 年	90
64	1949 年	1 135	93	1914 年	85
65	1939 年	1 096	94	1928 年	82
66	1941 年	1 089	95	1927 年	79
67	1940 年	1 051	96	1919 年	78
68	1950 年	978	97	1925 年	60
69	1942 年	963	98	1924 年	57
70	1953 年	889	99	1920 年	52
71	1952 年	832	100	1926 年	48
72	1951 年	790	101	1923 年	45
73	1943 年	786	102	1922 年	35
74	1938 年	743	103	1921 年	34
75	1944 年	623	104	1911 年	22
76	1937 年	603	105	1913 年	21
77	1936 年	380	106	1912 年	17
78	1945 年	310	107	1908 年	12
79	1947 年	283	108	1907 年	9
80	1935 年	261	109	1900 年	9
81	1948 年	213	110	1910 年	7
82	1934 年	213	111	1909 年	5
83	1933 年	188	112	1901 年	2
84	1946 年	182	113	1905 年	2
85	1915 年	149	114	1906 年	2
86	1917 年	138	115	1902 年	1
87	1932 年	131			

9.2.2.2　各年代形成地质资料数量情况分析

目前，各馆藏机构保管了 1902 年至 2015 年百余年间形成的地质资料，形成时间跨度很大。但由于地质工作资料更新不及时等原因，目前全国 50% 的地质资料无形成时间，2% 的地质资料形成于 20 世纪 90 年代，34% 的地质资料于 2000 年之后形成；其中 2015 年形成的地质资料最多，共 337 127 档；其次为 2013 年，共 78 501 档。根据已有形成时间的地质资料统计分析，全国地质资料按形成时间排序如图 9-3 所示。

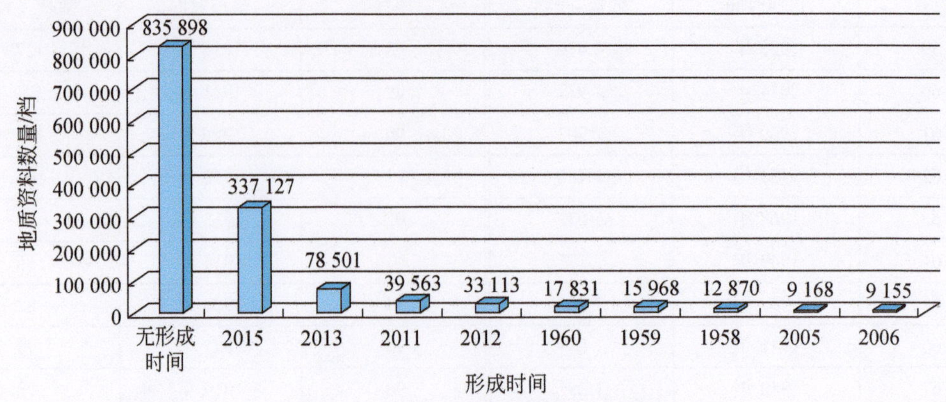

图 9-3　各年度地质资料排名分析情况

据统计，2001～2015 年形成的地质资料数量最多，共 567 850 档，其次为 1951～1960 年，共形成了 61 543 档。各时段形成地质资料数量如图 9-4 所示。

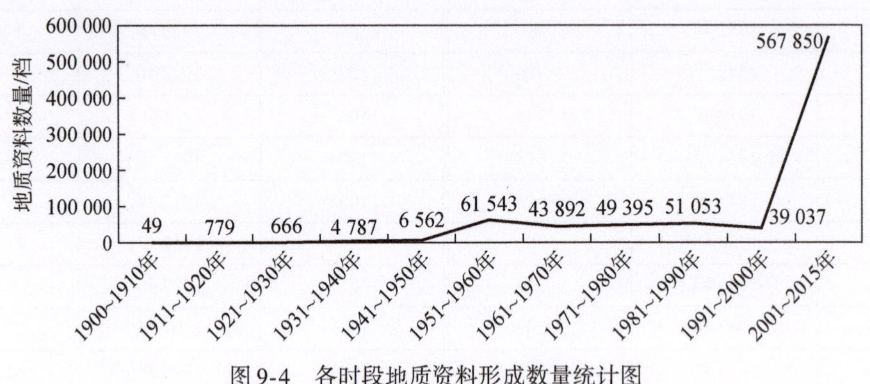

图 9-4　各时段地质资料形成数量统计图

9.2.3　地质资料按矿种统计分析

9.2.3.1　各类型矿种资料数量统计

各类矿种地质资料数量具体如表 9-4 所示。

表 9-4　各矿种类型地质资料数量

序号	矿种类型	数量（档）
1	煤炭	13 136
2	锌矿	12 730
3	铁矿	12 451
4	铜矿	10 829

续表

序号	矿种类型	数量（档）
5	铅矿	9 305
6	金矿	9 009
7	石油	6 097
8	银矿	5 566
9	天然气	5 459
10	硫铁矿	3 592
11	钼矿	3 197
12	锰矿	2 710
13	水泥用灰岩	2 708
14	钨矿	2 542
15	磷矿	2 247
16	锡矿	2 166
17	地下水	1 815
18	镍矿	1 693
19	耐火黏土	1 399
20	铝矿	1 300
21	普通萤石	1 263
22	石膏	1 158
23	钴矿	1 156
24	锑矿	1 061
25	钛矿	1 038
26	铬矿	1 032
27	钒矿	1 000
28	云母	903
29	铀矿	884
30	地热	812
31	水泥配料用黏土	785
32	高岭土	757
33	矿泉水	757
34	重晶石	737
35	汞矿	733
36	盐矿	731
37	石墨	705
38	熔剂用灰岩	682
39	冶金用白云岩	678

续表

序号	矿种类型	数量（档）
40	熔炼水晶	668
41	铍矿	653
42	石棉	635
43	铋矿	629
44	油页岩	579
45	芒硝	531
46	镓矿	510
47	钽矿	503
48	砷矿	483
49	压电水晶	482
50	镉矿	482
51	自然硫	468
52	铌矿	462
53	稀土矿	458
54	硼矿	457
55	泥炭	457
56	锆矿	451
57	长石	440
58	陶瓷土	355
59	滑石	346
60	膨润土	344
61	锂矿	322
62	玻璃用石英岩	312
63	钾盐	305
64	金刚石	300
65	水泥配料用砂岩	277
66	锗矿	274
67	明矾石	268
68	叶蜡石	259
69	制灰用石灰岩	258
70	电石用灰岩	258
71	大理岩	257
72	建筑用白云岩	257
73	砖瓦用黏土	246
74	饰面用花岗岩	245

续表

序号	矿种类型	数量（档）
75	石煤	244
76	玻璃用砂岩	236
77	冶金用石英岩	234
78	含钾岩石	200
79	铟矿	193
80	煤成气	192
81	菱镁矿	189
82	钍矿	187
83	铌钽矿	184
84	玻璃用脉石英	183
85	玻璃用砂	181
86	硒矿	180
87	铂矿	177
88	冰洲石	174
89	花岗岩	168
90	化肥用蛇纹岩	155
91	钇矿	154
92	水泥用大理岩	152
93	水泥配料用页岩	147
94	饰面用大理岩	147
95	石榴子石	130
96	碲矿	129
97	玉石	127
98	建筑石料用灰岩	124
99	铂族金属	122
100	蛭石	121
101	硅灰石	115
102	沸石	115
103	硅藻土	113
104	镁矿	111
105	镁盐	109
106	制碱用灰岩	107
107	钯矿	103
108	建筑用砂	99
109	铯矿	99

续表

序号	矿种类型	数量（档）
110	铷矿	98
111	锶矿	97
112	铸型用砂	94
113	轻稀土矿	93
114	水泥配料用黄土	93
115	珍珠岩	90
116	光学萤石	89
117	冶金用脉石英	89
118	光学水晶	87
119	方解石	86
120	玻璃用白云岩	86
121	建筑用大理岩	86
122	宝石	85
123	化肥用灰岩	82
124	化工用白云岩	81
125	工艺水晶	81
126	水泥配料用泥岩	80
127	铊矿	79
128	铈矿	78
129	铼矿	77
130	陶粒用黏土	72
131	蓝石棉	70
132	钠硝石	68
133	天然碱	68
134	镧矿	65
135	冶金用砂岩	57
136	碘矿	56
137	建筑用花岗岩	55
138	闪长岩	54
139	玄武岩	53
140	陶粒页岩	50
141	矽线石	50
142	溴矿	49
143	熔剂用蛇纹岩	47
144	凝灰岩	47

续表

序号	矿种类型	数量（档）
145	铪矿	47
146	毒重石	45
147	红柱石	45
148	泥灰岩	44
149	重稀土矿	42
150	刚玉	42
151	凹凸棒石黏土	38
152	水泥配料用砂	38
153	铸型用黏土	37
154	透辉石	37
155	玛瑙	36
156	粉石英	35
157	陶瓷用砂岩	35
158	铸石用辉绿岩	35
159	铁矾土	32
160	海泡石黏土	32
161	水泥配料用红土	32
162	电气石	31
163	钪矿	31
164	水泥配料用脉石英	30
165	饰面用蛇纹岩	29
166	砖瓦用砂岩	28
167	砖瓦用页岩	27
168	黄玉	27
169	蓝晶石	26
170	铸石用玄武岩	25
171	二氧化碳气	25
172	板岩	25
173	水泥用凝灰岩	23
174	铸型用砂岩	23
175	玻璃用灰岩	22
176	辉绿岩	22
177	饰面用辉长岩	21
178	化肥用橄榄岩	20
179	饰面用灰岩	20

续表

序号	矿种类型	数量（档）
180	饰面用辉绿岩	20
181	麦饭石	20
182	伊利石黏土	20
183	天然沥青	18
184	饰面用闪长岩	17
185	铱矿	16
186	天然油石	15
187	锇矿	15
188	水泥标准砂	15
189	浮石	15
190	建筑用凝灰岩	13
191	透闪石	13
192	含钾砂页岩	12
193	饰面用玄武岩	12
194	火山渣	12
195	耐火用橄榄岩	11
196	化肥用石英岩	11
197	保温材料用黏土	11
198	建筑用玄武岩	10
199	镱矿	10
200	白垩	10
201	累托石黏土	10
202	饰面用板岩	9
203	钌矿	9
204	铑矿	9
205	建筑用安山岩	9
206	霞石正长岩	9
207	黑耀岩	8
208	水泥配料用板岩	8
209	粗面岩	8
210	水泥混合材用安山玢岩	8
211	岩棉用玄武岩	7
212	片麻岩	7
213	水泥混合材玄武岩	7
214	饰面用辉石岩	7

续表

序号	矿种类型	数量（档）
215	建筑用辉长岩	7
216	水泥混合材用闪长玢岩	7
217	含钾黏土岩	6
218	镝矿	5
219	建筑用闪长岩	5
220	松脂岩	5
221	建筑用橄榄岩	4
222	硫化氢气	4
223	建筑用辉绿岩	4
224	建筑用辉石岩	4
225	钆矿	4
226	铕矿	4
227	玻璃用大理岩	4
228	水泥用粗面岩	4
229	饰面用角闪岩	4
230	砖瓦用砂	3
231	玻璃用凝灰岩	3
232	建筑用角闪岩	3
233	水泥用辉绿岩	3
234	饰面用正长岩	3
235	火山灰	3
236	氡气	3
237	钬矿	2
238	铒矿	2
239	铽矿	2
240	钐矿	2
241	化肥用砂岩	2
242	饰面用安山岩	2
243	铥矿	1
244	铵矿	1
245	颜料矿物	1
246	建筑用二长岩	1
247	铸石用粗面岩	1
248	氦气	1

9.2.3.2 各类型矿种资料数量情况分析

地质资料矿种类型共包括9大类248小类，全国15.1万档地质资料按照矿种统计分析，煤炭类最多，共13 136档，占总矿种数量的8.72%；其次为锌矿，共12 730档，占总矿种数量的8.45%。全国地质资料按矿种分析排名如图9-5所示。

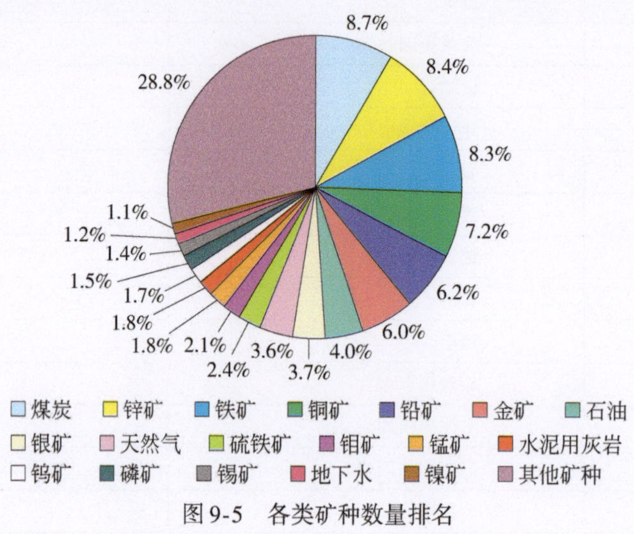

图9-5 各类矿种数量排名

全国地质资料中，煤炭占全国地质资料最多，共13 136档；其次为锌矿，共12 730档。全国地质资料中煤炭、锌矿、铁矿、铜矿在10 000档以上，221多类矿种在1000档以下。全国地质资料按矿种类型分析，各类矿种排名（前10名）分析如图9-6所示。

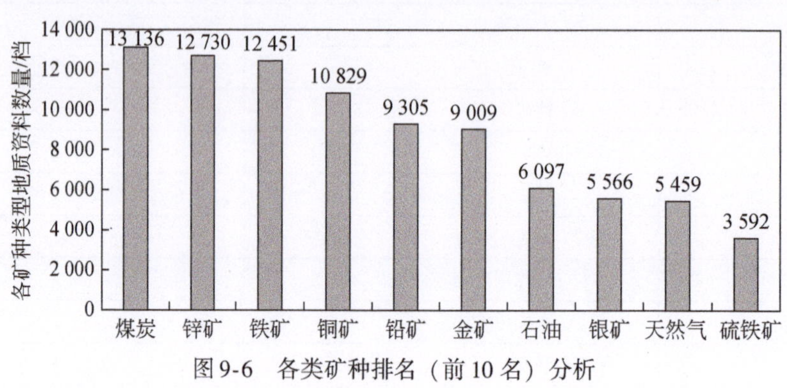

图9-6 各类矿种排名（前10名）分析

9.2.4 地质资料按工作程度统计分析

9.2.4.1 各工作程度资料数量统计

全国各类工作程度资料数量总体情况具体如表9-5所示。

表9-5　各类工作程度资料数量总体情况统计表

序号	工作程度	数量（档）	占比（%）
1	其他	181 450	46.95
2	普查	67 936	17.58
3	预查	41 454	10.73
4	详查	27 419	7.09
5	勘探	23 177	6.00
6	开发勘探	19 048	4.93
7	1∶20万	8 295	2.15
8	1∶5万	8 049	2.08
9	钻井地质	5 706	1.48
10	其他比例尺	1 664	0.43
11	1∶100万	690	0.18
12	1∶10万	645	0.17
13	1∶25万	520	0.13
14	1∶50万	417	0.10

9.2.4.2　各工作程度资料数量情况分析

地质资料按照工作程度划分为区域调查类和矿产勘查类2大类16小类。区域地质调查类项目采用比例尺反映工作程度；矿产勘查类项目采用勘查阶段反映工作程度；分为预查、普查、详查、勘探、开发勘探、钻井地质、其他。全国38.6万档地质资料，按照地质资料工作程度统计分析，其他类的地质资料最多，共181 450档；其次为普查类地质资料，共67 936档。区域地质调查类中1∶20万的地质资料最多，共8 295档；1∶50万的地质资料最少，共417档。矿产勘查类中其他类地质资料最多，共181 450档；矿产普查最少，共3档。各类工作程度的地质资料数量排名情况如图9-7所示。

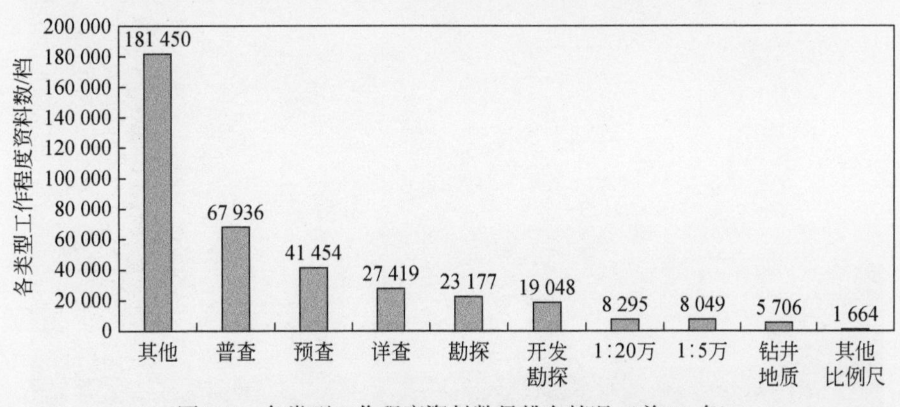

图9-7　各类型工作程度资料数量排名情况（前10名）

全国地质资料中，其他类的地质资料占比最多，占全国地质资料的 46. 95%。按照两大工作程度分析，地质调查类中除其他类共 184 746 档，占全国地质资料的 30. 22%；区域调查类中除其他类共 20 280 档，占全国地质资料的 5. 25%，具体如图 9-8 所示。

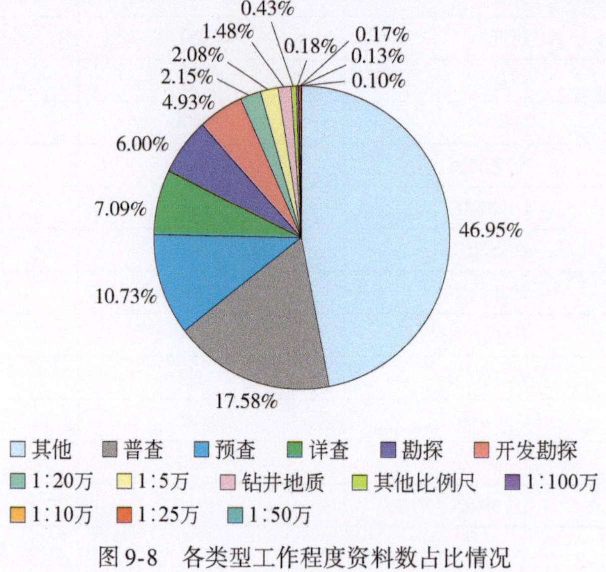

图 9-8　各类型工作程度资料数占比情况

9. 2. 5　地质资料按空间位置分布分析

利用系统提供的资料空间分布热力图功能，可以直观展示各类资料的空间分布情况，中东部地区资料分布密度显著高于其他地区，具体如图 9-9 所示。

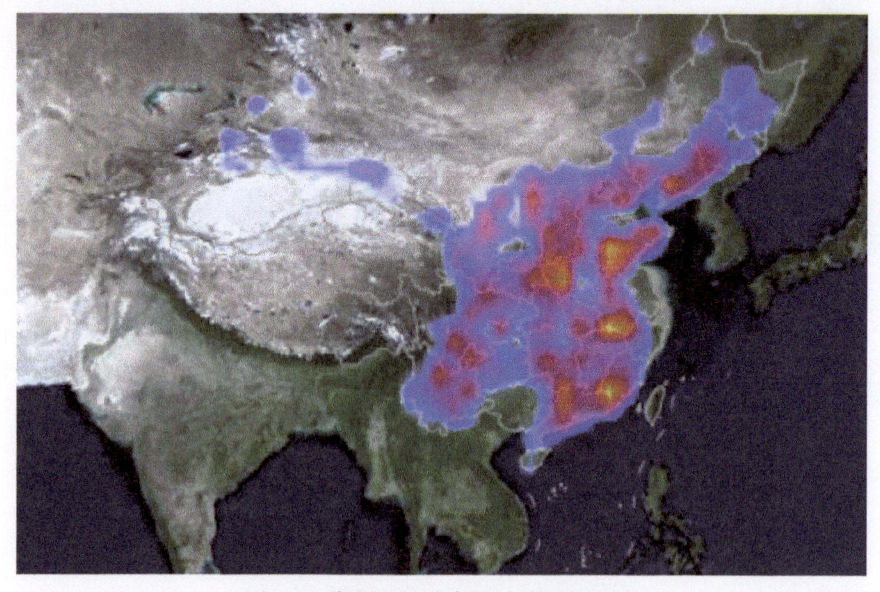

图 9-9　资料空间分布统计情况热力图

9.3 本章小结

本章开展全国地质资料目录服务中心系统所有发布数据的统计和分析工作，面对整合入库并对外发布的 160 余万条地质资料目录数据进行分类统计分析，按资料类别、形成时间、矿种、工作程度、空间位置等要素进行统计和分析，为系统的深度开发和综合应用提供思路。

第 10 章　系统推广建设与应用

全国地质资料目录服务中心系统在全国地质资料馆藏机构之间构建了数据传输与联合服务通道，是实现以目录数据为核心的地质资料分布式集群服务的重要手段。全国地质资料目录服务中心系统自 2013 年正式上线以来，全面实现了覆盖部省两级地质资料馆藏机构、地调资料管理部门的地质资料目录数据的服务逻辑集中统一，是地质资料目录数据集群管理与服务模式的创新。系统所实现的地质资料目录数据“物理分散保管、服务逻辑集中统一”理念，为其他行业地质资料的管理与服务做出了示范。本章以武警黄金部队和油气行业为例，来介绍地质资料目录服务中心在行业部门的推广建设与应用情况。

10.1　武警黄金部队地质资料目录服务中心系统建设与应用

10.1.1　系统建设背景

2015 年，为了实现武警黄金部队地质资料的集群共享服务，借鉴全国地质资料目录服务中心的模式，在全国地质资料馆的支持下，武警黄金部队启动了地质资料目录中心建设，依托武警黄金部队内部网络，通过集成武警黄金部队指挥部和下辖总队、研究所、教导大队、支队的地质资料目录信息，开展地质资料集成管理与服务。

10.1.2　系统业务梳理

（1）业务模式

武警黄金部队地质资料目录服务中心系统在武警黄金指挥部集中部署，三个总队、研究所、教导大队及各个支队按权限分布式应用，业务模式如图 10-1 所示。

在目录管理上，馆藏单位分布式管理、更新和授权，通过服务的方式对外发布并统一集成到地质资料目录服务中心系统上。地质资料目录服务中心系统保存各总队、研究所、教导大队及支队的地质资料目录数据，各单位按权限管理。

在目录服务管理上，以全国地质资料目录服务中心系统为总出口挂接于武警黄金部队门户网站上，提供地质资料目录服务等多种层次的服务。

武警黄金部队所产生的地质资料服务运行于武警黄金部队内网，同时作为全国地质资料目录中心行业馆藏单位的地质资料的一部分，因此需要把武警黄金部队地质资料目录离线导出，传递并服务于全国地质资料目录中心系统。

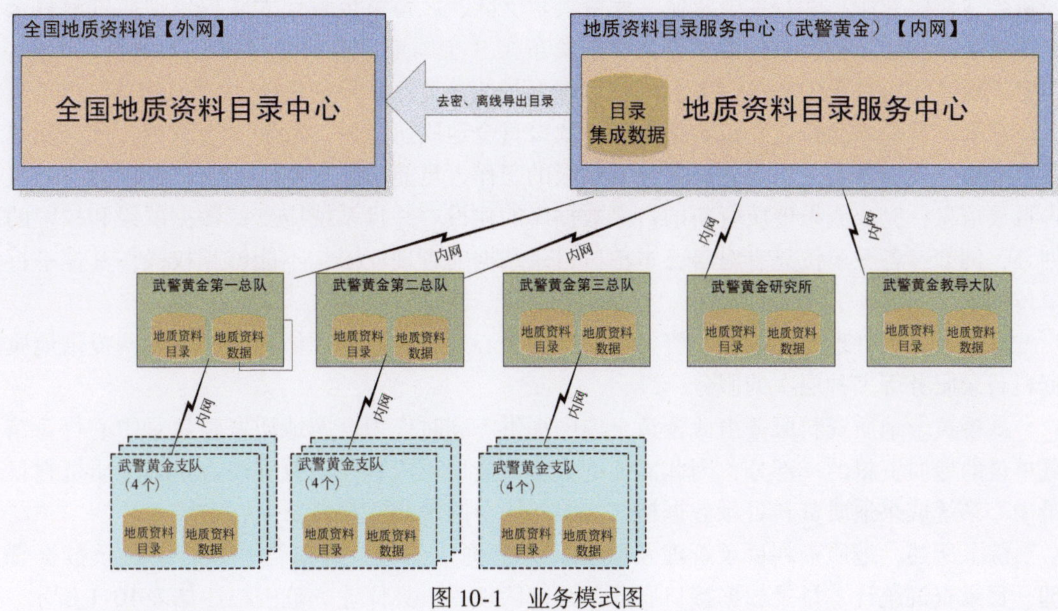

图 10-1　业务模式图

（2）业务机构

武警黄金部队地质资料目录管理与服务业务机构主要包括：武警黄金指挥部、武警黄金总队、武警黄金地质研究所、武警黄金教导大队及武警黄金总队下属各支队，如图 10-2 所示。

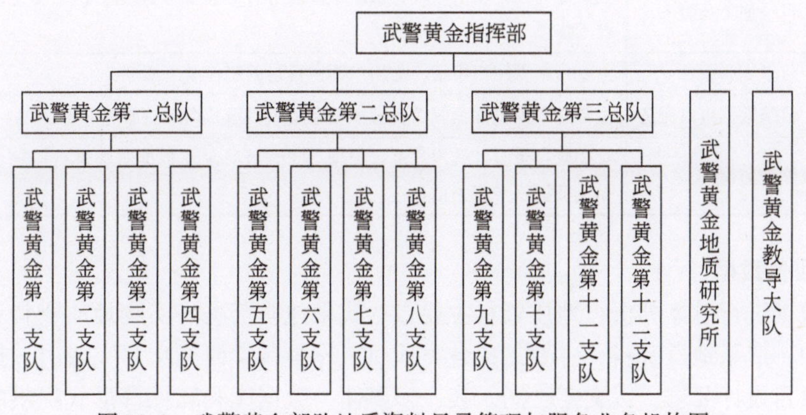

图 10-2　武警黄金部队地质资料目录管理与服务业务机构图

（3）业务需求

为利于地质资料电子数据的齐全、完整、管理和利用，黄金部队地质资料电子数据不再分散管理，将采用电子数据集中存储、权限管理。在目录管理上，根据武警黄金部队的实际情况和全国地质资料管理规范和具体要求分析来看，成果地质资料目录数据的管理方式采用“补旧立新”的思路来建设。对于历史以往形成的成果资料要有补旧方案，对于未来新形成的成果地质资料要用新的管理模式和技术手段，最终形成成果地质资料目录数据库，建成武警黄金地质资料目录服务中心。该系统的建成将会对内为武警黄金指挥部、武警黄金地质研究所、武警黄金总队、武警黄金支队、武警黄金教导大队提供地质资料目录数据管理和利用服务，对外能够导出用于发布在“全国地质资料目录中心”的目录数据，为全国地质资料目录中心提供黄金部队馆藏目录的分节点目录信息。

系统本身提供支持武警黄金指挥部、武警黄金地质研究所、武警黄金教导大队、武警黄金总队、武警黄金支队等各级单位有权限的工作人员能够录入登记本单位存储的成果报告目录信息，完成成果地质资料的目录数据库的建设。并且系统应支持数据层级和权限的划分，例如：各级单位只有对自己本单位目录数据的管理权限，不能够越权操作其他平行单位的目录数据。

在目录服务管理上，以地质资料目录服务中心系统为服务主体，统一在内网提供地质资料目录服务等多种层次的服务。

武警黄金地质资料服务由武警黄金内网提供。同时作为全国地质资料目录中心行业馆藏单位的地质资料的一部分，因此需要把武警黄金地质资料导出兼容现有全国地质资料目录中心系统成果地质资料目录数据格式，服务于全国地质资料目录中心系统。

综上所述，地质资料目录管理及服务业务范围主要包括目录数据整合、目录数据管理、目录查询统计、目录数据接口服务及系统管理等，具体业务范围描述如表 10-1 所示。

表 10-1　业务范围描述表

序号	业务名称	范围描述
1	数据整合	主要是利用目录数据及目录工具，对各武警黄金支队、总队相关目录数据进行整合，为进一步的目录服务提供支撑
2	目录加工及服务	主要是为用户提供在线目录加工及服务，包括目录浏览、产品加工、一体化展示等工作
3	目录定制服务	主要指根据用户申请，为用户提供目录的制作及下载服务
4	目录数据接口服务	主要是本系统和全国馆目录中心系统做目录数据对接服务
5	管理监控	对获取目录服务的用户进行管理，同时对目录及数据服务进行监控，及时掌握目录及数据服务相关信息

（4）业务数据

针对数据进行总体分析：地质资料主要包括成果地质资料、实物地质资料和原始地质资料。其中，成果地质资料，主要是指各类地质工作与科学研究项目完成时，按相应技术规范和原项目设计要求，以文字、图、表、多媒体、数据库和软件等形式提供的反映工作成果的一整套科技文件材料。实物地质资料，主要是指从天然地质体上采集的或经技术加工处理所产生的实体。原始地质资料，主要是指在进行地质工作时直接形成或采集的，反映地质现象或地质体的，以各种载体类型存在的原始记录、中间性解译资料、最终地质工作成果原稿等。

目前黄金部队成果地质资料报告分散保存在各级地质资料室，有的报告只在支队地质资料室保存一份，有报告在三级单位各保管一份。载体形式有 3 种：①第一种，2000 年以前的成果地质资料报告只有纸质档案，没有详细的目录数据库。②第二种，2000 ~ 2012 年形成的成果地质资料有纸质的和以MS-Office格式和 MapGIS 格式的电子文件，建立了 DBF

数据格式目录数据库。③第三种，2012 年以后形成的成果地质资料有纸质的和以 MS-Office格式和 MapGIS 格式的电子文件，并用 EDMaker 制成了符合汇交要求的文件组织格式。

10.1.3 系统总体框架

系统对总体架构进行了严格的层次划分和控制。在标准规范、运行管理制度及有效地组织保障下，进行系统框架的搭建。应用体系结构决定了系统的最根本特性，如可维护性、可扩展性、可靠性、安全性等。本系统充分考虑灵活性、开放性及可扩展性，选择多层应用体系结构。

武警黄金部队地质资料目录服务中心系统的设计包括七大功能点：数据采集（清理工具)、数据检查（检查工具)、目录数据管理、目录数据查询、目录数据统计、文件目录管理、系统管理功能构成。其中数据采集（清理工具）和数据检查（检查工具）采用C/S架构设计，其他功能均采用 B/S 架构设计实现的。

另外除了这七大功能点之外，还有“索引、检索引擎”、缓存子系统、数据交换工具、数据清洗工具、安全防护拦截器以及系统基础平台构建而成图 10-3 所示。

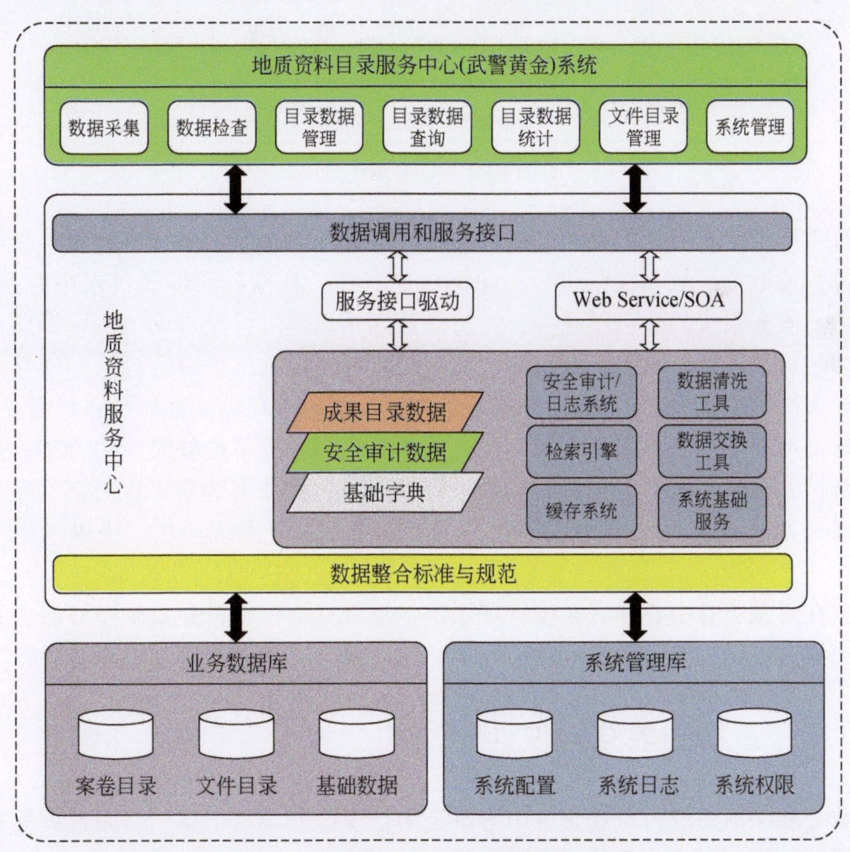

图 10-3　系统总体框架

10.1.4 系统应用模式设计

武警黄金部队地质资料目录服务中心系统的应用模式如图 10-4 所示。

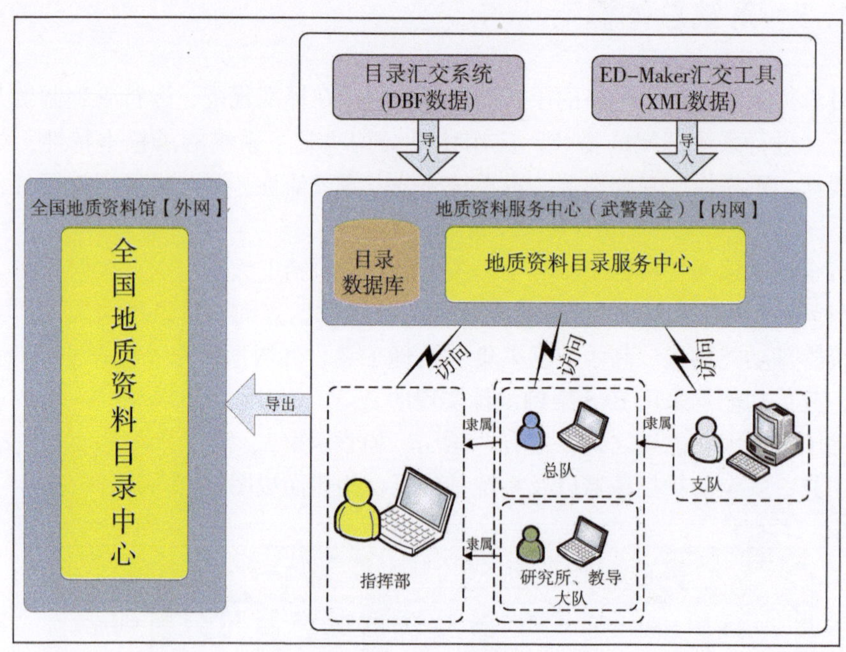

图 10-4 应用模式图

本系统主要以武警黄金内网为基础，在指挥部集中部署，总队、研究所、教导大队及各个支队分别按数据层级和权限进行目录集成。其中，在指挥部部署目录中心服务系统。通过目录中心服务系统的前台子系统，为目录访问用户提供目录查询、浏览等服务。系统维护人员通过地质资料目录中心服务系统对地质资料目录数据进行管理，并连接总队、研究所、教导大队，通过 Web Service 方式通信，获得分布式存储的地质资料目录。

在指挥部部署系统，总队、支队、研究所、教导大队按单位分级应用管理。由各个单位的系统维护人员对本地的地质资料目录进行管理，包括数据的导入、更新、发布、定制等，同时通过 Web Service 与目录服务中心的目录中心服务系统通信，提供本地的地质资料目录。

此外，在目录服务中心部署运维管理系统，运维管理模块贯穿目录中心服务系统模块和各分布式服务模块，提供统一的用户认证、服务状态监控、服务量统计的功能。

10.1.5 系统功能结构设计

武警黄金部队地质资料目录服务中心系统由目录数据接口工具、目录数据管理系统和系统基础管理与控制系统三部分组成，如图 10-5 所示。

1）目录数据接口工具：主要包括目录数据导入工具、目录数据导出发布工具、数据

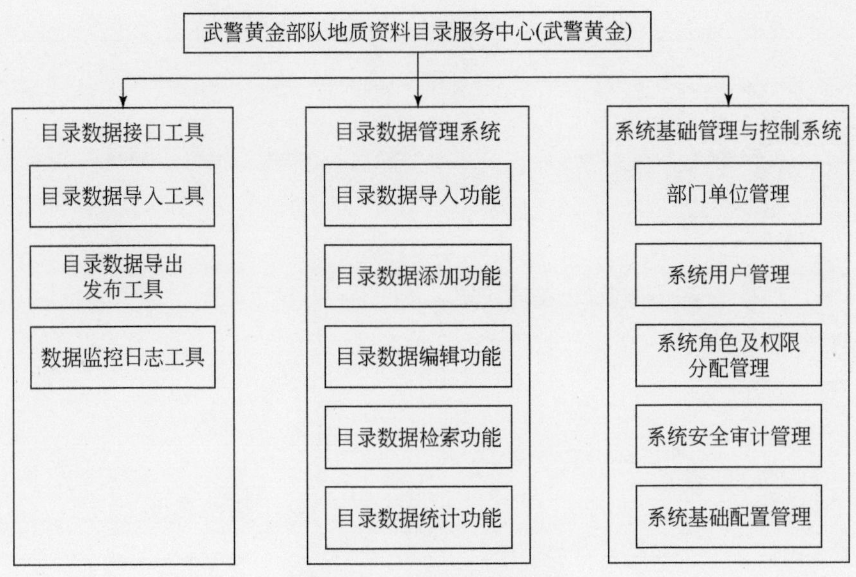

图 10-5　系统功能结构图

监控日志工具。系统为用户提供目录数据同步及运行监控等管理服务。

2）目录数据管理系统：主要包括目录数据导入功能、目录数据添加功能、目录数据编辑功能、目录数据检索功能、目录数据统计功能。

3）系统基础管理与控制系统：主要指按权限划分各单位分级管理模式，以支持系统安全平稳运行，包括部门单位管理、系统用户管理、系统角色及权限分配管理、系统安全审计管理、系统基础配置管理等。

10.1.6　系统应用效果

（1）数据采集

数据采集功能是数据清理工具和武警黄金部队地质资料目录服务中心系统数据衔接的一个桥梁，由于各个支队采用数据清理工具形成地质资料目录清理数据库，各个数据库由各个支队负责清理和形成，最终需要汇聚到武警黄金指挥部分中心这个节点，为了保证各个支队提交的成果数据能够安全、有效的进入到武警黄金指挥部这个节点上来，需要数据采集功能提供数据导入、清洗、自动配号等一系列操作，最终形成武警黄金指挥部完整的目录中心数据，为《地质资料目录服务中心（武警黄金）》系统提供数据前期工作保障具体功能设计如下。

1）目录数据导入功能。

管理人员可以选取各个支队提交上来的地质资料目录数据清理成果库文件。

整个处理过程是先检查选取的文件格式是否正确，如果正确则进行文件上传。上传到服务端后进行文件读取解析和导入的逻辑执行（图 10-6）。

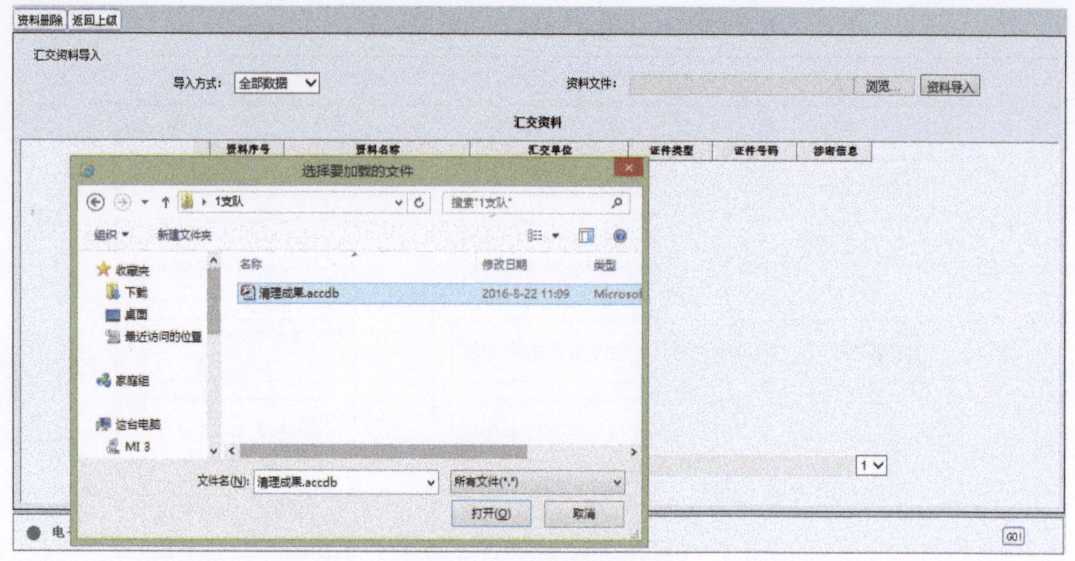

图 10-6　目录数据导入功能

2）目录数据导入浏览功能。

目录数据导入浏览功能主要的作用有两个，其一是可以在线查看刚刚导入信息的记录数据核对导入过程是否有漏掉或缺失的数据。其二可以查看具体目录信息，对导入处理后的数据也可以进行抽查查看（图 10-7）。

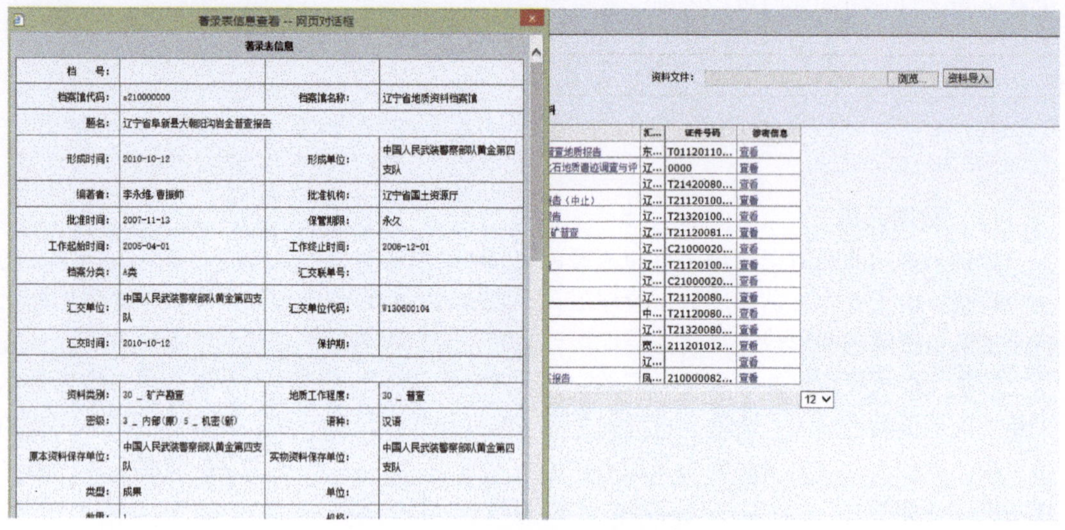

图 10-7　目录数据导入浏览功能

3）目录数据删除重导功能。

为了解决操作人员的一些误操作行为，比如导入的数据需要更新导入，则可以将原有旧数据删除，重新导入对应的新数据（图 10-8）。

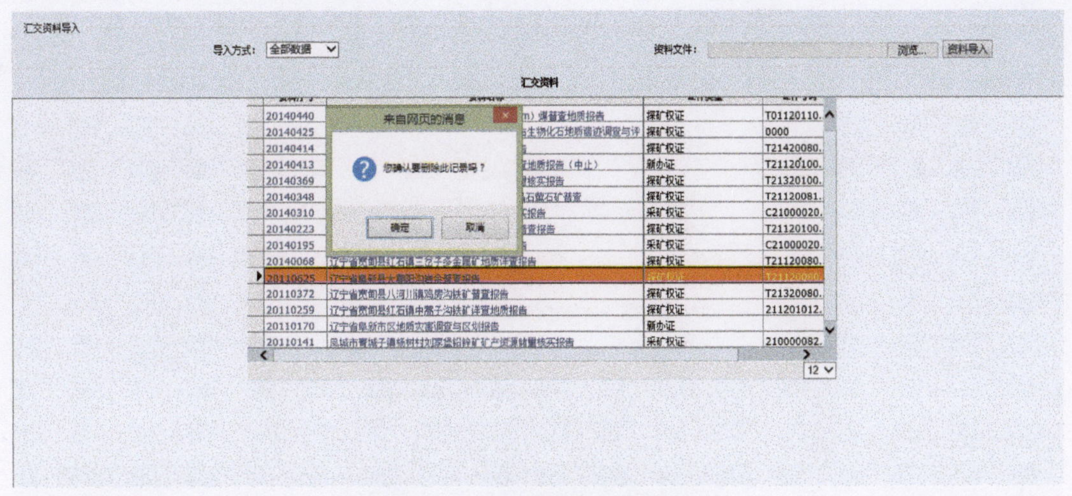

图 10-8　目录数据删除重导功能

4）自动分配单位编码功能。

根据武警黄金指挥部整个组织架构体系，将三个总队、十二个支队、研究所、教导大队、指挥总部等单位编码及基本信息通过系统管理中的部门单位管理建立好基础信息。

在执行数据导入过程中，根据所提交清理数据文件的单位提前单位编码，在执行数据导入过程中，为当前数据文件的所有数据的所属单位属性自动分配单位编码。这样保证在入库后的数据能够查询到该目录的出处来源，是由哪个支队清理所形成的。便于集中管理（图 10-9）。

档案号	支队档案号	部门	资料名称	资料分类	形成时间	数据类型
040312200805	200805	十二支队	战略地质调查报告（2008年度）	B类	2008-11-30	导入
040312200804	200804	十二支队	甘肃省阳山金矿带金及多金属矿产资源潜力综合评价报告	B类	2008-11-25	导入
040312200803	200803	十二支队	甘肃省文县阳山金矿带泥山-葛条弯矿段激电...	B类	2008-12-29	导入
040312200802	200802	十二支队	甘肃省文县-舟曲一带金及多金属预查报告	B类	2008-11-01	导入
040312200801	200801	十二支队	甘肃省文县茶园金矿区岩金预查报告	B类	2008-04-01	导入
040312200708	200708	十二支队	阳山成矿带遥感构造解译与蚀变信息提取研究	B类	2007-12-03	导入
040312200707	200707	十二支队	四川西北部壤塘成矿带遥感解译于蚀变信息提...	B类	2007-12-03	导入
040312200706	200706	十二支队	甘肃省阳山矿带金及多金属矿产资源潜力综合评价	B类	2007-11-25	导入
040312200705	200705	十二支队	甘肃省文县新寨金矿区及外围岩金预查报告	B类	2007-11-30	导入
040312200704	200704	十二支队	甘肃省武都县北金山金矿区及外围岩金预查报告	B类	2007-10-01	导入

记录总数 2752 条，共 276 页，每页 10 条，当前第 1 页　首页 前页 1 2 3 4 5 ... 后页 尾页

图 10-9　自动分配单位编码功能

5）自动分配指挥部档案号功能。

每个支队本单位肯定有自己内部管理所形成的档案号，由于各个单位在地质资料档案号生成规则上并没有规范要求，并且各个支队直接可能会存在重复的档案号，在汇聚到指挥部形成统一数据库指挥，为了解决这些问题，在数据导入过程中，会根据单位编码、支队档案号等属性自动为数据生成并分配指挥部档案号，并且保证指挥部档案号的唯一性，便于日后管理使用（图 10-10）。

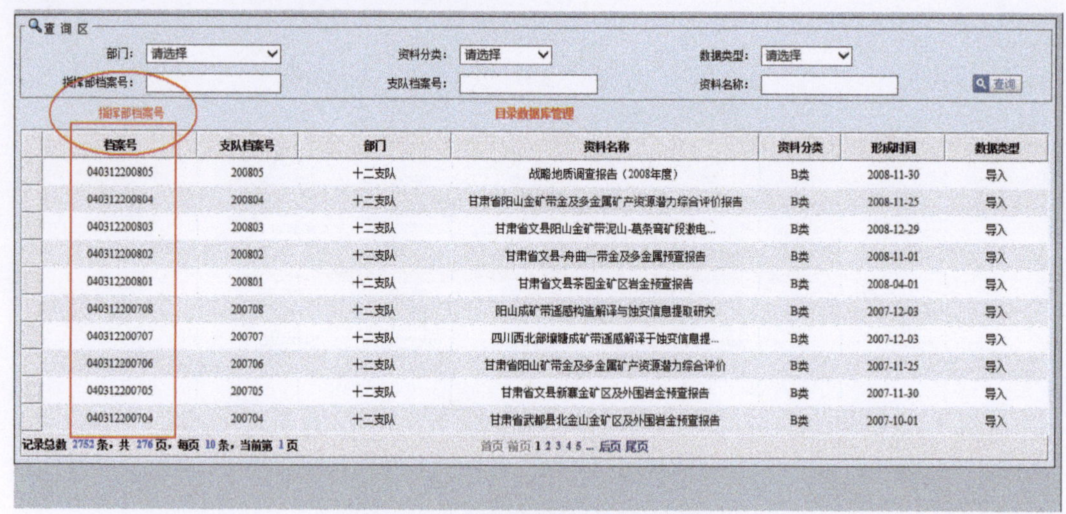

查询区

部门：请选择　资料分类：请选择　数据类型：请选择

指挥部档案号：　支队档案号：　资料名称：　查询

指挥部档案号

目录数据库管理

档案号	支队档案号	部门	资料名称	资料分类	形成时间	数据类型
040312200805	200805	十二支队	战略地质调查报告（2008年度）	B类	2008-11-30	导入
040312200804	200804	十二支队	甘肃省阳山金矿带金及多金属矿产资源潜力综合评价报告	B类	2008-11-25	导入
040312200803	200803	十二支队	甘肃省文县阳山金矿带泥山-葛条弯矿段激电…	B类	2008-12-29	导入
040312200802	200802	十二支队	甘肃省文县-舟曲一带金及多金属预查报告	B类	2008-11-01	导入
040312200801	200801	十二支队	甘肃省文县茶园金矿区岩金预查报告	B类	2008-04-01	导入
040312200708	200708	十二支队	阳山成矿带遥感构造解译与蚀变信息提取研究	B类	2007-12-03	导入
040312200707	200707	十二支队	四川西北部壤塘成矿带遥感解译于蚀变信息提…	B类	2007-12-03	导入
040312200706	200706	十二支队	甘肃省阳山矿带金及多金属矿产资源潜力综合评价	B类	2007-11-25	导入
040312200705	200705	十二支队	甘肃省文县新寨金矿区及外围岩金预查报告	B类	2007-11-30	导入
040312200704	200704	十二支队	甘肃省武都县北金山金矿区及外围岩金预查报告	B类	2007-10-01	导入

记录总数 2752 条，共 276 页，每页 10 条，当前第 1 页　首页 前页 1 2 3 4 5 … 后页 尾页

图 10-10　自动分配指挥部档案号功能

（2）目录数据查询

目录数据查询模块可以查询所有部门已清理的载体和涉密信息的资料。对已清理的成果目录信息进行查询，可以根据资料名称、资料的类别等条件进行组合查询，查询结果以列表形式展示。从列表中选择一条记录可以打开该记录的详细信息（图 10-11）。

载体管理　涉密查看

查询区

部门：请选择　资料分类：请选择　数据类型：请选择

指挥部档案号：　支队档案号：　资料名称：　查询

目录数据库管理

档案号	支队档案号	部门	资料名称	资料分类	形成时间	数据类型
040000213213	213213	指挥部	资料名称资料名称资料名称资料名称112	A类	2016-01-18	添加
040000111345	111345	指挥部	2412412	A类	2016-01-06	添加
04031104031120140006	04031120140006	十一支队	湖南省宜章县塘背矿区铅锌锑多金属矿预查报…	A类	2014-09-01	导入
04031104031120140005	04031120140005	十一支队	湖南省隆回县白竹坪矿区金矿普查报告	A类	2014-12-28	导入
04031104031120140003	04031120140003	十一支队	湖南省隆回县金山矿区及外围金矿普查报告	A类	2014-09-01	导入
04031104031120100005	04031120100005	十一支队	湖南省新邵县掉水洞金矿普查工作总结报告	B类	2011-03-01	导入
04031104031120100004	04031120100004	十一支队	武夷山地区金多金属矿预查报告	B类	2010-12-30	导入
04031104031120100003	04031120100003	十一支队	战略地质调查报告2010年度	B类	2010-12-30	导入
04031104031120100002	04031120100002	十一支队	湖南省白马山一龙山一带金及多金属矿预查报…	B类	2010-12-30	导入
04031104031120100001	04031120100001	十一支队	湖南省平江县曲溪矿区金矿普查阶段报告	B类	2010-12-30	导入

记录总数 2454 条，共 246 页，每页 10 条，当前第 1 页　首页 前页 1 2 3 4 5 … 后页 尾页

图 10-11　目录数据查询

（3）目录数据统计

目录数据统计主要的功能就是根据不同的资料类别和资料密级，统计出资料数量，分别以数据表格和图形两种方式显示，如表 10-2 和图 10-12 所示。

表 10-2　数据表格统计

资料类别	数量	涉密种类					
		公开	内部	秘密	机密	绝密	无密级
A	209	2	4	63	137	3	0
B	2 144	233	131	742	890	15	133
其他类	101	15	0	22	63	0	1
总和	2 454	250	135	827	1 090	18	134

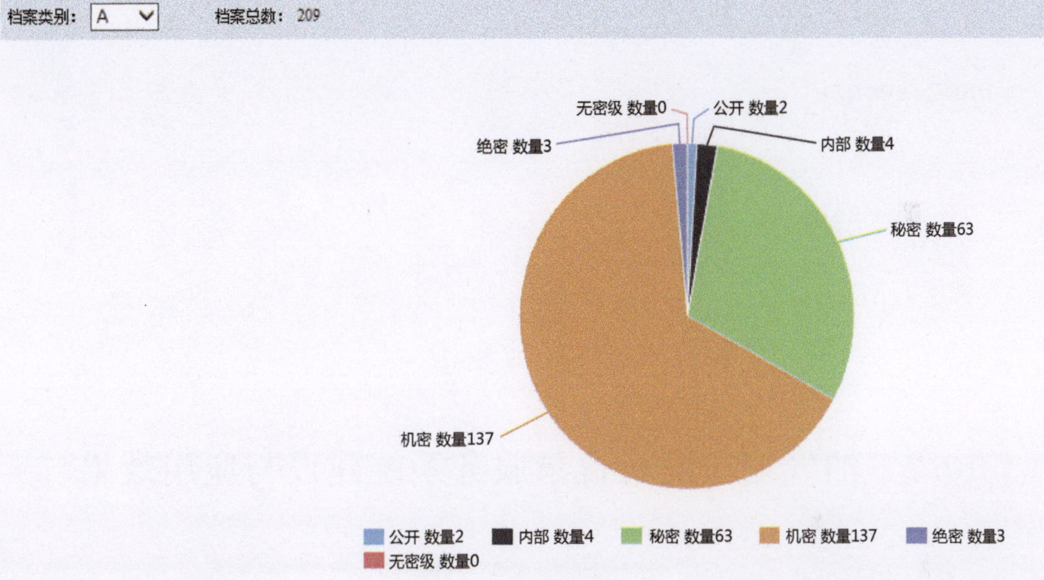

图 10-12　图形统计

（4）文件目录管理

涉密清理功能主要是对资料进行涉密信息的添加，修改和删除功能。涉密管理的过程分为基本信息和正文类，审批类，附图类，附表类，附件类，数据库或软件类，多媒体类，其他类等八大分类信息，逐一对这些类进行涉密清理（图 10-13）。

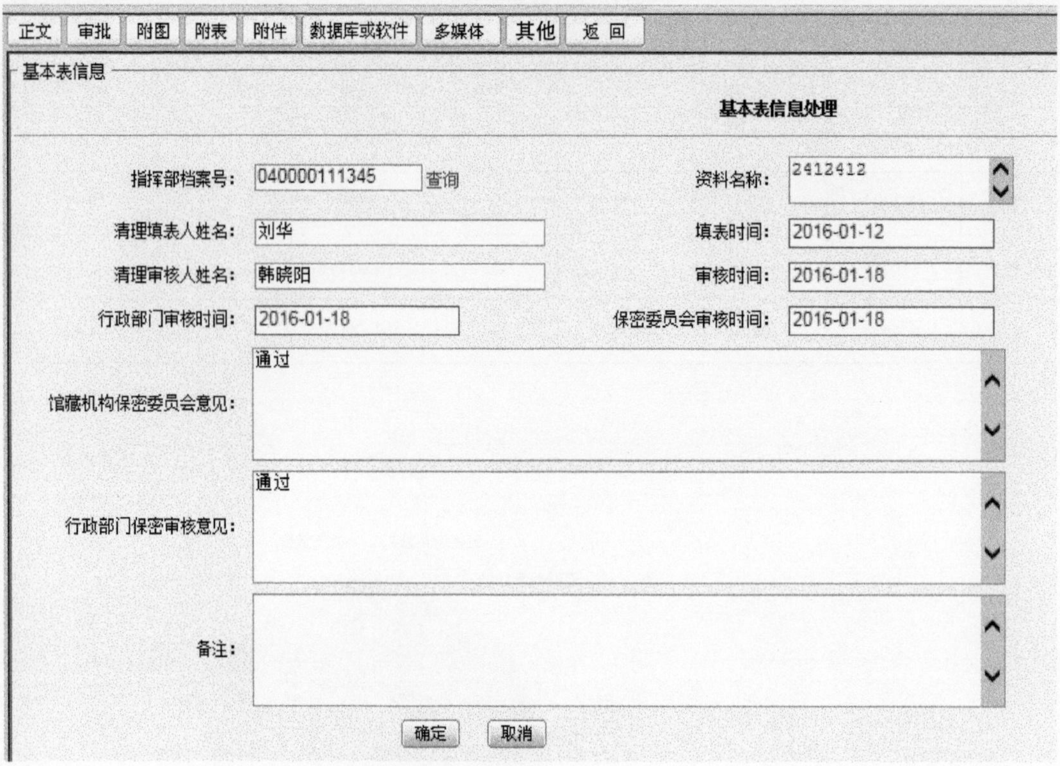

正文 审批 附图 附表 附件 数据库或软件 多媒体 其他 返 回

基本表信息

基本表信息处理

指挥部档案号：040000111345 查询

资料名称：2412412

清理填表人姓名：刘华

填表时间：2016-01-12

清理审核人姓名：韩晓阳

审核时间：2016-01-18

行政部门审核时间：2016-01-18

保密委员会审核时间：2016-01-18

馆藏机构保密委员会意见：通过

行政部门保密审核意见：通过

备注：

确定 取消

图 10-13　基本信息

10.2　油气地质资料目录服务系统建设与应用效果

10.2.1　系统背景

油气地质资料目录服务系统主要目标是针对汇聚的油气地质资料信息（包括油气委托管保管的原始和实物地质资料目录数据、汇交的油气成果地质资料目录数据，油气钻井数据等），为政府、石油公司、科研机构、地质院校、社会公众提供油气地质资料目录数据服务，具体包括以下 3 个方面。

1）集成油气委托保管原始和实物地质资料目录数据、汇交的成果地质资料目录数据，建设全国油气地质资料服务目录数据库；

2）集成试点建设油气钻井数据库，实现目录数据与钻井数据的统一查询服务；

3）面向政府、石油公司、科研机构、地质院校、社会公众，结合油气地质工作特点，建立统一、规范、专业化的油气地质资料服务系统，全面提供油气地质资料服务。

10.2.2　系统总体设计

本系统对架构进行了严格的层次划分和控制。在标准规范、运行管理制度及有效地组织保障下，进行系统框架的搭建，系统框架主要分为 4 个层次，依次为基础数据层、数据管理层、管理层、服务层。

1）基础数据层：通过数据接口集成委托目录数据库和成果地质资料数据库，整合数据资源。

2）数据存储层：用来存储系统从委托目录数据库和成果地质资料数据库抽取出来的原始、实物、成果资料目录数据库。

3）管理层：完成油气地质资料委托保管服务的后台管理功能，包括原始、实物、成果资料发布，借阅管理，按照盆地构造、委托保管机构、行政区等不同主线进行地质资料综合信息发布等功能。

4）服务层：为用户提供多维度油气地质资料查询与利用服务，包括按照委托保管机构、盆地构造、行政区、矿权、综合查询、空间查询等。

系统总体架构如图 10-14 所示。

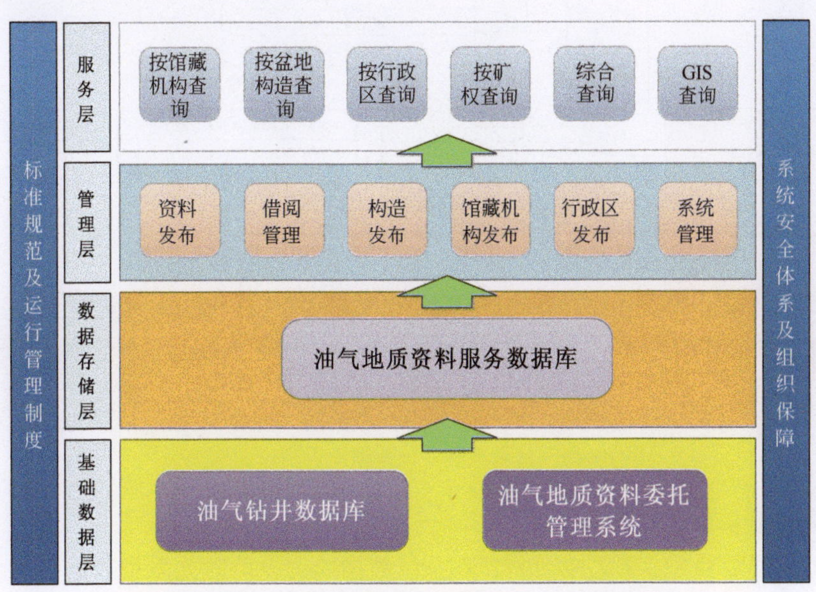

图 10-14　油气地质资料目录服务系统总体架构

10.2.3　系统数据库设计

（1）系统数据模型设计

数据模型设计包括物理模型、概念模型、逻辑模型 3 层存储结构。

物理模型是数据库的最底层，存储最原始的地质资料数据，是数据使用过程中被加工的对象。

概念模型是概念层的模型，对原始数据进行抽象、提取，表达各种数据间的分类与相互关系。油气地质资料委托保管系统概念模型采用实体-联系图（E-R 图）表示。

逻辑模型是数据间逻辑关系的集合，体现数据处理中的业务关系。

油气地质资料目录服务系统采用联机汇总数据管理模式。根据数据业务需求分析结果，数据模型间的联系通过业务映射关系完成。

（2）系统数据库逻辑结构设计

按照国家数据库设计标准，以油气委托管理系统的目录数据库、全国馆地质资料成果数据库、油气钻井数据库为基础，以实现原始、实物、成果地质资料方便、快捷、全方位、专业的关联查询为中心，设计油气地质资料服务数据库，包括馆藏信息表、矿权信息表、区块信息表、单井基础信息表、单井层位信息表、原始资料表、岩心回次表、岩心台账表、岩屑台账表、成果案卷信息表等业务数据表。数据关系如图 10-15 所示。

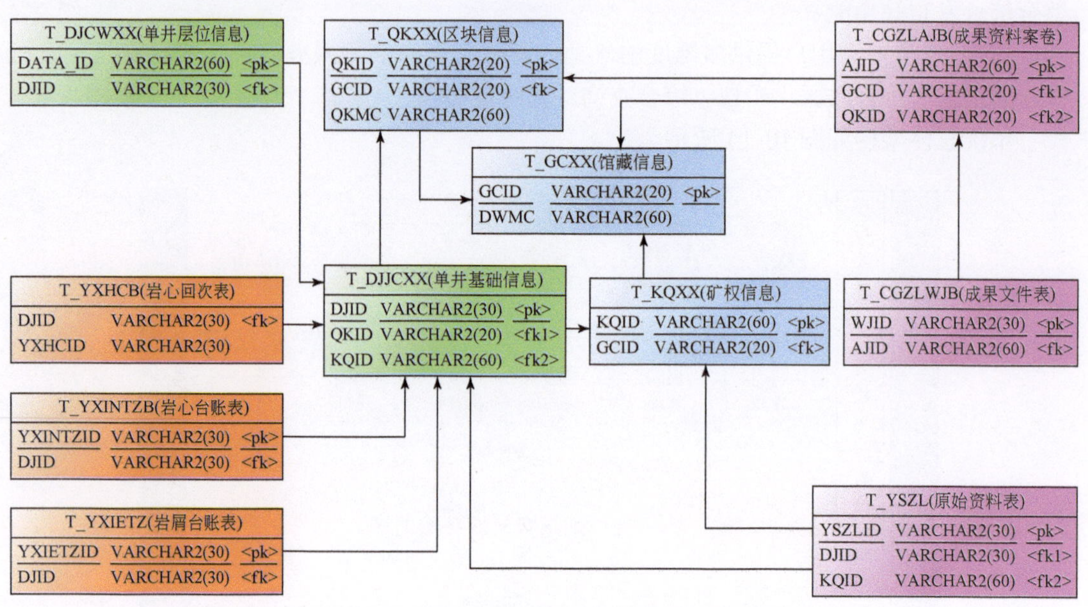

图 10-15　目录服务系统数据库表逻辑结构关系

（3）系统数据库物理结构设计

基于对数据资料与业务需求分析，本系统数据结构设计为关系型数据结构。则数据库为关系数据库。

关系数据库设计为五类数据表，即系统代码表、单位用户表、对象资源表、数据表和关系表。其中系统代码表是存放数据库元数据的表，系统根据该表中的描述信息访问其他表，数据表由多张数据结构一致的物理表构成，由代码表统一描述，便于统一封装（表 10-3）。

表 10-3　油气地质资料目录服务系统数据表

数据表中文名称	数据库表描述
参数表	所有表的父类表
系统代码表	元数据表，其他表结构的描述表
用户表	储存用户信息
单位表	储存单位信息
对象表	储存对象信息
资源表	储存对象的所对应的资源
数据表	储存数据
关系表	描述对象之间的关系

10.2.4　系统功能设计

油气地质资料目录服务系统由七大功能模块构成：分别由首页、馆藏机构、盆地构造、行政区域、矿权查询、综合查询、空间查询功能构成，系统结构如图 10-16 所示。

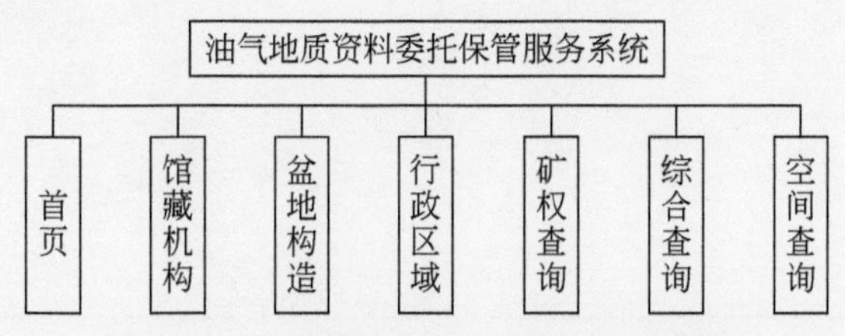

图 10-16　目录服务系统系统功能结构图

10.2.5　系统功能应用效果

（1）按盆地构造查询

油气地质资料目录服务系统中的盆地构造功能点，主要是以盆地构造为主线来展示汇交的地质资料信息，当进入该功能界面时将鼠标放置在某盆地时，系统会显示该盆地下汇交的地质资料情况如图 10-17 所示。

（2）按行政区划查询

油气地质资料目录服务系统中的行政区划功能点，主要是以行政区划为主线来展示汇交的地质资料信息，系统会显示行政区下的地质资料情况和委托单位统计。

油气地质资料目录服务系统主要是将地质资料公开化，所以公众服务网主要功能就是进行资料展示和资料查询，以下介绍公众服务网的查询功能，石油天然气地质资料委托管理系统是以矿权为主线的系统，公众服务网的数据均来自于委托管理系统，所以公众服务网下的矿权查询必不可少。

按矿权查询操作步骤如下：点击“矿权查询”功能点，进入到矿权查询界面，可在输

图 10-17　目录服务系统盆地构造资料信息查询界面

入框中输入需要查看的矿权名称或者许可证号进行准确定位至该矿权（图 10-18）。

在显示区双击矿权信息，会跳转至矿权详细信息显示界面，显示矿权的信息介绍，该矿权下汇交的原始、实物地质资料情况。

（3）综合查询

综合查询主要是为访问者提供更为方便的全文检索模式，可以根据资料类型也可根据资料分类进行全文检索如图 10-19，还可以进行更为详细的高级查询如图 10-20。

（4）空间查询

油气地质资料目录服务系统中的空间查询模块，主要为使用者提供更为感官的地图形式显示资料情况，如图 10-21，当比例尺放大到一定程度时，会显示该区域有多少口单井及单井资料信息（井位置随机偏移 50 ~ 100km）。

在空间查询功能模块中，可切换显示模式，可切换至卫星、卫星混合、地形、地形混合等显示方式（图 10-22）。

图 10-18　目录服务系统矿权检索查询界面

石油天然气地质资料全文检索

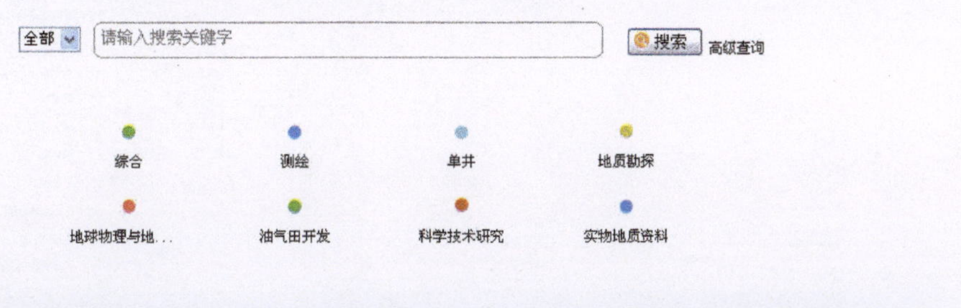

图 10-19　目录服务系统资料全文检索界面

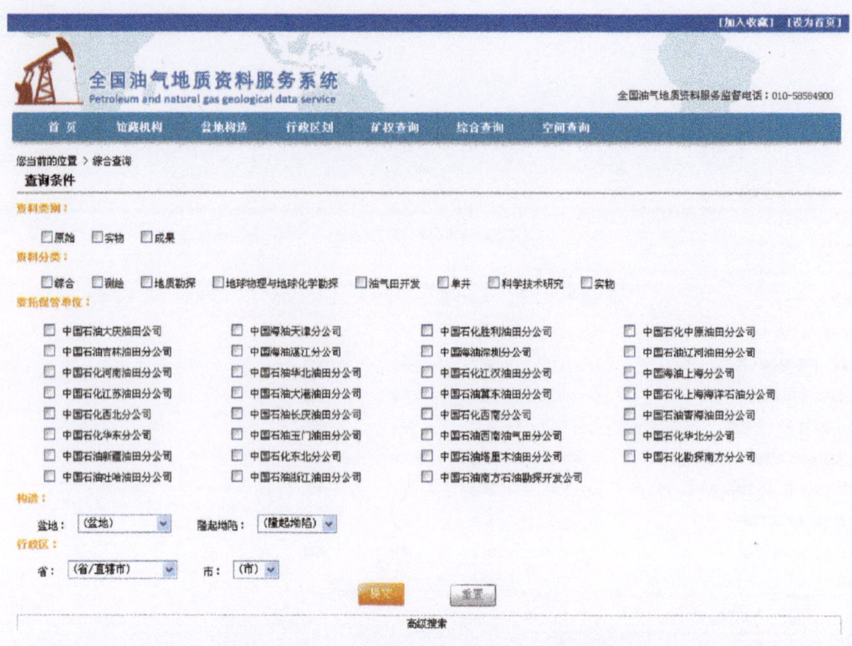

图 10-20 目录服务系统高级查询界面

图 10-21 目录服务系统空间查询界面

图 10-22　目录服务系统单井详情查看界面

10.2.6　系统特点

（1）综合性

通过油气地质资料目录服务系统，集成整合了来自各委托保管单位的馆藏机构信息、矿权信息、油气钻井信息以及成果、原始和实物地质资料目录数据、文档资料、成果图件等多源异构数据信息，实现对不同时期、不同部门、不同专业的物探、化探、钻井、油气资源勘查、油气田开发、地质综合研究等油气地质资料的统一组织与管理。

（2）多维性

通过油气地质资料目录服务系统，为公众提供以上信息的多维度、多主题、多类型的组合关联查询服务。

系统按照不同的地质资料目录数据组织、检索方式分别设计了按馆藏机构检索、盆地构造检索、行政区划检索、矿权查询、综合查询和空间查询等功能。主要内容如下。

1）按照馆藏机构检索：按馆藏机构检索以地质资料的保管单位为主体，按照“馆藏机构-矿权-油气钻井-原始地质资料-实物地质资料（岩心回次、岩心台账-岩屑台账）-

成果地质资料（案卷-文件）”的线索进行了资料的组织和查找索引。

2）按照盆地构造检索：按盆地构造检索实现了以地质构造为主线的地质资料组织与检索方式，具体的组织与检索方式是“盆地——级构造—矿权—油气钻井—原始地质资料—实物地质资料—成果地质资料”，主要服务地质专业人员。

3）按照行政区划检索：按行政区划检索实现了以国家行政区域为主线的地质资料检索，具体的组织与检索方式是“省（直辖市）—市—矿权—油气钻井—原始地质资料—实物地质资料—成果地质资料”。

4）按照矿权归属查询。以油气矿权为主体进行地质资料的组织与检索。

5）进行综合查询。包括全文检索和高级查询两种方式。高级查询实现了地质资料不同属性的关联查询，查询的数据包括资料的类别、资料分类、资料保管单位、资料所在的地质构造、档号、题名等。

6）进行空间查询。以“天地图”为底图，以油气单井坐标为基础，开展油气地质资料的空间查询。

10.3 本章小结

本章采用实例方式对全国地质资料目录服务中心系统的推广建设与应用进行了介绍，分别以武警黄金部队行业和油气行业为例，来介绍系统在这些行业部门的建设情况与应用效果。通过实例分析，充分体现了全国地质资料目录服务中心系统面对地质资料存储分散、独立互不联通、服务分散等瓶颈问题，发挥出了以地质资料目录数据为核心，通过分布式集群服务，实现资料服务逻辑集中统一的优势和效用。

第11章　结　　语

11.1　成果总结

全国地质资料目录服务中心系统以实现全国地质资料目录数据共享服务为目标，通过研发集中与分布相结合的全国地质资料目录服务中心系统，开展省馆、大区馆、受委托保管单位、行业馆等保管的成果、原始、实物三大类地质资料目录动态汇聚，以多元的服务方式及时发布信息，实现地质资料目录信息的动态更新和服务，取得了丰硕的成果。

1. 全面分析地质资料目录数据管理现状，研究提出涵盖成果、原始、实物三大类地质资料满足目录中心建设的目录数据规范，保障数据规范和技术规程的一致性

1）开展地质资料目录数据管理与服务的国内现状研究，分析了相关特点、发展趋势和当前存在的主要问题，最后总结并提出了建议，为后续工作提供了基础条件和方向指导。具体包括，结合地质资料管理与服务业务工作，详细研究分析了当前地质资料目录管理的现状：一是地质资料目录现行标准规范；二是不同资料类型目录数据项的规定与应用；三是目录数据相关信息系统的建设。归总分析了标准规范的适用范围及差异，对比研究了不同类型、不同结构地质资料在案卷级和文件级层面的目录项规定与应用情况，分析了现有地质资料管理与服务信息系统建设与应用现状，最终开展问题综合分析，认为目录数据标准不统一、信息系统较多、共享服务机制不健全、体系建设滞后是制约当前地质资料管理与服务的几大因素，并从一体化标准规范建设、目录数据集成技术研究以及信息系统统一构建等方面给出相关工作建议。

2）研究制定了全国地质资料目录服务中心项目建设的相关规范。依据现有的目录数据标准，基于充分利用现有数据基础、尽量减少资料保管单位数据加工量、同时保证平台可扩展性的原则，以及目录项统一、稳定、可扩展及通用指标统一展示、递进服务的原则，分析成果地质资料电子文件制作浏览系统、EDMaker数据模型、全国涉密地质资料清理系统、石油天然气委托保管系统、全国重要地质钻孔数据库服务平台、实物地质资料馆藏管理标准等六类现状地质资料数据模型，编制《地质资料目录数据标准规范》，在选取关键目录项的基础上，确定地质资料资源唯一标识符的编码格式，编制“地质资料资源唯一标识符”，结合地质资料社会服务的需求，抽取、发布服务目录项，进行地质资料发布服务目录项研究，最终形成目录服务中心项目框架下的建设规范，保障了地质资料目录中心数据库建设和系统研发的顺利开展。

2. 研究提出了成果、原始、实物地质资料目录数据“核心+扩展+补充”的存储模型和“三合一”集成管理与服务模型，完成全国地质资料目录服务中心系统数据库设计，实现了三大类地质资料目录数据的关联和集成管理

1）地质资料目录数据是本项目工作的核心，围绕这一核心，依据标准规范体系，完成了目录数据集成管理与服务模型的研究、设计，形成了“成果+原始+实物”关联集成的“三合一”模型，为目录中心数据库设计建库、系统开发、数据清理整合等工作提供了关键的基础模型支撑。具体包括，在本项目目录数据规范的基础上，开展了成果、原始、实物地质资料“三合一”地质资料集成管理与服务模型研究，整合汇聚各地质资料保管单位地质资料目录数据资源，依托全国地质资料目录服务中心系统统一对公众提供多元的地质资料服务。具体研究内容包括：依据现状地质资料数据模型的分析结果，结合全国地质资料的特点，以资料卷为组织单元，集成原始地质资料、实物地质资料、成果地质资料，构建了三类地质资料的“三合一”集成管理数据模型；此外，以“三合一”地质资料集成管理数据模型为基础，分别构建成果地质资料电子文件制作浏览系统数据、EDMaker 数据、全国涉密地质资料清理系统数据、石油天然气委托保管系统数据、全国重要地质钻孔数据库服务平台数据、实物地质资料目录及其他等七类数据与“三合一”集成管理数据模型的映射关系。

2）完成了全国地质资料目录服务中心系统数据库设计。充分调研目录数据基础、管理与服务现状，根据全国地质资料目录服务中心建设的总体要求，完成数据库建设的需求分析，明确了按照分布式部署的原则，系统数据库设计划分为 1 个主中心+N 个分中心的两级架构。主中心数据库主要包括目录汇集区，通过目录共享服务网关连接、管理各个分中心，并按照一定的标准，对各个分中心的目录数据进行抽取、审核和集成，支撑对外的目录服务，由公开服务目录汇集库和依申请公开目录汇集库组成；同时，主中心还将存储用户身份数据等。分中心数据库主要划分为数据管理区和数据服务区两个区。

3. 采用分布式和智能化混合检索、分布式环境下统一身份认证与授权等技术，研发了全国地质资料目录服务中心系统，实现了分级、分布式的目录数据服务，并提供通用和专业数据服务接口

1）开展并完成了目录数据分布与集成管理、服务相关关键技术研究。本项目通过对一批关键技术，特别是新技术的研究、应用，实现了新技术应用场景、混合应用模型的创新，解决了由于数据多源异构、分部署架构、服务需求灵活等现实因素带来的技术难题，有效提升了系统整体性能。具体包括，研究并引入了基于 OGC WMS 的地质资料空间数据分布式服务集成技术、综合全文检索、地理编码和空间范围检索技术的智能化地质资料快速检索服务技术、基于多参数加权的地质资料分布分析与热度展示技术、分布式环境下高可靠目录同步技术、基于并行、缓存、超时失败的高效分布式检索技术、分布式环境下统一身份认证与分布授权技术以及基于版式文档的流式服务技术等一系列关键技术，有针对性地应用于各类技术难点，通过实际应用不断优化改进，使平台实现了智能分布式检索、大文件快速展示、空间数据集成服务、节点动态同步等一批灵活实用的功能和性能新特性，直接提高了系统检索效率、资料浏览效率、空间查询性能以及目录数据的统一发布更新能力。

2）系统研发与功能实现。项目按照设计方案完成了全国地质资料目录服务中心系统的开发，各部分功能达到了设计预期的数据组织管理效果和应用服务模式，为实现分布式管理和集群化服务模式提供了重要的平台支撑。具体包括，研发了目录服务中心系统的主中心系统、分中心系统和数据加工整理工具三个子系统，包含目录数据管理、数据文件加工管理、目录数据服务、统一身份认证、后台管理等5项主要功能集成模块；其中，目录数据管理主要包括目录标准管理、目录数据整理、目录数据导入、目录数据发布、目录数据同步、目录数据检索等六项功能；数据文件加工管理主要包括格式转换、数据导入、索引管理、报告流处理、大图片切割、图层处理、数据浏览、数据维护等八项功能；数据服务管理主要包括数据定制导出、数据检索查询、数据下载、数据发布等四项功能；统一身份认证主要包括用户注册、角色管理、数字证书管理；后台管理主要包括系统配置管理、系统参数管理、系统日志管理、系统运行监控等四项功能。此外，为了更好地与其他业务系统开展数据交互，还研发实现了支撑其他系统的通用和专业数据服务接口。

3）定制完成地质资料开放服务接口，并为其他多个应用系统提供接口服务。利用国际OGC数据服务标准，不仅实现了本项目技术创新中的空间数据分布式集成服务，同时，为了扩展平台的服务覆盖面、丰富服务手段，本项目深度应用OGC数据服务标准，开展接口定制开发，进一步创新形成了目录数据服务的对外开放接口。目前，已经为西安地调中心“地学空间信息检索系统”等其他地质资料领域系统提供了目录数据接口服务。通过建立统一的目录数据服务接口，初步形成了目录中心地质资料目录数据的开放式服务模式，拓展了集群化的系统服务方式，大大降低了其他单位、地区开展全国性资源共享的技术难度。

4. 目录中心系统分布式部署于全国部省两级馆藏机构、委托保管单位、地调中心馆藏机构和部分地勘单位，共发布166万余条地质资料目录数据

在完成系统研发的基础上，本项目还完成了主中心及各个分节点的系统部署以及历次升级部署，还基于所设计的数据模型体系、利用开发的数据整理工具和系统，完成了多年度、多类地质资料目录数据的集成、整理和发布，为系统投入实际应用、数据发挥实际效能。

系统通过三年的不断研发、完善与优化，完成了全国地质资料目录服务中心的建设，完成对全国33家省级馆藏机构、33家委托保管单位、6家地调中心馆藏机构、1家地勘单位的系统部署，其中8家单位采取本地部署的方式，其余32家采取托管在全国馆的方式完成了部署工作，并在3年间每年对新扩展的功能进行升级部署。截止2015年年底，共发布地质资料目录数据166万余条。同时，针对全国地质资料目录服务中心系统发布的地质资料目录数据，按资料类别、形成时间、矿种类型、工作程度、空间位置等分类情况进行统计分析。

全国地质资料目录服务中心系统建设过程中，碰到了不少技术难点，进行了一系列的技术研究与攻关，形成了不少创新性的成果。

1）提出并实现了以目录数据为核心的地质资料分布式集群服务，实现了覆盖部省两级地质资料馆藏机构、委托保管单位、地调资料管理部门和部分地勘单位的地质资料目录数据的服务逻辑集中统一，实现了地质资料目录数据“物理分散保管、服务逻辑集中统一”，是地质资料目录数据集群管理与服务模式的创新。

以地质资料目录数据为核心，通过分布式集群服务，在保障资料保管单位对各自资料管理维护权利的前提下，实现资料服务逻辑集中统一。

现有地质资料的保管分散于各地各级保管单位中，包括地调局各直属单位馆藏机构、各省级地质资料馆藏机构、各委托保管机构以及各级地勘单位等。各保管单位积极投入资料管理和维护工作，同时也借助信息化手段，实现了本节点地质资料的有效管理和妥善保护。但在资料服务层面，由于资料存储分散、信息系统又各自独立互不联通，只能分散服务，因此造成一些难以解决的服务瓶颈。例如，缺少一个资料相对较为完整的全国性、权威性的资料库，服务没有形成合力；不同保管单位存储的资料往往存在紧密的关联性、相关性，由于分散各地无法同时提供关联资料，资料可利用价值大大降低，等等。

针对这一现状，本项目首次提出了以目录数据为核心的地质资料分布式集群服务。借助分布式技术，建立了主中心系统和各地节点系统分布式架构，基于主中心门户统一对外提供资料检索服务和详情服务导引，利用各地节点系统实现目录数据的向主中心的汇聚以及资料详情展示服务。通过这一技术架构的创新应用，在保持目前“物理分散”保管现状的基础上，积极整合各地地质资料目录数据，实现了基于目录数据的资料“逻辑集中”，使统一服务成为可能；同时，基于统一的数据架构，可以开展分布式检索，使各馆藏单位与国家级平台的服务形成合力，资料服务效果和可利用价值有效提升；另外，通过目录数据汇聚，为之后开展成果、原始、实物“三合一”关联提供了可能。

2）创新采用云部署+本地部署混合架构，构建全国目录数据集群系统云架构雏形，是本项目在分布式运行环境建设方面的部署架构创新探索，为地质资料的广泛共享提供基础。

探索应用云计算技术，创新采用云部署+本地部署混合架构，构建全国目录数据集群系统云架构雏形，为“目录云”建设积累经验。

要实现分布式集群服务，就必须实现系统的在各地馆藏机构节点的分布式部署。但由于信息化发展水平参差不齐等客观因素，部分地区馆藏机构不具备分布式部署的所需的基础软硬件环境，相关运维、安全、技术支撑等方面也不具备条件。为解决此类馆藏机构的分布式部署难题，本项目提出建立“云部署”+本地部署的混合架构，探索目录数据集群系统的“云架构”。即在主中心，利用现有硬件设备，建立一个小型的主机资源云环境，为不具备本地部署条件的馆藏机构提供虚拟节点，分配虚拟主机资源和存储空间，用于节点服务发布和对外服务，并由主中心统一提供技术支持和运维服务。

通过集中在“云环境”中的部署，各节点的数据发布、对外服务等工作开展的更加顺畅，主要原因是各节点只需关注应用服务本身，而无需参与运行环境运维，采用“云环境”架构降低节点的技术门槛，提升了平台整体的集约化建设水平。通过这一尝试，不仅解决了部分节点的本地化部署难题，也为将来进一步探讨如何提升平台集约化建设程度、如何基于统一基础支撑提升平台服务水平和保障能力等提供了一些方向和经验。

3）研究提出“核心+扩展+补充”的目录数据存储模型、成果+原始+实物”的“三合一”关联集成与展示服务模型，以及地质资料唯一标识符规范，指导目录数据规范化管理和服务的有机整合，是本项目在模型研究和标准规范方面的创新。

通过深入研究现有地质资料管理系统数据模型和地质资料自身特点，提出“核心+扩展+补展”的目录数据存储模型，以及“成果+原始+实物”的“三合一”关联集成与展示服务模型，并提出地质资料唯一标识符规范，指导目录数据规范化管理和服务的有机整合。

目前，现有地质资料管理系统数据模型主要包括成果地质资料电子文件制作浏览系统、EDMaker、全国涉密地质资料清理系统、石油天然气委托保管系统、全国重要地质钻孔数据库服务平台、实物地质资料目录数据共六类，这六类数据模型依据不同的目的而建立，面向不同的机构及人员提供服务，因此各类数据模型依据的数据标准、存储的资料类型、数据的存储格式及分布的机构各不相同。现状下的地质资料管理系统数据模型各异、互不联通、分散服务，未形成统一的存储模型，难以实现地质资料的集成与统一服务。为满足目前地质资资料集成服务的需求，创新性的提出统一的核心+扩展+补充目录数据存储模型，提取各类模型资料的通用数据项形成核心目录指标，针对各类模型数据特点扩展目录数据指标，其他作为补充目录数据指标。统一了各类地质资料的存储模型，为成果+原始+实物目录数据的关联集成、展示服务提供数据存储结构基础。

在此基础上，为了地质资料数据的集成管理与统一展示服务，提出成果、原始、实物“三合一”地质资料关联集成与展示服务模型，建立现有六类管理系统数据模型与三合一地质资料集成管理数据模型、展示服务模型的映射关系，并设计了展示页面模型的布局及展示的核心属性字段，为依托全国地质资料目录服务中心系统统一对公众提供多元的地质资料服务提供了模型支撑。为了整合汇聚各地质资料保管单位地质资料目录数据资源，又创新提出建立地质资料资源唯一标识符规范，通过节点唯一标识符、案卷唯一标识符、子卷唯一标识符、文件唯一标识符唯一确定每档地质资料，为成果、原始、实物“三合一”地质资料关联集成与展示服务提供规范支撑。

11.2 工作建议及系统建设展望

1. 目录数据共享服务机制已有雏形，但仍待完善

共享服务机制的目标就是，通过在各馆藏机构部署集群系统在业务层面构建全国统一的地质资料集群体系，通过集中与分布相结合的部署，实现省馆、大区馆、受委托保管单位、行业馆（武警黄金等）等保管的，成果、原始、实物三大类地质资料数据信息的动态汇聚，以多元方式及时发布信息。目前，共享服务机制已有雏形，在省馆和委托保管单位初步有了成效，需要进一步加大研究，扩展至行业部门，通过一定的形式把数据的上载、发布渠道给确定下来。

2. 多源异构目录数据的大数据量集成，由于其来源广泛且格式、标准等不统一等问题，使得这些数据之间的关系无法做到计算机的自行识别与厘清，需要针对这些历史数据进行清理整合

整理实物、原始、成果地质资料三类地质资料历史数据，按照三合一模型的规范，对现有资料的案卷、文件级信息进行统一整理、发布，形成符合三合一规范的数据格式，并更新进入系统，对外提供统一服务。

3. 深入研究并推动大数据背景下的全国地质资料目录服务中心系统建设

随着虚拟化、物联网、云计算等技术在众多领域的广泛应用，全球数据产生量的飞速增长，大数据时代已悄然来临。地质资料信息服务是进入21世纪后发达国家地质工作的一个显著变化，成为各国地质工作的战略重点。

地质资料数据信息具有典型的大数据特征，地质资料大数据是地质科学发现与知识创新的引擎。在大数据时代，信息作为一种新型资源，有效合理利用可以带来科学的发展与技术的升级。以需求为驱动，升级全国地质资料目录服务中心系统，建设基于大数据的全国地质资料共享服务平台，使之成为一个全方位的地质资料、数据、服务、产品与用户的共享系统，最大限度地整合与地质相关领域的优势资源，实现地质资料信息的资源共享、合作共赢。集成整合已有相关业务系统，打通数据接口，针对各独立系统受区域性、时效性限制的问题，需增强和提高全国地质行业信息化、网络化水平，提供快捷、全面、高水平的地质资料信息服务，构建地质资料资源信息高度共享、网络高速传输、功能高效管理的资源交流机制。针对地质资料数据的多源、异构、海量的特点，开展分布式多元数据的组织机制和汇聚模型，保证数据高效获取、管理和使用。开展地质资料信息高性能、大规模并行处理的算法模型与平台，来提高大数据处理性能。针对地质空间数据的时空属性特点，需研究空间数据模型的检索、匹配、表达、应用技术，从而在海量空间数据中发现规律，获取本质信息。开展基于地质资料大数据的知识挖掘，由地学知识、海量空间数据来共同驱动，提供对复杂地学问题的推理和决策支持，从而满足政府、专业人员和社会公众的需求。此外，以问题为导向，以满足用户需求为目标，推进地质资料信息服务模式的转变，为用户提供一站式，兼具交互性、即时性、个性化的新媒体服务。

参考文献

卜小平，张翠光，赵亚利 . 2007. 全国地质资料数据中心建设方案初探 . 国土资源科技管理，24（06）：127-131.

池天河，王雷，王钦敏，等 . 2003. 数字省信息共享平台的设计与实现 . 地理研究，（3）：281-288.

冯锰 . 2002. 浅谈成果地质资料目录数据库建立及利用 . 内蒙古地质，（3）：35-37.

何建邦 . 2004. 地理信息国家标准手册 . 北京：中国标准出版社 .

贾文珏，申世亮，周舟 . 2011. 地质资料信息集群化共享服务平台构架设计 . 国土资源信息化，（06）：3-7.

连健，丁克永，吴小平，等 . 2013. 地质资料管理与服务国外发展形势跟踪研究 . 中国矿业，22（7）：63-67.

逯永光，丁孝忠，李廷栋，等 . 2011. “OneGeology 计划”及其在中国研究新进展 . 中国地质，38（3）：799-808.

罗雁，邹梦秋，王刚，等 . 2012. 城市空间信息服务共享平台研究与应用 . 城市勘测，（5）：20-24.

彭文祥 . 2012. 基于开放标准的地质空间信息集群体系结构研究 . 上海国土资源，（3）：20-24.

汪宙峰，何政伟，李敏，等 . 2011. 面向服务的地质灾害空间数据共享技术研究 . 长江科学院院报，（3）：72-74.

王春宁，尚武，陈培章 . 2005. 地质资料管理系统建设研究 . 国土资源信息化，（1）：13-16.

王春宁，肖世伟，尚武，等 . 2004. 全国地质资料目录数据库系统建设 . 国土资源信息化，（1）：12-15.

王黔驹，颜世强，丁克永，等 . 2011. 推进地质资料信息服务集群化产业化的初步思路与构想 . 中国矿业，（12）：20-23.

王黔驹，颜世强，王永生，等 . 2011. 全国地质资料馆藏机构现状、问题与对策建议 . 中国国土资源经济，（01）：18-21.

温雪茹，翟国平，李银罗 . 2007. 地质资料目录检索服务系统的建设 . 国土资源信息化，（5）：10-12.

吴晓红，王杨刚，高志新 . 2011. 基于元数据的地质调查网站群系统研究 . 中国地质，38（05）：1405-1411.

张云霞，杨书畅 . 2011. 天津滨海新区地质资料信息服务系统建设及应用 . 国土资源信息化，（6）：18-22.

赵静，史天运，李平 . 2010. 铁路信息共享平台中共享数据库结构和关键技术研究 . 铁路计算机应用，（9）：1-3.

周春磊 . 2005. 基于 ASP. NET 技术的全国地质资料目录服务系统 . 国土资源信息化，（1）：24-26.

附　录

1 资料来源代码

代码	来源类型	代码	来源类型
H	汇交	G	购买
X	形成	J	捐赠
J	交换		

2 资料类别代码表

代码	资料类别	说明
10	区调	凡以正规区调任务下达，形成的综合性区调报告入此类
11	区域地质调查	
12	区域矿产调查	
13	区域物化探调查	凡以一种或多种物化探方法，形成的区域物化探调查报告均入此类
14	区域水工环调查	凡以单一或多个工作对象，形成的专门性或综合性水、工、环调查报告，均入此类
15	城市地质调查	以城市区调任务下达，形成的区调报告或城市系列均入此类
16	区域农业地质调查	服务于农业为目的，各种工作方法形成的区域地质调查报告
19	其他专项区调	
20	海洋地质调查	综合性海洋地质调查入此类，专门性海洋调查入有关类
21	海洋区域地质调查	
22	海岸带地质矿产调查	
23	大陆架地质矿产调查	
24	国际海底资源地质调查	
25	极地地质调查	
29	其他海洋地质调查	
30	矿产勘查	包括矿山地质。水气矿产地质勘查，地质手段进行的物化探异常查证入此类
40	水工环勘查	水文地质、工程地质、环境地质勘查
41	水文地质勘查	水文地质勘查入此类
42	工程地质勘查	工程地质勘查入此类
43	环境（灾害）地质勘查	

续表

代码	资料类别	说明
44	天然地震地质调查	
50	物化遥勘查	综合性物化探方法形成的报告入此类
51	物探	
52	化探	
53	遥感	
54	物化探异常查证	用物化探手段进行的异常查证入此类
60	地质科学研究	
70	技术方法研究	地质工程技术及其他技术服务研究
90	其他	

3 矿产代码表

矿产代码	矿产名称
10000	**能源矿产**
11001	煤炭
11002	油页岩
11003	石油
11004	天然气
11005	煤成气
11009	石煤
12712	铀矿
12713	钍矿
17050	地热
20000	**黑色金属矿产**
22001	铁矿
22002	锰矿
22003	铬矿
22004	钛矿
22005	钒矿
30000	**有色金属矿产**
32006	铜矿
32007	铅矿
32008	锌矿
32009	铝矿

续表

矿产代码	矿产名称
32011	镁矿
32012	镍矿
32013	钴矿
32014	钨矿
32015	锡矿
32016	铋矿
32017	钼矿
32018	汞矿
32019	锑矿
40000	**贵金属矿产**
42100	铂族金属
42101	铂矿
42102	钯矿
42103	铱矿
42104	铑矿
42105	锇矿
42106	钌矿
42201	金矿
42202	银矿
50000	**稀有稀土分散元素矿产**
52300	铌钽矿
52301	铌矿
52302	钽矿
52401	铍矿
52402	锂矿
52403	锆矿
52404	锶矿
52405	铷矿
52406	铯矿
52500	**重稀土矿**
52501	钇矿
52502	钆矿
52503	铽矿

续表

矿产代码	矿产名称
52504	镝矿
52505	钬矿
52506	铒矿
52507	铥矿
52508	镱矿
52509	镥矿
52526	稀土矿
52600	**轻稀土矿**
52601	铈矿
52602	镧矿
52603	镨矿
52604	钕矿
52605	钐矿
52606	铕矿
52701	锗矿
52702	镓矿
52703	铟矿
52704	铊矿
52705	铪矿
52706	铼矿
52707	镉矿
52708	钪矿
52709	硒矿
52711	碲矿
60000	**冶金辅助原料非金属矿产**
63200	蓝晶石
63210	矽线石
63220	红柱石
63640	菱镁矿
63701	普通萤石
63904	熔剂用灰岩
63941	冶金用白云岩
63951	冶金用石英岩
63971	冶金用砂岩

续表

矿产代码	矿产名称
63976	铸型用砂岩
63992	铸型用砂
64031	冶金用脉石英
64190	耐火黏土
64310	铁矾土
64411	铸型用黏土
64511	耐火用橄榄岩
64531	熔剂用蛇纹岩
70000	**化工原料非金属矿产**
73030	自然硫
73070	硫铁矿
73240	钠硝石
73500	明矾石
73510	芒硝
73530	重晶石
73600	毒重石
73610	天然碱
73901	电石用灰岩
73902	制碱用灰岩
73903	化肥用灰岩
73942	化工用白云岩
73953	化肥用石英岩
73975	化肥用砂岩
74080	含钾岩石
74090	含钾砂页岩
74419	含钾黏土岩
74512	化肥用橄榄岩
74532	化肥用蛇纹岩
74950	泥炭
75510	盐矿
75530	镁盐
75550	钾盐
75610	碘矿
75630	溴矿

续表

矿产代码	矿产名称
75650	砷矿
75670	硼矿
75690	磷矿
80000	**建材及其他非金属矿产**
83010	金刚石
83020	石墨
83101	压电水晶
83102	熔炼水晶
83103	光学水晶
83104	工艺水晶
83110	刚玉
83230	硅灰石
83250	滑石
83260	石棉
83270	蓝石棉
83280	云母
83290	长石
83300	电气石
83310	石榴子石
83320	黄玉
83330	叶蜡石
83340	透辉石
83350	蛭石
83360	沸石
83370	透闪石
83520	石膏
83620	方解石
83630	冰洲石
83702	光学萤石
83750	宝石
83800	玉石
83850	玛瑙
83870	颜料矿物
83905	玻璃用灰岩

续表

矿产代码	矿产名称
83906	水泥用灰岩
83907	建筑石料用灰岩
83908	饰面用灰岩
83909	制灰用石灰岩
83920	泥灰岩
83930	白垩
83943	玻璃用白云岩
83944	建筑用白云岩
83952	玻璃用石英岩
83972	玻璃用砂岩
83973	水泥配料用砂岩
83974	砖瓦用砂岩
83977	陶瓷用砂岩
83991	玻璃用砂
83993	建筑用砂
83994	水泥配料用砂
83995	水泥标准砂
83996	砖瓦用砂
84032	玻璃用脉石英
84033	水泥配料用脉石英
84050	粉石英
84070	天然油石
84110	硅藻土
84131	陶粒页岩
84132	砖瓦用页岩
84133	水泥配料用页岩
84150	高岭土
84170	陶瓷土
84210	凹凸棒石黏土
84230	海泡石黏土
84250	伊利石黏土
84270	累托石黏土
84290	膨润土
84412	砖瓦用黏土
84413	陶粒用黏土

续表

矿产代码	矿产名称
84414	水泥配料用黏土
84415	水泥配料用红土
84416	水泥配料用黄土
84417	水泥配料用泥岩
84418	保温材料用黏土
84513	建筑用橄榄岩
84533	饰面用蛇纹岩
84541	饰面用辉石岩
84542	建筑用辉石岩
84550	玄武岩
84551	铸石用玄武岩
84552	岩棉用玄武岩
84553	饰面用玄武岩
84554	水泥混合材玄武岩
84555	建筑用玄武岩
84561	饰面用角闪岩
84562	建筑用角闪岩
84570	辉绿岩
84571	水泥用辉绿岩
84572	铸石用辉绿岩
84573	饰面用辉绿岩
84574	建筑用辉绿岩
84581	饰面用辉长岩
84582	建筑用辉长岩
84591	饰面用安山岩
84592	建筑用安山岩
84593	水泥混合材用安山玢岩
84594	耐酸碱用安山岩
84610	闪长岩
84611	建筑用闪长岩
84612	水泥混合材用闪长玢岩
84613	饰面用闪长岩
84621	饰面用二长岩
84622	建筑用二长岩
84631	饰面用正长岩

续表

矿产代码	矿产名称
84632	建筑用正长岩
84710	花岗岩
84711	建筑用花岗岩
84712	饰面用花岗岩
84720	麦饭石
84730	珍珠岩
84750	黑耀岩
84770	松脂岩
84790	浮石
84810	粗面岩
84811	水泥用粗面岩
84812	铸石用粗面岩
84830	霞石正长岩
84850	凝灰岩
84851	玻璃用凝灰岩
84852	水泥用凝灰岩
84853	建筑用凝灰岩
84870	火山灰
84890	火山渣
84910	大理岩
84911	饰面用大理岩
84912	建筑用大理岩
84913	水泥用大理岩
84914	玻璃用大理岩
84920	板岩
84921	饰面用板岩
84922	水泥配料用板岩
84930	片麻岩
84970	天然沥青
90000	**其他水气矿产**
97010	矿泉水
97030	地下水
97070	二氧化碳气
97090	硫化氢气

续表

矿产代码	矿产名称
97110	氦气
97120	氡气

4 工作程度代码表

代码	工作程度	说明
	区域地质调查比例尺	
11	1：100 万	
12	1：50 万	
13	1：25 万	
14	1：20 万	
15	1：10 万	
16	1：5 万	
19	其他比例尺	
	矿产勘查工作程度（只限矿产勘查类用）	
20	预查	找矿报告、矿点检查、矿产调查、概查、踏勘、物化探异常检查等入此类
30	普查	
40	详查	初勘、细测等入此类
50	勘探	详勘、滚动勘探开发等入此类
60	开发勘探	基建勘探、生产勘探、改造与扩建地质报告、矿山地质、闭坑报告、回访调查、油气储量报告等入此类
70	钻井地质	限石油地质、煤层气使用。包括测井与试油等入此类
90	其他	

5 密级代码

代码	保密等级	代码	保密等级
1	公开	4	秘密
2	国内	5	机密
3	内部	6	绝密

式码表

		文件类型	说明
	成果地质资料	正文类	成果地质资料全部正文
S		审批类	由法定单位对成果地质资料进行评审、验收和审查时所形成的文件。如报告的最终认定书（决议书）、审查意见书、评审意见书等
T		附图类	成果地质资料中除文本部分插图外的各种图形文件
B		附表类	成果地质资料中除文本部分插表外的各种表格文件
J		附件类	成果地质资料所附的技术性或说明性文件
D		数据库和软件类	成果地质资料中以数据库建设或系统开发为主体工作内容而形成的各类数据库和软件
M		多媒体类	成果地质资料所包含的各种音频、视频文件等
Q		其他类	成果地质资料中上述7类以外的文件
底/D	原始地质资料	成果底稿、底图类	成果报告（包括正文、附图、附表、附件、数据库和软件、审批文件等）的最终稿
测/C		测绘资料类	测绘设计、观测记录、计算资料、测绘成果，相关验收文据等
观/G		野外地质观察类	野外地质调查图件、观测记录、照片及底片、工作总结（小结），相关质量检查记录等
探/T		勘探工程及现场试验类	地质工作中的钻探（井）、坑探、槽探等地质工程资料，各类野外试验资料，相关质量检查记录等
样/Y		采样测试鉴定类	各类样品的采样记录、测试成果及相应的总结报告、质量检查记录等
试/S		试油、试采、采油类	油气勘探与开发中试油、试采、采油形成的各种资料
录/L		仪器记录及动态资料类	各种仪器记录形成的，以图纸、照相图纸和底片、磁盘（带）等介质保存的原始数据；各类地质长期监（观）测点的位置图、观测记录、动态曲线等材料；相关质量检查记录
像/X		航遥影像类	遥感、航空摄影测量过程中所形成的照片或相片资料
综/Z		中间性综合资料类	立项文件、设计书、指示性文件、重要技术措施材料、质量体系运行的相关文件、申报奖励材料等
文/W		技术管理文件类	立项文件、设计书、指示性文件、重要技术措施材料、质量体系运行的相关文件、申报奖励材料等
心/X	实物地质资料	岩（矿）心类	包括各类钻探工程获取的岩心、矿心，以及岩矿心取样后所剩余的劈分岩心、岩心碎块等
屑/U		岩屑类	包括各类钻探工程获取的岩屑、矿屑
标/B		标本类	包括各类地质工作中采集的岩石标本、矿石标本、矿物标本及古生物化石标本等
样/Y		样品类	包括各类地质工作取得的各种类型样品
片/P		光（薄）片类	包括各类岩石薄片、矿石光片以及化石薄片等
它/Q		其他实物类	包括上列以外的实物类型。如标准物质、揭片等

7 载体单位代码表

代码	名称	代码	名称
10		20	米
11	份	21	箱
12	本	22	件
13	册	23	
14	页	24	
15	张	25	
16	盒（包括纸质载体的袋）	90	其他
17	片		
18	卷		
19			

8 载体类型代码表

代码	名称	代码	名称	代码	名称
10	纸质载体	30	声像载体	50	电子载体
11	审批文据	31	录像带	51	软盘
12	正文	32	录音带	52	光盘
13	附图	33	缩微胶片	53	
14	附表	34	照片胶卷	54	

9 地质资料各级馆藏机构代码表

表 0-1　地质资料保管单位代码表

代码	节点类型	代码	节点类型
N	国家级地质资料馆	S	省级地质资料馆
W	委托馆藏机构	G	地勘单位/企业/个人
H	行业系统馆藏机构		

10 国家、省级地质资料馆节点代码表

表 0-2　国家级地质资料馆节点代码表

名称	代码	名称	代码
全国地质资料馆	N0001	国土资源实物地质资料中心	N0002

表 0-3　省级地质资料馆节点代码表

[illegible]	代码	省名	代码
[illegible]京市	S1101	湖北省	S4201
天津市	S1201	湖南省	S4301
河北省	S1301	广东省	S4401
山西省	S1401	广西壮族自治区	S4501
内蒙古自治区	S1501	海南省	S4601
辽宁省	S2101	重庆市	S5001
吉林省	S2201	四川省	S5101
黑龙江省	S2301	贵州省	S5201
上海市	S3101	云南省	S5301
江苏省	S3201	西藏自治区	S5401
浙江省	S3301	陕西省	S6101
安徽省	S3401	甘肃省	S6201
福建省	S3501	青海省	S6301
江西省	S3601	宁夏回族自治区	S6401
山东省	S3701	新疆维吾尔自治区	S6501
河南省	S4101		

11 委托保管单位代码表

表 0-4　委托保管单位代码表

省名	代码
油气	W01
--中石油	W0101
--中石化	W0102
--中海油	W0103
放射性	W02
--核工业	W0201
海洋	W03
--广海局	W0301
--青岛所	W0302

12 行业馆藏机构行业码表

表 0-5　行业馆藏机构行业码表

行业机构	行业码	行业机构	行业码
中国地质调查局	1	武警	6
中联煤	2	建材	7
有色地勘系统	3	院校	8
冶金地勘系统	4	国土资源部属单位	9
煤田地勘系统	5	其他	10

13 中国地质调查局顺序码表

表 0-6　中国地质调查局顺序码表

单位	顺序码	单位	顺序码
中国地质调查局本部	0	武汉地质调查中心	6
地调局发展研究中心	1	成都地质调查中心	7
实物地质资料中心	2	西安地质调查中心	8
天津地质调查中心	3	中国国土资源航空物探遥感中心	9
沈阳地质调查中心	4		
南京地质调查中心	5		

14 地质资料来源类型代码表

表 0-7　地质资料来源类型代码表

代码	来源类型	代码	来源类型
H	汇交	G	购买
X	形成	J	捐赠
J	交换	Q	其他

15 地质资料类型分类代码表

表 0-8　地质资料类型分类代码表

代码	资料类型	说明
S	实物地质资料	实物地质资料主要是指从天然地质体上采集的或经技术加工处理所产生的实体
Y	原始地质资料	原始地质资料是指在各类地质工作的过程中产生的原始性和基础性地质资料
C	成果地质资料	成果地质资料是指在各类地质工作与科学研究项目完成时所提供的反映工作成果的整套科技文件材料

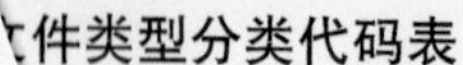

文件类型分类代码表

		文件类型	说明
X	实物地质资料	岩（矿）心类	包括各类钻探工程获取的岩心、矿心，以及岩矿心取样后所剩余的劈分岩心、岩心碎块等
屑/U		岩屑类	包括各类钻探工程获取的岩屑、矿屑
标/B		标本类	包括各类地质工作中采集的岩石标本、矿石标本、矿物标本及古生物化石标本等
样/Y		样品类	包括各类地质工作取得的各种类型样品
片/P		光（薄）片类	包括各类岩石薄片、矿石光片以及化石薄片等
它/Q		其他实物类	包括上列以外的实物类型。如标准物质、揭片等
底/D	原始地质资料	成果底稿、底图类	成果报告（包括正文、附图、附表、附件、数据库和软件、审批文件等）的最终稿
测/C		测绘资料类	测绘设计、观测记录、计算资料、测绘成果，相关验收文据等
观/G		野外地质观察类	野外地质调查图件、观测记录、照片及底片、工作总结（小结），相关质量检查记录等
探/T		勘探工程及现场试验类	地质工作中的钻探（井）、坑探、槽探等地质工程资料，各类野外试验资料，相关质量检查记录等
样/Y		采样测试鉴定类	各类样品的采样记录、测试成果及相应的总结报告、质量检查记录等
试/S		试油、试采、采油类	油气勘探与开发中试油、试采、采油形成的各种资料
录/L		仪器记录及动态资料类	各种仪器记录形成的，以图纸、照相图纸和底片、磁盘（带）等介质保存的原始数据；各类地质长期监（观）测点的位置图、观测记录、动态曲线等材料；相关质量检查记录
像/X		航遥影像类	遥感、航空摄影测量过程中所形成的照片或相片资料
综/Z		中间性综合资料类	立项文件、设计书、指示性文件、重要技术措施材料、质量体系运行的相关文件、申报奖励材料等
文/W		技术管理文件类	立项文件、设计书、指示性文件、重要技术措施材料、质量体系运行的相关文件、申报奖励材料等
Z	成果地质资料	正文类	成果地质资料全部正文
S		审批类	由法定单位对成果地质资料进行评审、验收和审查时所形成的文件。如报告的最终认定书（决议书）、审查意见书、评审意见书等
T		附图类	成果地质资料中除文本部分插图外的各种图形文件
B		附表类	成果地质资料中除文本部分插表外的各种表格文件
J		附件类	成果地质资料所附的技术性或说明性文件
D		数据库和软件类	成果地质资料中以数据库建设或系统开发为主体工作内容而形成的各类数据库和软件
M		多媒体类	成果地质资料所包含的各种音频、视频文件等
Q		其他类	成果地质资料中上述7类以外的文件